D1669390

Schriftenreihe

Studien zum Verwaltungsrecht

Band 76

ISSN 1613-1002 (Print)

Verlag Dr. Kovač

Konitsa Sklepari

Die Bedeutung der Europäischen Wasserrahmenrichtlinie für Griechenland

Verlag Dr. Kovač

Hamburg
2022

VERLAG DR. KOVAČ GMBH
FACHVERLAG FÜR WISSENSCHAFTLICHE LITERATUR

Leverkusenstr. 13 · 22761 Hamburg · Tel. 040 - 39 88 80-0 · Fax 040 - 39 88 80-55

E-Mail info@verlagdrkovac.de · Internet www.verlagdrkovac.de

Bibliografische Information der Deutschen Nationalbibliothek
Die Deutsche Nationalbibliothek verzeichnet diese Publikation
in der Deutschen Nationalbibliografie;
detaillierte bibliografische Daten sind im Internet
über http://dnb.d-nb.de abrufbar.

ISSN: 1613-1002 (Print)

ISBN: 978-3-339-13116-4
eISBN: 978-3-339-13117-1

Zugl.: Heidelberg, Univ., Diss. iur., 2021

© VERLAG DR. KOVAČ GmbH, Hamburg 2022

Vorwort

In der vorliegenden Arbeit setze ich mich am Anfang mit den bestehenden Problemen bei der Gewässerbewirtschaftung in Griechenland und dem vor der Umsetzung der Wasserrahmenrichtlinie bestehenden Regelungssystem auf europäischer Ebene auseinander. Nachfolgend beschäftige ich mich mit den Neuerungen, welche die Wasserrahmenrichtlinie mit sich gebracht hat, und der neuen Denkweise, die sie auf europäischer und nationaler Ebene eingeleitet hat. Darüber hinaus liegt es in meinem Untersuchungsbereich, wie die Wasserrahmenrichtlinie in der Folge von der griechischen Rechtsordnung aufgenommen und umgesetzt worden ist und vor welche Herausforderungen ihre Realisierung die Griechische Republik gestellt hat. Letztlich ist die tatsächliche Umsetzung der Wasserrahmenrichtlinie sowohl in der griechischen Rechtsordnung, aber vor allem in der griechischen Realität von erheblicher Bedeutung, damit eine erfolgreiche und transparente Gewässerbewirtschaftung in Griechenland erreicht werden kann.

Für meine Eltern Eleni und Giorgos

Heidelberg, den 20. Februar 2020
Konitsa Sklepari

V

Inhaltsverzeichnis

Siebtes Kapitel: Vorschläge zu einer vollständigen Umsetzung und Durchführung des Gesetzes 3199/2003 und der Präsidialverordnung 51/2007 .... **185**

XIV

Abkürzungsverzeichnis

ABl.	Amtsblatt
AEUV	Vertrag über die Arbeitsweise der Europäischen Union
Art.	Artikel
Buchst.	Buchstabe
BVerfG	Bundesverfassungsgericht
BVerfGE	Entscheidung des Bundesverfassungsgerichtes
BVerwG	Bundesverwaltungsgericht
CIS	Common Implementation Strategy
DÖV	Die Öffentliche Verwaltung
DVBl.	Deutsches Verwaltungsblatt
ders.	derselbe
EDDDD	Epitheorisi Dimosiou Dikaiou kai Dioikitikou Dikaiou [Zeitschrift des Öffentlichen Rechts und des Verwaltungsrechts]
EG	Europäische Gemeinschaft
EGV	Vertrag zur Gründung der Europäischen Gemeinschaft
EIONET	Europäisches Umweltinformations- und Umweltbeobachtungsnetz
EfimDD	Efimerida Dioikitikou Dikaiou [Zeitschrift für Verwaltungsrecht]
EUA	Europäische Umweltagentur
EUDUR	Handbuch zum europäischen und deutschen Umweltrecht
EuGH	Europäisches Gerichtshof
EuG	Europäisches Gericht erster Instanz
EuR	Europarecht
EurUP	Zeitschrift für Europäisches Umwelt- und Planungsrechts
FEK	Fyllo Efimeridas Kyverniseos [Amtsblatt der griechischen Regierung]

ff.	die folgenden
Fn.	Fußnote
GAP	Gemeinsam Agrarpolitik
GG	Grundgesetz
Hrsg.	Herausgeber
JEL	Journal of Environmental Law
i.V.m.	in Verbindung mit
NdsVBl	Niedersächsische Verwaltungsblätter
NGO	Nicht Regierungsorganisationen
Nr.	Nummer
NuR	Natur und Recht
NVwZ	Neue Zeitschrift für Verwaltungsrecht
OECD	Organization for Economic Cooperation and Development
OVG	Oberverwaltungsgericht
PerDik	Perivallon kai Dikaio (Umwelt und Recht, griechische juristische Zeitschrift)
Rn.	Rundnummer
SUR	Sachverständigenrat für Umweltfragen
UAP	Umweltaktionsprogramm
Unterabs.	Unterabsatz
UPR	Umwelt und Planungsrecht
UQN-RL	Umweltqualitätsnormenrichtlinie
usw.	und so weiter
VG	Verwaltungsgericht
WATECO	WATer and ECOnomics
WHG	Wasserhaushaltsgesetz
WRRL	Wasserrahmenrichtlinie
WuB	Zeitschrift für Wirtschafts- und Bankrecht
ZfW	Zeitschrift für Wasserrecht
ZUR	Zeitschrift für Umweltrecht

Erstes Kapitel

Einführung in die Gewässerbewirtschaftung in Griechenland

I. Einleitung

Das Wasser spielt eine erhebliche Rolle sowohl für das Überleben der Menschheit als auch bei der ökonomischen und gesellschaftlichen Entwicklung.[1] Die Qualität und Quantität der Gewässerressourcen spiegeln die soziale und wirtschaftliche Entwicklung sowie das Wohlergehen eines Staates wider.[2] Die Klimaveränderungen nehmen einen großen Einfluss auf die Gewässerressourcen.[3] Jede Veränderung des natürlichen Wasserkreislaufes kann neben den Auswirkungen auf die Umwelt auch großen Einfluss auf die Politik nehmen.[4] Aus diesem Grund ist eine effektive Gewässerbewirtschaftung von erheblicher Bedeutung für jede Gesellschaft.

Die Gewässerbewirtschaftung war in Griechenland seit der Antike von hoher Relevanz. Die ersten Wasserwerke wurden schon in der minoischen Zeit auf Kreta errichtet.[5] Danach sind weitere Wasserwerke von Eupalinos in Megara und von Andriano in Athen erbaut worden.[6] Athen stellt ein Gebiet dar, in dem der Wasserbedarf das Wasserdargebot der Umgebung übertrifft.[7] Die von Gebiet zu Gebiet bestehenden Wasserschwankungen erfordern den Transport von Wasser innerhalb des Landes.[8] Daher wurden die Wasserversorgung und vor allem

---

[1] *Evan Vlachos*, Über Wasserdiplomatie, Zeitung *To Vima* vom 12.11.2000, abrufbar im Internet: http://www.tovima.gr/culture/article/?aid=127855, Stand der Abrufung: 15.02.2015.

[2] *K. Voudouris/G. Kallergi*, Changes of the Rainfall Regime in South Greece and water resources management, in: Ioannis Diamandis/Fotis Pliakas, Sitzungsprotokoll der 6. Gesamtgriechischen Hydrologischen Konferenz, Xanthi, 8.-10. November 2002, S. 107, 107.

[3] *Voudouris/Kallergi* (Fn. 2), S. 107, 107.

[4] *Eugenios Ar. Giarenis*, Krieg und Wasser – Krieg für das Wasser. Probleme über den Rechtsschutz des Wassers während bewaffneter Konflikte, Per Dik, Heft 1, 2007, S. 10, 13.

[5] *Ilias Dandolos/Kostas Papathanasiou/Konstantinos Giotakis/Panagiotis Sampatakakis/Kostas Papastergiou*, Die Rolle und die Aufgaben der Selbstverwaltung bei der Bewirtschaftung und dem Schutz der Wasserressourcen, Institut der Regionalen Selbstverwaltung, 2008, Athen 2008, S. 1, abrufbar im Internet: http://www.ita.org.gr/default.aspx?lang=gr, Stand der Abrufung: 15.02.2015.

[6] *Dandolos/Papathanasiou/Giotakis/Sampatakakis/Papastergiou* (Fn. 5), S. 1.

[7] *Dandolos/Papathanasiou/Giotakis/Sampatakakis/Papastergiou* (Fn. 5), S. 1.

[8] *Rüdiger Breuer*, Grundlagen und allgemeine Regelungen, in: Rengeling, Hans-Werner (Hrsg.), Handbuch zum europäischen und deutschen Umweltrecht (EUDUR), Besonderes Umweltrecht, 2. Auflage, Band 2 I, 2003, Grundlagen und Allgemeine Regelungen in EUDUR, § 65 Rn. 25.

die Trinkwasserversorgung durch den Aufbau von Fernleitungssystemen gesichert.[9] Mit diesen Systemen können die im Vergleich zu anderen Städten Griechenlands hohen Bedürfnisse der Hauptstadt erfüllt werden.[10]

In der zweiten Hälfte des 20. Jahrhunderts waren viele bedeutende Veränderungen im Bereich der Gewässerplanung und der Gewässerbewirtschaftung festzustellen.[11] Der Einfluss von mehreren Faktoren hat zur Ausprägung einer kohärenten Betrachtungsweise der Gewässerbewirtschaftung geführt.[12] Beeinflussende Faktoren sind dabei das gestiegene Interesse an den Auswirkungen der menschlichen Aktivitäten auf die Umwelt, das Wachstum der Menschheit, der Klimawandel sowie letztlich die wissenschaftliche und technologische Entwicklung.[13]

Der Gewässerschutz gewinnt aktuell immer mehr an Aufmerksamkeit in der Politik. Infolgedessen ergreifen die nationalen, europäischen und internationalen Rechtsordnungen immer mehr Maßnahmen, um eine effektivere Gewässerbewirtschaftung zu implementieren. Sowohl hinsichtlich des Inhalts als auch der jeweiligen Entwicklung weisen gewässerschützende nationale Rechtsvorschriften zahlreiche Abweichungen auf.[14] Diese Abweichungen lassen sich nicht nur auf die vielfältigen politischen, administrativen und wirtschaftlichen Zustände, sondern auch auf die jeweiligen Traditionen und darüber hinaus auf die unterschiedlichen Wasserbedingungen in jedem Land zurückführen.[15] Man kam jedoch bald zu dem Konsens, dass aufgrund des grenzüberschreitenden Charakters der Gewässer die Ergreifung gemeinsamer Maßnahmen auf internationalem, europäischem und nationalem Niveau erforderlich ist.[16]

Die Gewässerschutzpolitik hat in der Europäischen Union eine überragende Bedeutung bei der Gestaltung der Umweltpolitik erlangt.[17] Die Entwicklung des

---

[9] *Dandolos/Papathanasiou/Giotakis/Sampatakakis/Papastergiou* (Fn. 5), S. 1.

[10] *Dandolos/Papathanasiou/Giotakis/Sampatakakis/Papastergiou* (Fn. 5), S. 1.

[11] Siehe auch *Breuer* (Fn. 8), § 65 Rn. 24.

[12] *Vlachos* (Fn. 1).

[13] *Vlachos* (Fn. 1).

[14] *Breuer* (Fn. 8), § 65 Rn. 24.

[15] *Breuer* (Fn. 8), § 65 Rn. 24.

[16] *Ute Mager,* Die Entwicklung des Wasserwirtschaftsrechts – Referenzgebiet für ein materiell-rechtliche fundierte internationales Verwaltungsrecht, ZaöRV 2010, S. 789, 799.

[17] Mitteilung der Kommission an den Rat, das Europäische Parlament und den Wirtschafts- und Sozialausschuss, KOM (2000) 477 über die Preisgestaltung als politisches Instrument zur Förderung eines nachhaltigen Umgangs mit Wasserressourcen, endgültig vom 26.07.2000, S. 2.

Gewässerschutzrechts hat aus nationaler und europäischer Sicht sogar eine Vorreiterrolle bei der Gestaltung des Umweltrechts eingenommen.[18] Außerdem besitzt die Gewässerschutzpolitik Vorrang bei den Prioritäten der Europäischen Kommission im Umweltbereich.[19] Die ersten Rechtsvorschriften der EU waren auf die Realisierung des Gewässerschutzes und auf die Erreichung einer guten Gewässerqualität gerichtet.[20] Später wurde das Prinzip der nachhaltigen Entwicklung etabliert.[21] Der Beschluss zahlreicher, dem Umweltschutz dienender Rechtsvorschriften während der 70er Jahre auf europäischer Ebene hat dabei als Antriebskraft zur Vermehrung und Weiterentwicklung der Umweltpolitik gedient.[22]

Nachfolgend wurde in der Europäischen Gemeinschaft im Jahr 2000 die Europäische Wasserrahmenrichtlinie (WRRL) erlassen.[23] Nach den Maßgaben des Erwägungsgrundes 8 der WRRL *ist es erforderlich, eine integrierte Wasserpolitik der Gemeinschaft zu entwickeln.* Es ist hierbei hervorzuheben, dass der ursprüngliche Vorschlag der Kommission diese Anforderung nicht enthalten hat.[24] Die Zielerreichung der Wasserrahmenrichtlinie war bis zum Jahr 2015 vorgesehen.[25] Das ist so zu verstehen, dass ab diesem Zeitpunkt die bezweckten Ziele der Wasserrahmenrichtlinie auf alle Wasserkörper, auf welche die Wasserrahmenrichtlinie Bezug nimmt, herbeigeführt werden müssten.[26] Allerdings steht

---

[18] *Breuer* (Fn. 8), § 65 Rn. 1.

[19] KOM (2000) 477 endgültig vom 26.07.2000, S. 2.

[20] *Georgios Papadimitriou*, Die nachhaltige Gewässerbewirtschaftung, in: ders., Umwelt Aktuell, 2007, S. 88 f.

[21] *Papadimitriou* (Fn. 20), S. 88 ff.

[22] *Papadimitriou* (Fn. 20), S. 87 ff.

[23] Richtlinie 2000/60/EG des Europäischen Parlaments und des Rates zur Schaffung des Ordnungsrahmens für Maßnahmen der Gemeinschaft im Bereich der Wasserpolitik vom 23.10.2000, ABl. Nr. L 327, S. 0001-0073 vom 22.12.2000. Die Europäische Wasserrahmenrichtlinie wird weiter als Wasserrahmenrichtlinie bezeichnet.

[24] Dazu *Ludwig Krämer*, Dimensionen integrierter Wasserpolitik, in: Thomas Bruha/Hans-Joachim Koch (Hrsg.), Integrierte Gewässerpolitik in Europa, 2001, S. 41, 42.

[25] *Ludwig Krämer*, Zehn Jahre Wasserrecht-Rahmenrichtlinie der EU, Erfahrungen und Perspektiven, in: Köck/Faßbender (Hrsg.), Implementation der Wasserrahmenrichtlinie in Deutschland – Erfahrungen und Perspektiven, Dokumentation des 15. Leipziger Umweltrechts-Symposions des Instituts für Umwelt- und Planungsrecht der Universität Leipzig und des Helmholtz-Zentrums für Umweltforschung UFZ am 22. und 23. April 2010, 2011, S. 45, 45.

[26] Art. 2 WRRL.

den Mitgliedstaaten die Möglichkeit zur Verschiebung der Zielerreichung der Wasserrahmenrichtlinie um bis zu zwölf Jahre offen.[27]

II. Die Bedeutung der Wasserbewirtschaftung

Die ober- und unterirdischen Gewässer stellen quantitativ die bedeutsamsten Wasserressourcen dar.[28] Als *oberirdische Gewässer* werden Flüsse, Meere und sonstige fließende Oberflächengewässer bezeichnet.[29] Demgegenüber versteht man unter dem Begriff *unterirdische Gewässer* das Grundwasser, das sich im Untergrund über Jahrzehnte sammelt und dessen Erneuerung nur sehr langsam erfolgen kann.[30]

Die oberirdischen Gewässer haben die Fähigkeit, bis zu einem gewissen Maße ihre Verunreinigungen mit eigenen Mitteln zu bewältigen.[31] Denn sie sind in der Lage, auf Grund der Funktion bestimmter Bakterien die eingeleiteten Schadstoffe durch natürliche Verfahren zu beseitigen.[32] Diese Fähigkeit der Oberflächengewässer wird als *Selbstreinigungsvermögen* bezeichnet.[33] Im Gegensatz dazu besitzen die unterirdischen Gewässer diese Selbstreinigungsfähigkeit nicht.[34] In den unterirdischen Gewässern bleibt das Wasser im unterirdischen Gewässerreservoir für längere Zeit, teilweise hunderte oder auch tausende Jahre

---

[27] *Krämer* (Fn. 25), S. 45, 45.

[28] *Lazaros Tatsis,* Gewässerbewirtschaftung im Rahmen der Wasserrahmenrichtlinie 2000/60/EG und des Gesetzes 3199/2003. Probleme und Perspektiven, Abschnitt I, Nomos kai Physis, 2007. Online abrufbar: http://nomosphysis.org.gr/10774/diaxeirisi-ton-udaton-staplaisia-tis-odigias-200060ek-kai-tou-n-31992003-problimata-kai-prooptikes-martios-/?st=.

[29] *Tatsis,* Gewässerbewirtschaftung im Rahmen der Wasserrahmenrichtlinie 2000/60/EG und des Gesetzes 3199/2003. Probleme und Perspektiven, Abschnitt I, Nomos kai Physis, 2007.

[30] *Tatsis,* Gewässerbewirtschaftung im Rahmen der Wasserrahmenrichtlinie 2000/60/EG und des Gesetzes 3199/2003. Probleme und Perspektiven, Abschnitt I, Nomos kai Physis, 2007.

[31] *Silke Ruth Laskowski/Cornelia Ziehm,* Gewässerschutzrecht § 5, in: Hans-Joachim Koch (Hrsg.), Umweltrecht, 4. Auflage, 2014, Rn. 2.

[32] *Laskowski/Ziehm,* Gewässerschutzrecht § 5, in: Koch, Umweltrecht, 4. Auflage, 2014, Rn. 2.

[33] *Laskowski/Ziehm,* Gewässerschutzrecht § 5, in: Koch, Umweltrecht, 4. Auflage, 2014, Rn. 2.

[34] *Laskowski/Ziehm,* Gewässerschutzrecht § 5, in: Koch, Umweltrecht, 4. Auflage, 2014, Rn. 2.

lang. Aus diesem Grund führt eine Verunreinigung unterirdischer Gewässer zu erheblichen Schwierigkeiten.[35]

An diesem Punkt ist die Erläuterung und Abgrenzung des Begriffs der *Gewässerbewirtschaftung* von Bedeutung. Darunter ist die Gesamtheit der ausgeführten Wasserbauwerke und der ergriffenen Maßnahmen zu fassen, die auf die Erfüllung des Wasserbedarfs aller Nutzer oder für den Fall, dass dies nicht erreichbar ist, auf eine sozial gerechte Befriedigung der bestehenden Bedürfnisse ausgerichtet sind.[36] Die vielfältigen Nutzungen der Gewässer durch die Menschen, wie zum Beispiel für die Wasserversorgung, für die Bewässerung, für Industrieanlagen oder für Wasserkraftwerke, können zu einer übermäßigen Wasserentnahme aus Flüssen und Seen führen.[37] Diese Wasserentnahmen können eine Veränderung oder auch Zerstörung des ökologischen Gleichgewichtes der Flüsse und der Seen zur Folge haben.[38] Die Gewässerbewirtschaftung soll nicht auf dem Konzept einer Deckung des Wasserbedarfs durch eine immer weitere Erhöhung des Wasserangebotes aufgebaut werden.[39] Vielmehr bezweckt sie eine harmonische Beziehung zwischen den Wasserressourcen und dem Wasserverbrauch.[40]

Zum Schluss kann die Gewässerbewirtschaftung als ein dynamisches Verfahren bezeichnet werden.[41] Hiermit ist gemeint, dass sie aus einer Reihe von Aktivitäten besteht, die immer neu auf die bestehenden Bedingungen angepasst wer-

---

[35] *Euth. L Lekkas*, Geologie und Umwelt, 3. Auflage, Athen, 1999, S. 77, 81.
[36] *Tatsis,* Gewässerbewirtschaftung im Rahmen der Wasserrahmenrichtlinie 2000/60/EG und des Gesetzes 3199/2003. Probleme und Perspektiven, Abschnitt II, Nomos kai Physis, 2007.
[37] *S. E. Tsiouris/P. A. Gerakis/V. Tsiaousi/D. Papadimos*, Wasserhaushalt und Biota von Feuchtgebieten, in: Tsiouris/Tzimopoulou, 3° Panhellenische Konferenz „Klimaveränderung, nachhaltige Entwicklung, erneuerbare Energiequellen" 15.-17.10.2009, Thessaloniki 2009, S. 195, 195.
[38] *Tsiouris/Gerakis/Tsiaoussi/Papadimos* (Fn. 37), S. 195, 195.
[39] Mediterranean SOS Network, Feiern das Wasser in Griechenland 2011, http://medsos. gr/medsos/news/2008-12-16-00-12-16/2009-01-21-12-47-40/1099-------2011.-html.
[40] *Georgios Tsakiris*, Gewässerschutz und Gewässerbewirtschaftung in Griechenland, in: Papadimitriou (Hrsg.), Nachhaltige Gewässerbewirtschaftung, Grundsätze, Prinzipien und Implementation, Sitzungsprotokoll, 2006, S. 17, 19.
[41] *Crysanthi Maniati-Siatou*, Konferenzen „Der Rechtsrahmen zur Bewirtschaftung von Gewässerressourcen", Direktion für das Gewässerpotenzial und für die Gewässerressourcen, Entwicklungsministerium, 2004, abrufbar im Internet: http://www.erga.biz/modules.php?-name=News&file=article&sid=254.

den müssen.[42] Die erfolgreiche Gewässerbewirtschaftung einer bestimmten Gewässereinheit verlangt gemäß der bis heute erlangten Erfahrung und Praxis kombinierte und koordinierte Prozesse unter Berücksichtigung der gesamten Gewässereinheit. Als Gewässereinheit können die Oberflächengewässer und das Grundwasser eines Bereichs und ihre Beziehungen untereinander betrachtet werden.[43] Der Grund für einen derartigen kombinierten Ansatz ist, dass durch den Zugriff auf eine Wasserquelle die ganze Gewässereinheit beeinflusst werden kann.[44]

III. Die Wasserprobleme in Griechenland

Der Wasserbedarf in Griechenland ist hoch.[45] Der Wasserverbrauch wird insgesamt auf 8.243 hm^3 pro Jahr berechnet.[46] Von dieser Menge entfallen 84 Prozent auf die landwirtschaftliche Bewässerung, 12 Prozent auf die Wasserversorgung, drei Prozent auf Industrie und Energie sowie ein Prozent auf die Viehzucht.[47] Unter den bebaubaren Bereichen sind nur 41,2 Prozent bewässert.[48] Obwohl Griechenland über genügend Oberflächen- und Grundwasserquellen verfügt, ist eine effektive Gewässerbewirtschaftung wegen vielfältiger Probleme schwer zu verwirklichen.[49] Die Gewässerbewirtschaftung in Griechenland ist bis heute von den Maßgaben des natürlichen Gewässerangebots bestimmt gewesen.[50] Der Gewässerschutz sowie die Kontrolle der Gewässernachfrage spielten dabei eine geringe Rolle.[51] Daraus resultieren die besonders großen Schwierigkeiten bei der Gewässerbewirtschaftung.

---

[42] *Maniati-Siatou* (Fn. 41).
[43] *K. Georgios Stournaras*, Wasser: Die Umweltdimension und der Umweltweg, 2007, S. 135 ff.
[44] *Stournaras,* (Fn. 43) S. 134 f.
[45] *K. Chartzoulakis/M. Mpertaki*, Rationale Gewässerbewirtschaftung für die Bewässerung: Notwendigkeit für eine nachhaltige landwirtschaftliche Entwicklung, Sitzungsbericht von der 23. Konferenz der Griechischen Gesellschaft der Wissenschaft für Gartenbauprodukte, Heft A 2009, S. 17, 18.
[46] *Aggeliki Kallia-Antoniou*, Rechtsrahmen zu Schutz und Bewirtschaftung der Gewässerressourcen, Thessaloniki, 2011, S. 22 ff.
[47] *Kallia-Antoniou* (Fn. 46), S. 22 ff.
[48] *Chartzoulakis/Mpertaki* (Fn. 45), S. 17, 18.
[49] *Chartzoulakis/Mpertaki* (Fn. 45), S. 17, 18.
[50] *Chartzoulakis/Mpertaki* (Fn. 45), S. 17, 18.
[51] *Chartzoulakis/Mpertaki* (Fn. 45), S. 17, 19.

1. Ungleiche örtliche und jahreszeitliche Verteilung sowie der Nachfrage nach Wasser

Zunächst kommt es in Griechenland zu einem ungleichen Dargebot von Wasserressourcen aufgrund der örtlich unterschiedlichen Verteilung des Niederschlags. Der westliche Teil von Griechenland weist viel mehr Niederschlag auf als der östliche Teil.[52] Darüber hinaus ist eine uneinheitliche Verteilung der Wasserressourcen hinsichtlich der Jahreszeiten zu erkennen. Der größte Teil der Regen-Konzentration ist im Winter zu erwarten. Besonders im südlichen Teil sind 80 bis 90 Prozent des Niederschlags auf den Winter konzentriert.[53]

Neben der ungleichen örtlichen und jahreszeitlichen Verteilung der Wasserressourcen gibt es auch eine ungleiche Wassernachfrage von Ort zu Ort.[54] Die größten Städte wie Athen, Thessaloniki und Patras, welche die höchste Nachfrage haben, verfügen über geringe Wasserressourcen.[55] Zusätzlich besteht auch eine zeitlich divergierende Nachfrage nach Wasser. Der wichtigste Wasserverbraucher ist die Landwirtschaft, deren Bedürfnisse an Wasserressourcen während der Sommerperiode besonders hoch sind. Das Wasserangebot ist in dieser Periode jedoch besonders gering. Hinzu kommt, dass der Wasserverbrauch sich in diesem Zeitraum wegen des Tourismusaufkommens verdoppelt.[56]

2. Die vielfältige Morphologie der Erdoberfläche des Landes

Die typische geographische Gestalt des Landes bringt mehrere Schwierigkeiten bei der Gewässerbewirtschaftung mit sich.[57] Insbesondere ist zu berücksichtigen, dass im griechischen Hoheitsgebiet mehr als 2.000 Inseln liegen, unter denen nur ungefähr 165 besiedelt sind.[58] Viele dieser Inseln verfügen entweder

---

[52] Zum Ganzen: *Kallia-Antoniou* (Fn. 46), S. 22 ff.
[53] *Kallia-Antoniou* (Fn. 46), S. 22 ff.
[54] *Kallia-Antoniou* (Fn. 46), S. 22 ff.
[55] *Kallia-Antoniou* (Fn. 46), S. 22 ff.
[56] *Kallia-Antoniou* (Fn. 46), S. 22 ff.
[57] *Vicki Karageorgou,* Der institutionelle Rahmen der Gewässerbewirtschaftung in Griechenland und die Beiträge der Europäischen Gesetzgebung: Defizite, Herausforderungen und Perspektiven, in: Giannakourou/Kremlis/Siouti, Die Durchsetzung des Umweltrechts der Gemeinschaft in Griechenland 1981-2006, Griechische Gesellschaft für Umweltrecht, 2007, S. 175, 190.
[58] Die Daten sind abrufbar von der Seite der Europäischen Union über die EU-Länder http://europa.eu/about-eu/countries/member-countries/greece/index_de.htm, Stand der Abrufung: 14.07.2014.

über keine eigenen Wasserquellen oder über ganz unbedeutende Wasserressourcen.[59] Diese Morphologie von Griechenland führt zu einer längeren Küstenlinie.[60] Des Weiteren verhinderte sie in Verbindung mit den in der Region herrschenden Wetterbedingungen die Entwicklung von längeren Flüssen im Land.[61]

3. Die grenzüberschreitenden Gewässer des nördlichen Teils Griechenlands

Die historische Festsetzung von Grenzen zwischen den Staaten im Norden Griechenlands folgt nicht der natürlichen Ausprägung der Landschaft.[62] Dementsprechend gehen die geographischen Grenzen der Flussgebietseinheiten nicht mit den verwaltungsrechtlichen Grenzen der Länder einher.[63] Aus diesem Grund kann eine effektive Bewirtschaftung der Flussgebietseinheiten die Beteiligung von mehreren Staaten erfordern.[64]

Ein Viertel der griechischen Gewässer, besonders die im nördlichen Teil des Landes, sind grenzüberschreitende Gewässer.[65] In Griechenland befinden sich insgesamt fünf Flüsse und ein See, die nach der Definition des Art. 3 der Wasserrahmenrichtlinie als grenzüberschreitende Gewässer bezeichnet werden können.[66] Davon entspringen vier Flüsse in benachbarten Ländern, unter ihnen der *Strymonas* und der *Nestos, dessen Quellgebiete* in Bulgarien liegen.[67] Der dritte,

[59] *Kallia-Antoniou* (Fn. 46), S. 22 ff.

[60] *Kallia-Antoniou* (Fn. 46), S. 22 ff.

[61] *Karageorgou* (Fn. 57), S. 175, 190.

[62] Meinung des Griechischen Wirtschafts- und Sozialausschusses, Nr. 213, vom 30.01.2009, Athen, S. 5.

[63] *Vlachos* (Fn. 1).

[64] Meinung des Griechischen Wirtschafts- und Sozialausschusses, Nr. 213, vom 30.01.2009, Athen, S. 5.

[65] *Katerina Sakellaropoulou/Nikos Sekeroglou*, Die nachhaltige Bewirtschaftung von Gewässerressourcen, Abschnitt I, Nomos kai Physis, 2006, abrufbar im Internet: http://www.nomosphysis.org.gr/articles.php?artid=2601&lang=1&catpid=1.; Dazu ausführlich *Giorgos Karipsiadis*, Die Gewässerrahmenrichtlinie. Bewirtschaftung von grenzüberschreitenden Gewässern, November 2008, Nomos kai Physis. Online abrufbar: http://www.nomosphysis.org.gr/articles.php?artid=3609&lang=1&catpid=1.

[66] *Andreas Andreadakis*, Die Notwendigkeit für koordinierte Tätigkeit für die Unterstützung der Implementation der Wasserrahmenrichtlinie 2000/60, Hausmitteilung der Ingenieurskammer Griechenlands vom 08.07.2002, S.39, 42; *ders.*, Wasserrahmenrichtlinie 2000/60 für die Gewässerbewirtschaftung, Institut der Regionalen Selbstverwaltung, 2008, Kapitel 2.3.1. Abrufbar im Internet: http://courses.arch.ntua.gr/.

[67] Commission Staff Working Document (SWD) (2012) 379 final 11/30 vom 14.11.2012 Accompanying the document, Bericht der Kommission an das Europäische Parlament und

Evros, ist auf drei Länder aufgeteilt, und zwar Bulgarien, Griechenland und die Türkei.[68] Schließlich kommt der *Aksios* aus der Republik Nordmazedonien.[69] Diese Flüsse stellen 34 Prozent des gesamten Gewässerabflusses von Griechenland dar.[70] Dazu kommen noch zwei Gewässer, deren Ursprung in Griechenland ist: der *Aoos,* der nach Albanien fließt, und der *See Prespa,* der in Griechenland, Albanien und der Republik Nordmazedonien liegt.[71] Die Abhängigkeit Griechenlands von den gemeinsamen grenzüberschreitenden Einzugsgebieten ist demnach von erheblicher Bedeutung.[72]

Nach Maßgabe des nationalen Rechts wird in dem Fall, dass ein Einzugsgebiet mehreren Regionen zugeordnet werden kann, die Bewirtschaftung der Gewässer dieses Gebietes durch Zusammenarbeit beider oder der jeweils zuständigen Regionen betrieben.[73] Wenn dies nicht erfolgt, dann kann der Nationale Gewässerausschuss[74] entweder die Zuständigkeiten zwischen den Regionen bestimmen oder die Bewirtschaftung des ganzen Einzugsgebietes einer Region übertragen.[75]

Wenn ein Einzugsgebiet nicht nur innerhalb des griechischen Hoheitsgebiets liegt, sondern auf mehrere Mitglieder der Europäischen Union aufgeteilt ist, ist der Nationale Gewässerausschuss verpflichtet, das Einzugsgebiet den internatio-

---

den Rat über die Umsetzung der Wasserrahmenrichtlinie (2000/60/EG)-Bewirtschaftungspläne für Flusseinzugsgebiete COM (2012) 670 final vom 14.11.2012, S. 2.

[68] *Vlachos* (Fn. 1); In dem vorliegenden Fluss sind die benachbarten Staaten von der einen Seite Bulgarien, das auch Mitglied der Europäischen Union seit dem Jahr 2007 und aus diesem Grund seit dem Jahr 2007 zur Einhaltung der Vorgaben der Europäischen Wasserrahmenrichtlinie verpflichtet ist, und von der anderen Seite die Türkei, die zu den beitrittswilligen Staaten in die Europäischen Union gehört (http://ec.europa.eu/enlargement/countries/detailed-country-nformation/turkey/index_en.htm). Dazu mehr: *Ioannis Diamantis/Fotis Pliakas/Christos Petalas/Andreas Kallioras,* Die Harmonisierung des nationalen Rechts mit der Richtlinie 2000/60/EG über den Schutz und die Bewirtschaftung der Wasserressourcen, Per Dik, Heft 4, 2004, S. 480, 486.

[69] *Vlachos* (Fn. 1).

[70] Commission Staff Working Document (SWD) (2012) 379 final 11/30 von 14.11.2012, S. 2.

[71] Commission Staff Working Document (SWD) (2012) 379 final 11/30 von 14.11.2012, S. 2.

[72] *Vlachos* (Fn. 1); siehe auch SWD (2015) 54 final Commission Staff Working Document, Report on the implementation of the Water Framework Directive River Basin Management Plans, Member State: Greece 9.3.2015, S. 5 ff.

[73] Art. 5 Abs. 3 Satz 1 des Gesetzes Nr. 3199/2003.

[74] Als Nationaler Gewässerausschuss wird auf Griechisch *Ethniki Epitropi Ydaton* genannt.

[75] Art. 5 Abs. 3 Satz 2 des Gesetzes Nr. 3199/2003.

nalen Flussgebietseinheiten zuzuordnen[76] und gemeinsam mit den Mitgliedstaaten die Gewässerbewirtschaftung durchzuführen, sodass die Verwirklichung der festgestellten und für die Mitgliedstaaten bindenden Zwecke der Wasserrahmenrichtlinie verwirklicht werden können.[77] Falls ein Einzugsgebiet auf mehrere Hoheitsgebiete verteilt ist, von denen mindestens eines nicht in der Europäischen Union liegt, dann ist der Nationale Gewässerausschuss mit der Koordinierung zwischen den zuständigen Staaten beauftragt, um eine Gewässerbewirtschaftung nach den Maßgaben der Wasserrahmenrichtlinie ermöglichen zu können.[78]

4. Sonstige Probleme bei der Gewässerbewirtschaftung

Die Probleme bei der Gewässerbewirtschaftung in Griechenland beziehen sich nicht nur auf die einzigartige Geomorphologie und den Mangel an Wasserressourcen vor Ort.[79] Vielmehr sind noch weitere Probleme zu erkennen. Darunter fallen auch der mangelnde Rechtsrahmen, der unzureichende Aufbau von geeigneten Behörden sowie der fehlende politische Wille beim Gewässerschutz.[80]

Obwohl Griechenland über eine Vielzahl von Wasserressourcen verfügt, verursacht die fehlerhafte Gewässerbewirtschaftung eine Reihe von Schwierigkeiten.[81] Einen schwerwiegenden Fehler bei der Gewässerbewirtschaftung in Griechenland stellt die übermäßige Entnahme von Wasser aus Grundwasser dar.[82] Eine maßlose Entnahme von Grundwasser hat nämlich die Versalzung der unterirdischen Gewässer durch seine Vermischung mit einsickerndem Meerwasser zur Folge.[83] Solche Probleme sind vorwiegend in südlichen Mitgliedsländern der Europäischen Union anzutreffen, aber auch in nördlichen Staaten.[84] In Griechen-

---

[76] Art. 3 Abs. B Nr. 1 des Präsidialverordnung 51/2007.

[77] Art. 3 Abs. B Nr. 2 des Präsidialverordnung 51/2007.

[78] Art. 3 Abs. 5 WRRL in Verbindung mit Art. 3 Abs. B Nr. 3 des Präsidialverordnung 51/2007.

[79] *Karageorgou* (Fn. 57), S. 175, 191.

[80] *Karageorgou* (Fn. 57), S. 175, 191.

[81] *Sakellaropoulou/Sekeroglou*, Die nachhaltige Bewirtschaftung von Gewässerressourcen, Abschnitt I, Nomos kai Physis, 2006.

[82] *Karageorgou* (Fn. 57), S. 175, 190.

[83] KOM (2000) 477 endgültig vom 26.07.2000, S. 7.

[84] KOM (2000) 477 endgültig vom 26.07.2000, S. 7.

land befinden sich Flussgebietseinheiten von geringer Größe.[85] Diese sind starken Schwankungen des Wasserangebotes und der Wassernachfrage unterworfen.[86] Eine wichtige Rolle bei der Deckung der Wassernachfrage spielt daher das Grundwasser.[87] Das Fehlen von längeren Flüssen in Verbindung mit einem Mangel an verantwortungsvoller Politik im Gewässerbereich hat weiter dazu beigetragen, dass die Deckung des Wasserbedarfs durch Nutzung von Grundwasser zu erfüllen war.[88] Dazu haben weiter die Entwicklung der Wasserpumpentechnologie, der Mangel eines Ordnungsrahmens zum Gewässerschutz und zur Gewässerbewirtschaftung sowie die Unterschätzung des Wasserverbrauchs beigetragen.[89] Eine solch kurzsichtige Praxis hat schließlich zu einer Reduzierung der Wasserquellen und zum Sinken des Grundwasserspiegels geführt.[90]

Das Wasserangebot in Griechenland übersteigt die Nachfrage.[91] Die Probleme des Wassermangels sind auf eine lückenhafte und zersplitterte Gewässerbewirtschaftung zurückzuführen.[92] Aufgrund dessen sind die Fälle von Wassermangel auf bestimmte Gebiete und bestimmte Perioden beschränkt.[93] In Griechenland kommt es teilweise zu heftigen Niederschlägen. Dadurch können jedoch erhebliche Zerstörungen verursacht werden.[94] Darüber hinaus kommt es nicht nur zur Übernutzung von Wasserressourcen, sondern auch zur Verschlechterung der Wasserqualität, was auf die Aktivitäten von Menschen zurückzuführen ist, und zwar vor allem in der Agrarwirtschaft und der Industrie.[95]

---

[85] Meinung des Griechischen Wirtschafts- und Sozialausschusses, Nr. 213, vom 30.01.2009, Athen, S. 14.
[86] Meinung des Griechischen Wirtschafts- und Sozialausschusses, Nr. 213, vom 30.01.2009, Athen, S. 14.
[87] Meinung des Griechischen Wirtschafts- und Sozialausschusses, Nr. 213, vom 30.01.2009, Athen, S. 14.
[88] *Karageorgou* (Fn. 57), S. 175, 190.
[89] *Sakellaropoulou/Sekeroglou*, Die nachhaltige Bewirtschaftung von Gewässerressourcen, Abschnitt I, Nomos kai Physis, 2006.
[90] *Karageorgou* (Fn. 57), S. 175, 190.
[91] *Kallia-Antoniou*, Europäischer und Nationaler Gewässerbewirtschaftungsrechtsrahmen, 2009.
[92] *Kallia-Antoniou* (Fn. 91).
[93] *Kallia-Antoniou* (Fn. 91).
[94] *Voudouris/Kallergi* (Fn. 2), S. 107, 107. Ein Beispiel dafür bietet die Beschädigung der Stadt Korinthos am 12.01.1997; mehr dazu: *Voudouris/Papadopoulos*, Quantitative Analysis of heavy rainfall (January 12; 1997) in Corinth region (Greece), Proceedings of the 8th International Congress, Patras, May 1998, Bulletin of the Geological Society of Greece, vol XXXII/4, 1998, S. 33, 33 ff.
[95] *Karageorgou* (Fn. 57), S. 175, 190 ff.

Ein weiteres Problem besteht darin, dass die Umweltpolitik ein Politikfeld ist, an dem zahlreiche Interessenvertreter teilnehmen wollen, obwohl dieser Bereich kaum umverteilenden Charakter aufweist.[96] Derartige Teilnahmebemühungen beschränken sich nicht nur auf die Gesetzgebung, sondern erstrecken sich auch auf die Implementierung der umweltpolitischen Gesetze.[97]

IV. Die Verteilung der Gewässer nach den Wassernutzungen in Griechenland

Die regionalen Selbstverwaltungen verfügen über die Zuständigkeit für die Wasserversorgung, die Bewässerung und im Allgemeinen für alle Gewässerbedürfnisse der Einwohner.[98] Die regionale Selbstverwaltung bezweckt die Versorgung der Einwohner mit Wasser von guter Qualität und Quantität.[99] Der Wasserbedarf ist niemals anhand des Wasserangebots geplant worden.[100] Dies hat die Konsequenz, dass die vorhandene Gewässernutzung in Griechenland zu einer Störung des Wasserhaushaltes führen.[101] Die Landwirtschaft stellt insgesamt den größten Wassernutzer dar.[102] So wurden nur 0,83 Gm^3 von den Haushalten, das entspricht 5 Prozent des jährlichen Gesamtverbrauchs, beansprucht. Nur zwei Prozent des gesamten Wassersverbrauchs ging in die Industrie.[103] Eine zusätzliche Belastung stellt unter diesen Umständen die Tatsache dar, dass ein nicht unbeachtlicher Teil des gesamten Wasserverbrauchs wegen der nachlässi-

---

[96] *Charalampos Koutalakis,* „Wir sehen uns vor Gericht". Demokratische Rechenschaft und Kontrolle von Umweltpolitik in Griechenland, Efim DD, Band 5, 2009, S. 686, 686.

[97] *Koutalakis,* Efim DD, Band 5, 2009, S. 686, 686.

[98] *Dandolos/Papathanasiou/Giotakis/Sampatakakis/Papastergiou* (Fn. 5), S. 1.

[99] *Dandolos/Papathanasiou/Giotakis/Sampatakakis/Papastergiou* (Fn. 5), S. 1.

[100] Meinung des Griechischen Wirtschafts- und Sozialausschusses, Nr. 213, vom 30.01.2009, Athen, S. 14.

[101] Meinung des Griechischen Wirtschafts- und Sozialausschusses, Nr. 213, vom 30.01.2009, Athen, S. 14.

[102] Meinung des Griechischen Wirtschafts- und Sozialausschusses, Nr. 213, vom 30.01.2009, Athen, S. 14.

[103] Nach den Daten der National Data Bank of Hydrological and Meteorological, Information: http://ndbhmi.chi.civil.ntua.gr/images/el/applications/greece/pic_2_5.html, Stand der Abrufung: 19.06.2014.

gen baulichen Unterhaltung der verfügbaren Wasseranlagen und wegen fehlender neuer Wasseranlagen verloren geht.[104]

1. Die Landwirtschaft

Den größten Nutzer von Wasser in Griechenland – auch im Vergleich mit den entsprechenden Nutzern auf europäischem Niveau – stellt die Landwirtschaft dar,[105] denn sie nimmt 86 Prozent der gesamten Gewässernutzung in Anspruch.[106] Der größte Anteil hiervon erstreckt sich auf Thessalien, und zwar 25,1 Prozent, an der zweiten Stelle folgt das östliche Sterea Ellada mit 12,5 Prozent und an der dritten Stelle kommt das zentrale Mazedonien mit 10,5 Prozent der Gewässernachfrage aus dem Bereich der Landwirtschaft.[107]

Gleichzeitig ist die Landwirtschaft der wesentliche Verursacher für die Verunreinigung von Gewässern.[108] Sie trägt die hauptsächliche Verantwortung für die Verunreinigung des Grundwassers durch die intensive Verwendung von Pflanzenschutzmitteln,[109] welche die Nitratkonzentration im Grundwasser erhöhen.[110]

Die Nutzung der Wasserressourcen durch die Landwirtschaft ist in Griechenland bis heute erheblich begünstigt gewesen.[111] Sie war nämlich weitgehend kostenlos.[112] Die einzigen Kosten, die angefallen sind, waren die Kosten für die

---

[104] Die Daten sind aus einer Untersuchung der Universität von Twede, Kathimerini Zeitung: http://news.kathimerini.gr/4dcgi/_w_articles_ell_2_01/06/2008_272268; Umwelt 21, S. 25.

[105] Meinung des Griechischen Wirtschafts- und Sozialausschusses, Nr. 213, vom 30.01.2009, Athen, S. 22.

[106] Nach den Daten der National Data Bank of Hydrological and Meteorological Information http://ndbhmi.chi.civil.ntua.gr/images/el/applications/greece/pic_2_5.html, Stand der Abrufung: 19.06.2014.

[107] Nach den Daten der National Data Bank of Hydrological and Meteorological Information http://ndbhmi.chi.civil.ntua.gr/images/el/applications/greece/pic_2_2.html, Stand der Abrufung: 19.06.2014.

[108] Meinung des Griechischen Wirtschafts- und Sozialausschusses, Nr. 213, vom 30.01.2009, Athen, S. 22.

[109] *Euaggelia Koutoupa-Regkakou*, Umweltrecht, 2008, Gewässerschutzrecht, S. 202.

[110] *Koutoupa-Regkakou* (Fn. 109), S. 202.

[111] Spilios, *Papaspiliopoulos/Thymios, Papagiannis,/Spyros, Kouvelis:* Die Umwelt in Griechenland: 1991-1996, Institution Mpodosaki, 1996, S. 112.

[112] *Papaspiliopoulos/Papagiannis/Kouvelis* (Fn. 111), S. 112.

Pumparbeiten.[113] Nach den Maßgaben der Wasserrahmenrichtlinie wird eine sparsame Wassernutzung gefordert, so dass die Menge, die von den jeweiligen Nutzern in Anspruch genommen wird, berechnet werden muss.[114] Wenn die Wasserentnahme jedoch durch Zahlung eines pauschalen Betrags oder durch die Abrechnung anhand der Quadratmeter der Bewässerungsflächen erfolgt, besteht für Wasserverbraucher kein Anreiz zu einer sparsamen Gewässernutzung.[115]

2. Die Wasserversorgung

Die Nutzung der Gewässer durch die Städte in Griechenland beträgt 11 Prozent und befindet sich damit an zweiter Stelle.[116] Die höchste Nachfrage besteht in den zwei größten Regionen, und zwar in Attika mit 37,1 Prozent und im zentralen Mazedonien mit 10,5 Prozent.[117]

Die Wassernutzung in den Städten wirft mehrere Probleme auf.[118] Als eines davon kann der irrationale Wasserverbrauch durch die Einwohner identifiziert werden.[119] Das ist das Ergebnis einer fehlenden Sensibilisierung der Einwohner über eine nachhaltige Nutzung von Gewässern.[120] Eine zentrale Ursache liegt auch darin, dass kein Unterschied zwischen den jeweiligen Wassernutzungen vorgeschrieben ist.[121] Es wäre dabei möglich, zwischen dem Wasser, das für die

---

[113] *Papaspiliopoulos/Papagiannis/Kouvelis* (Fn. 111), S. 112.

[114] KOM (2012) 670 final Bericht der Kommission an das Europäische Parlament und den Rat über die Umsetzung der Wasserrahmenrichtlinie (2000/60/EG). Bewirtschaftungspläne für Flusseinzugsgebiete, vom 14.11.2012, S. 12; Art. 9 WRRL.

[115] KOM (2012) 670 final Bericht der Kommission von 14.11.2012, S. 12.

[116] Nach den Daten der National Data Bank of Hydrological and Meteorological Information http://ndbhmi.chi.civil.ntua.gr/images/el/applications/greece/pic_2_5.html, Stand der Abrufung: 19.06.2014.

[117] Nach den Daten der National Data Bank of Hydrological and Meteorological Information http://ndbhmi.chi.civil.ntua.gr/images/el/applications/greece/pic_2_1.html, Stand der Abrufung: 21.06.2014.

[118] *Vasileios Danilakis*, Defizite und Probleme bei der Durchsetzung einer kohärenten Gewässerbewirtschaftungspolitik in Griechenland. Der Fall vom See Koronia, Nomos kai Physis, 2011, Rn. 3.3, abrufbar in Internet: http://www.nomosphysis.org.gr/articles.php?artid=4259&lang=1&catpid=1.

[119] *Danilakis*, Defizite und Probleme bei der Durchsetzung einer kohärenten Gewässerbewirtschaftungspolitik in Griechenland, Nomos kai Physis, 2011, Rn. 3.3.

[120] *Danilakis*, Defizite und Probleme bei der Durchsetzung einer kohärenten Gewässerbewirtschaftungspolitik in Griechenland, Nomos kai Physis, 2011, Rn. 3.3.

[121] *Danilakis*, Defizite und Probleme bei der Durchsetzung einer kohärenten Gewässerbewirtschaftungspolitik in Griechenland, Nomos kai Physis, 2011, Rn. 3.3.

Trinkwasserversorgung benötigt wird, und dem Wasser, das für die sekundäre Nutzung vorgesehen ist, zu unterscheiden.[122] Es kommt hinzu, dass der Wasserverbrauch während der Sommermonate wegen des Tourismusaufkommens besonders hoch ist. In diesen Perioden kann es zu einer Verdoppelung des Wasserverbrauchs kommen.[123]

Ein weiteres Problem bei der Wasserversorgung in Griechenland besteht darin, dass in den meisten Fällen die Nutzung unterirdischer Gewässer bisher vorgezogen worden ist.[124] Der Grund dafür war, dass das Grundwasser in der Regel eine bessere Qualität aufwies und hierdurch den Wasserwerken niedrigere Kosten entstanden.[125] Das führte zu einer Herabsetzung der Quantität infolge der Übernutzung sowie der Qualität wegen der Verschmutzung.[126]

3. Die Industrie

Der Wasserverbrauch im Industriesektor stellt einen geringeren Anteil der Wassernachfrage in Griechenland dar. Die Wassernutzung durch den Industriesektor ist auf nur zwei Prozent beziffert,[127] davon 26,5 Prozent im westlichen Mazedonien, 21,2 Prozent im zentralen Mazedonien und 15,9 Prozent in Attika.[128] Die vorhandenen Industrieanlagen sind mit Konzepten des Wasserrecyclings nicht vertraut. Dies beruht einerseits auf einem mangelhaften Ordnungsrahmen im Bereich des Wasserrecyclings sowie andererseits auf dem Fehlen von Anreizen hierzu durch die Regierung.[129]

---

[122] *Danilakis*, Defizite und Probleme bei der Durchsetzung einer kohärenten Gewässerbewirtschaftungspolitik in Griechenland, Nomos kai Physis, 2011, Rn. 3.3.

[123] *Kallia-Antoniou* (Fn. 46), S. 22 ff.

[124] Meinung des Griechischen Wirtschafts- und Sozialausschusses, Nr. 213, vom 30.01.2009, Athen, S. 22.

[125] Meinung des Griechischen Wirtschafts- und Sozialausschusses, Nr. 213, vom 30.01.2009, Athen, S. 22.

[126] Meinung des Griechischen Wirtschafts- und Sozialausschusses, Nr. 213, vom 30.01.2009, Athen, S. 22.

[127] Nach den Daten der National Data Bank of Hydrological and Meteorological Information http://ndbhmi.chi.civil.ntua.gr/images/el/applications/greece/pic_2_5.html, Stand der Abrufung: 19.06.2014.

[128] Nach den Daten der National Data Bank of Hydrological and Meteorological Information http://ndbhmi.chi.civil.ntua.gr/images/el/applications/greece/pic_2_4.html, Stand der Abrufung: 21.06.2014.

[129] *Danilakis*, Defizite und Probleme bei der Durchsetzung einer kohärenten Gewässerbewirtschaftungspolitik in Griechenland, Rn. 3.3.

4. Energie

Der Wasserbedarf im Energiebereich Griechenlands stellt wie im Fall des Industriesektors einen beschränkten Anteil dar, und zwar ein Prozent der gesamten Gewässernutzung.[130] Energie wird im Bereich der oberirdischen Gewässer gewonnen, indem Gewässer für die Produktion von hydroelektrischer Energie genutzt werden. Eine derartige Nutzung der Gewässer ist in Griechenland meistens in hydroelektrischen Kraftwerken verbreitet. Dies stellt einen Bereich dar, in dem eine weitere Verstärkung und Ausweitung notwendig sind.[131]

Außerdem gibt es einen hohen Energiebedarf für Wassergewinnung im Bereich der unterirdischen Gewässer. Der weit verbreitete Verbrauch der unterirdischen Gewässer hat ein Absinken ihrer Wasserspiegel verursacht. Aus diesem Grund benötigt die Förderung des Grundwassers noch höhere Energiemengen, damit das Wasser aus immer größerer Tiefe gepumpt werden kann. Diese Praxis kann zwar für die Gewährleistung der Wasserversorgung akzeptiert werden, aber sie kann nicht für die Nutzung im Agrarsektor hingenommen werden.[132] Ein weiterer Einsatz von Energie im Wasserbereich ist für die Entsalzung erforderlich. Diese Praxis wird auf einigen Inseln verwendet, um ausschließlich die Wasserversorgung gewährleisten zu können.[133]

5. Zusammenfassung

Nach Ansicht der Europäischen Kommission ist es offensichtlich, dass mit 90 Prozent die Landwirtschaft einen wesentlichen Anteil an der Gewässerverschmutzung in Form diffuser oder punktueller Einleitungen trägt.[134] Die Versöhnung zwischen Landwirtschaft und Wassernutzung bleibt weiterhin eine Priorität der gemeinsamen Agrarpolitik (GAP).[135] Die hochgesteckten Ziele der

---

[130] Nach den Daten der National Data Bank of Hydrological and Meteorological Information http://ndbhmi.chi.civil.ntua.gr/images/el/applications/greece/pic_2_5.html, Stand der Abrufung: 21.06.2014.

[131] Zum Ganzen: Meinung des Griechischen Wirtschafts- und Sozialausschusses, Nr. 213, vom 30.01.2009, Athen, S. 25.

[132] Zum Ganzen: Meinung des Griechischen Wirtschafts- und Sozialausschusses, Nr. 213, vom 30.01.2009, Athen, S. 24 ff.

[133] Zum Ganzen: Meinung des Griechischen Wirtschafts- und Sozialausschusses, Nr. 213, vom 30.01.2009, Athen, S. 25.

[134] KOM (2012) 670 final Bericht der Kommission vom 14.11.2012, S. 13.

[135] KOM (2000) 477 endgültig vom 26.07.2000, S. 3.

Wasserrahmenrichtlinie können nicht durch eine Wasserbewirtschaftung, die losgelöst von anderen Faktoren betrachtet wird, erreicht werden.[136] Es ist notwendig, dass alle Nebenbereiche, die einen Bezug zu Gewässern aufweisen, von der jeweiligen Politik mit berücksichtigt werden.[137] In diesem Punkt ist hauptsächlich die Rede von der Verknüpfung der Landwirtschaft- mit der Gewässerschutzpolitik.[138]

V. Fazit

Die Bewirtschaftung der Gewässer ist seit längerer Zeit ein bedeutsames Thema. Außer regionalen und nationalen Rechtsvorschriften, durch die die Bewirtschaftung der Gewässer geregelt werden könnte, ist auch eine einheitliche und kohärente Planung auf europäischer Ebene im Gewässerbereich notwendig, um eine effektivere Gewässerbewirtschaftung zu implementieren[139] sowie die komplexen Problemstellungen im Gewässerbereich weiter lösen zu können. Die nachfolgende Umsetzung der Wasserrahmenrichtlinie in nationalen Rechtsordnungen und ihre Implementierung stellen hohe Anforderungen an die Mitgliedstaaten und sind mit großen Erwartungen verbunden. Darüber hinaus benötigen sowohl die Umsetzung als auch die Implementierung der Wasserrahmenrichtlinie eine vollständige Kenntnis der geomorphologischen und gesellschaftlichen Besonderheiten jedes Landes, damit eine effektive Erreichung der Ziele der Wasserrahmenrichtlinie ermöglicht werden kann.

---

[136] *Wolfgang Köck*, Wasserwirtschaft und Gewässerschutz in Deutschland, Rechtsrahmen – Institutionen – Organisationen, ZUR 2012, Heft 3, S. 140, 147.
[137] *Köck*, ZUR 2012, Heft 3, S. 140, 147.
[138] *Köck*, ZUR 2012, Heft 3, S. 140, 147.
[139] Meinung des Griechischen Wirtschafts- und Sozialausschusses, Nr. 213, vom 30.01.2009, Athen, S. 15.

Zweites Kapitel

Der rechtliche Rahmen zum Wasserschutz vor der Umsetzung der Wasserrahmenrichtlinie

I. Einleitung

Die zunächst erlassenen Rechtsvorschriften auf der europäischen Ebene, die den Gewässerschutz betrafen, waren mehrere Richtlinien, die eine Vielzahl von Gewässerangelegenheiten geregelt haben und vielfältige Regelungsansätze in Anspruch genommen haben, so dass sie einen Ausschnittcharakter gezeigt hatten.[1] Sie hatten ebenfalls einen widersprüchlichen Inhalt und wurden aus diesem Grund als ein *Flickenteppich* bezeichnet.[2] Ganz ähnlich stützte sich die Gewässerbewirtschaftung bis 1980 in Griechenland auf mehr als 300 nationale Gesetze, genauer auf gesetzliche, königliche und präsidiale Verordnungen sowie eine Reihe von Ministerialentscheidungen.[3] Einige davon wurden schon im Jahr 1930 erlassen.[4] Ihr Regelungsbereich betraf die Forschung über Gewässer, die Gewässernutzung und den Gewässerschutz.[5] Diese Rechtsvorschriften regelten immer bestimmte Aspekte des Umweltmediums und wiesen auf diese Weise ebenfalls einen Ausschnittcharakter auf.[6] Infolgedessen war eine einheitliche und kohärente Regelung zur Gewässernutzung sowie zum Gewässerschutz in Griechenland nicht vorhanden.

Darüber hinaus befanden sich die vorhandenen nationalen Rechtsvorschriften nicht immer im Einklang miteinander,[7] sondern wiesen teilweise sogar Wider-

---

[1] *Rüdiger Breuer*, Grundlagen und allgemeine Regelungen, in: Rengeling, Hans-Werner (Hrsg.), Handbuch zum europäischen und deutschen Umweltrecht (EUDUR), Besonderes Umweltrecht, 2. Auflage, Band 2 I, 2003, Grundlagen und allgemeine Regelungen in EUDUR, § 65 Rn. 28 ff.

[2] *Rüdiger Breuer*, Gewässerschutz in Europa – Eine kritische Zwischenbilanz WuB 47, 1995, Heft 11, S. 10.

[3] *Crysanthi Maniati-Siatou*, Konferenz „Der Rechtsrahmen zur Bewirtschaftung von Gewässerressourcen", Direktion für das Gewässerpotenzial und für die Gewässerressourcen, Entwicklungsministerium, 2004. Abrufbar im Internet: http://www.erga.biz/modules.php?name=News&file=article&sid=254.

[4] *Andreas Andreadakis*, Wasserrahmenrichtlinie 2000/60 für die Gewässerbewirtschaftung, Institut der Regionalen Selbstverwaltung, 2008, S. 2. Abrufbar im Internet: http://www.ita.org.gr/el/index.php/meletes-ita.

[5] *Maniati-Siatou* (Fn. 3).

[6] *Andreadakis* (Fn. 4), 2008, S. 2.

[7] *Maniati-Siatou* (Fn. 3).

sprüche auf.[8] Ein Beispiel dazu stellen die Regelungen über die Zuständigkeiten der Wasserbehörde dar, die oft Überschneidungen aufwiesen. Zudem enthielten viele von diesen Rechtsvorschriften veraltete Regelungen, die nicht mehr den aktuellen Umweltbedingungen entsprachen.[9] Ein Genehmigungserfordernis fand sich in keinem Gesetz.[10] Die Nutzung der Gewässer war vielmehr für jedermann frei.[11] Die Festlegung von Bedingungen für die Gewässernutzung konnte durch eine Entscheidung des Projekt- und Agrarministers und der jeweiligen Direktoren der regionalen Verwaltungen erfolgen.[12] Das alte System der Gewässerbewirtschaftung war im Grundsatz auf eine freie Nutzung der Gewässer ausgerichtet.[13]

Als Reaktion auf diese Regelungsdefizite wurde im Jahr 1986 das Gesetz 1650 erlassen,[14] mit dem das Wasser als ein *Umweltgut* anerkannt, und Verfahren und Institutionen zur Förderung der Gewässerqualität eingeführt wurden.[15] Den wichtigsten Schritt aber in Richtung einer Neugestaltung des Systems über die Gewässerbewirtschaftung stellte die Einführung des nationalen Gesetzes 1739/1987[16] im darauffolgenden Jahr dar. Dieses Gesetz enthielt zum ersten Mal

---

[8] *Maniati-Siatou* (Fn. 3).

[9] *Maniati-Siatou* (Fn. 3).

[10] 2180/1993 Entscheidung des Staatsrats, Rn. 6; Gesetz Nr. 439/1945 über die Festsetzung von Beschränkungen bei der Beschaffung von unterirdischen Gewässern für die Gewährleistung des regelmäßigen Laufes von Gewässern in die Städte, Dörfer und in die Siedlungen, veröffentlicht in FEK Heft A, Nr. 170.

[11] Art. 1 des Gesetzes Nr. 439/1945.

[12] 42/1960 Königliches Dekret über die Übertragung zu den Regionaldirektoren der Zuständigkeit zur Auferlegung von Einschränkungen bei der Wasserentnahme von unterirdischen Gewässern vom 30.12.1959, veröffentlicht in FEK Heft A, Nr. 9 vom 06.02.1960; Entscheidung 1871/1994 Abteilung E des Staatsrats, Rn. 7 in Nomos kai Physis 1995, S. 112, 116.

[13] *Angeliki Charokopou,* Die letzten Regelungen für die Gewässerbewirtschaftung und die Rechtsprechung des Staatsrats, in: Giotopoulou-Maragkopoulou/Mpredimas/Sisilianos (Hrsg.), Der Umweltschutz in Recht und Praxis, Institution von Maragkopoulou, 2008, S. 204, 207.

[14] Gesetz 1650/1986 über den Umweltschutz vom 15.10.1986, veröffentlicht in FEK Heft A, Nr. 160 vom 15/16.10.1986.

[15] *Vicki Karageorgou,* Der institutionelle Rahmen der Gewässerbewirtschaftung in Griechenland und die Beiträge der Europäischen Gesetzgebung: Defizite, Herausforderungen und Perspektiven, in: Giannakourou/Kremlis/Siouti, Die Durchsetzung des Umweltrechts der Gemeinschaft in Griechenland 1981-2006, Griechische Gesellschaft für Umweltrecht, 2007, S. 175, 192.

[16] Gesetz 1739/1987 über die Bewirtschaftung der Wasserressourcen und anderen Rechtsvorschriften vom 18.11.1987, veröffentlicht in FEK Heft A, Nr. 201 vom 20.11.1987, S. 2017.

eine detaillierte und einheitliche Regulierung der Gewässerbewirtschaftung in Griechenland.

II. Die ersten Regelungen über den Gewässerschutz

1. Regelungen des Astikos Kodikas (Griechisches Bürgerliches Gesetzbuch)

In der griechischen Rechtsordnung waren am Anfang der Schutz und die Bewirtschaftung der Gewässer nicht gesondert geregelt.[17] In dem Bereich des Zivilrechts[18] ist eine direkte Verpflichtung zum Umweltschutz nicht vorhanden.[19] Trotzdem kann der Umweltschutz auf die Grundlagen des Schutzes des Persönlichkeitsrechts gestützt werden.[20] Und zwar gehören die Gewässer zu den gemeinsamen Sachen der Öffentlichkeit nach Art. 967 des Griechischen Bürgerlichen Gesetzbuchs. Jeder hat das Recht auf Nutzung der gemeinsamen Sachen.[21] Art. 57 Satz 1 des Griechischen Bürgerlichen Gesetzbuchs lautet: *„Jeder hat das Recht die Beseitigung eines Eingriffs in seine persönlichen Rechte zu fordern sowie die Unterlassung des Eingriffs mit Wirkung für die Zukunft zu verlangen"*. Infolgedessen ist das Recht auf Nutzung der gemeinsamen Sache ein eigenständiges Recht, das geschützt wird, sofern die Nutzung in irgendeiner Weise verhindert wird.[22] Andererseits gehören die unterirdischen Gewässer nach Art. 954 des Griechischen Bürgerlichen Gesetzbuchs nicht zu den gemeinsamen Sachen. Diese sind als Bestandteile des Grundstücks, unter dem sie fließen, zu betrachten. Laut Art. 954 Abs. 1 des Griechischen Bürgerlichen Gesetzbuchs gehören *„zu den Bestandteilen eines Grundstücks nach dem genannten Artikel auch 1. die mit dem Boden fest verbundenen Sachen, besonders Gebäude, 2. die Erzeugnisse des Grundstücks solange sie mit dem Boden zusammenhängen, 3. die Gewässer unter dem Boden und die Quelle 4. die Samen soweit sie ausgesät sind und Pflanzen soweit sie eingepflanzt sind"*. Der Eigentümer des Grundstücks

---

[17] *Katerina Sakellaropoulou/Nikos Sekeroglou*, Die nachhaltige Bewirtschaftung von Gewässerressourcen, Nomos kai Physis, Abschnitt I, 2006.

[18] In dem Griechischen Bürgerlich Gesetzbuch erlässt mit der Präsidialverordnung 456/1984.

[19] *Vasileios Tsevrenis*, Das Wasser in der Gesellschaft der Gefährdung, Per Dik 2008, Heft 1, S. 31, 36.

[20] *Tsevrenis*, Per Dik 2008, Heft 1, S. 31, 36.

[21] Art. 967 des Griechischen Bürgerlichen Gesetzbuchs.

[22] *Vasileios Vathrakokoilis,* § 4, Art. 967, Auslegung und Rechtsprechung des Bürgerlichen Gesetzbuchs, Athen 2007.

kann die Gewässer unter der Voraussetzung nutzen, dass die Nutzung der Gewässer durch die benachbarten Dörfer nicht beeinträchtigt wird.[23]

2. Regelungen des Poinikos Kodikas (Griechisches Strafgesetzbuch)

In dem Griechischen Strafgesetzbuch[24] sind mehrere Rechtsvorschriften zu finden, die sich auf Gewässer beziehen. Beispiele stellen die Artikel 223, 279, 293 des Griechischen Strafgesetzbuches dar,[25] die allerdings veraltet sind.[26] Zum Beispiel lautet Art. 293 Abs. 1 des Griechischen Strafgesetzbuches: *„Wer absichtlich durch Störhandlungen die Funktion von Unternehmen oder Anlagen bewirkt, die der öffentlichen Versorgung mit Wasser, Licht, Wärme oder Kraft dienen, wird mit mindestens 3 Monaten Freiheitsstrafe bestraft"*. Darüber hinaus sind auch in den neuen Gesetzen[27] zur Gewässerbewirtschaftung, zum Beispiel im Gesetz 1650/1986, Vorschriften enthalten, die einen Strafcharakter haben.[28] Diese zersplitterten Rechtsvorschriften konnten jedoch nicht mehr die immer stärker auftretenden Gewässerprobleme bewältigen, woraus sich die Notwendigkeit der Schaffung eines einheitlichen Ordnungsrahmens für die Gewässerbewirtschaftung ergab.[29]

3. Artikel 18 der Griechischen Verfassung

In der Verfassung sind die Rolle und die Aufgaben des Staates bei der Ausübung des Umweltschutzes festgelegt und damit auch das Handeln des Staates

---

[23] Art. 1027 des Griechischen Bürgerlichen Gesetzbuchs.

[24] Erlassen mit der Präsidialverordnung 283/1985.

[25] Art. 223 betrifft die Umstellung von Grenzzeichen in Gewässern, Art. 279 betrifft die Vergiftung von Gewässer und Art. 293 betrifft die Behinderung der Funktion einer Wasseranlage.

[26] *Sakellaropoulou/Sekeroglou*, Die nachhaltige Bewirtschaftung von Gewässerressourcen, Nomos kai Physis, Abschnitt I, 2006.

[27] Die Gesetze 1650/1986 über den Umweltschutz vom 15.10.1986, veröffentlicht in FEK Heft A, Nr. 160 vom 15/16.10.1986 und 3199/2003 über den Gewässerschutz und die Gewässerbewirtschaftung. Harmonisierung mit der Wasserrahmenrichtlinie 2000/60/EG vom 09.12.2003, veröffentlicht in FEK Heft A, Nr. 280 vom 09.12.2003.

[28] *Sakellaropoulou/Sekeroglou*, Die nachhaltige Bewirtschaftung von Gewässerressourcen, Nomos kai Physis, Abschnitt I, 2006.

[29] *Sakellaropoulou/Sekeroglou*, Die nachhaltige Bewirtschaftung von Gewässerressourcen, Nomos kai Physis, Abschnitt I, 2006.

begrenzt worden.[30] Ferner sind auf der gleichen Rechtsgrundlage die Rechte sowie der angemessene Rechtschutz der Individuen gegenüber dem Staat bei der
Wahrnehmung des Umweltschutzes festgeschrieben.[31] Durch die Aufnahme dieser Rechtsgüter in die Verfassung kann die Realisierung des Umweltschutzes
durch den Staat gewährleistet und die Begrenzung des Handelns des Staates erreicht werden.[32]

Die erste Erwähnung der Gewässerbewirtschaftung in der neuen Griechischen
Verfassung von 1975 ist in Artikel 18 Abs. 1 und 2 zu finden. Diese neue Verfassungsordnung wurde nach der Abschaffung der militärischen Diktatur vom
21. April 1967[33] und nach der Durchführung des Referendums am 8.12.1974
über die Entfernung des Königs und die Gründung der parlamentarischen De-
mokratie in Griechenland festgesetzt.[34] Der Artikel 18 Abs. 1 wurde zum ersten
Mal mit dem ähnlichen Inhalt als Art. 17 Abs. 2 und zwar als Teil des Schutzes
des Eigentums mit der Griechischen Verfassung von 1911 eingeführt.[35] Der Art.
18 Abs. 2 wurde auch mit dem ähnlichen Inhalt als Art. 17 Abs. 3 mit der Verfassung von 1952 eingeführt.[36] Diese Rechtsvorschrift[37] betrifft die Bewirtschaftung von oberirdischen und unterirdischen Gewässern in Bezug auf das Eigentum. Abs. 1 dieses Artikels lautet: *„Besondere Gesetze regeln das Eigentum an
und die Verfügungsgewalt über Erz- und Kohlebergwerke, Höhlen, archäologi-
sche Stätten und Schätze, Heilquellen, ober- und unterirdische Gewässer und
der Bodenschätze im Allgemeinen"*. Weiter bezieht sich der Abs. 2 auf die Nutzung und die Verwaltung der Lagunen und der großen Seen: *„Durch Gesetz
werden das Eigentum, die Nutzung und die Verwaltung der Lagunen und großen
Seen geregelt, ebenso die Verfügungsgewalt über die aus deren Trockenlegung
gewonnenen Landflächen"*. Diese Rechtsvorschriften zielen zwar vordergründig
auf die Regelung des Eigentums ab, beziehen sich jedoch auch auf den Gewässerschutz.[38]

---

[30] *Euaggelia Koutoupa-Regkakou*, Umweltrecht, 2008, Gewässerschutzrecht, S. 21.

[31] *Koutoupa-Regkakou* (Fn. 30), S. 21.

[32] *Koutoupa-Regkakou* (Fn. 30), S. 21.

[33] *Antoni Panteli*, Handbuch zum Verfassungsrecht, 4. Auflage, 2018, S. 287; *Philippos
Spyropoulos*, Verfassungsrecht 2018, § 4, Rn. 36 ff.

[34] *Andreas Demitropoulos*, Allgemeine Verfassungslehre, Band A, 2004, § 10, Rn. 604 ff.;
Niki Kaltsogia-Tournaviti, Der Verfassung von 1975/1986/2001, 2002, S. 30.

[35] *Kaltsogia-Tournaviti*, (Fn. 34), S. 103.

[36] *Kaltsogia-Tournaviti*, (Fn. 34), S. 97.

[37] Art. 18 Abs. 1 und 2 der Griechischen Verfassung.

[38] *Charokopou* (Fn. 13), S. 204, 206.

4. Artikel 24 der Griechischen Verfassung

a. Die Aufnahme des Artikels 24 in die Griechische Verfassung

Mit der Einführung der neuen Griechischen Verfassungsordnung im Jahr 1975[39] wurde der Art. 24 zum ersten Mal in die griechische Rechtsordnung aufgenommen.[40] Die Aufnahme dieses Artikels in die Verfassungsordnung hat eine breite Akzeptanz gefunden.[41] Der Grund dafür liegt darin, dass der Art. 24 als der *Umweltartikel* der Griechischen Staatsverfassung bezeichnet werden kann.[42] Und zwar wurde durch diesen Artikel zum ersten Mal der Umweltschutz in der Verfassung verankert. Laut Art. 24 Abs. 1 Satz 1 und 2 der Griechischen Verfassung von 1975 war *„der Schutz der natürlichen und der kulturellen Umwelt Pflicht des Staates. Zu seiner Bewahrung ist der Staat verpflichtet, besondere vorbeugende oder hemmende Maßnahmen zu treffen"*. Die Aufnahme einer derartigen Rechtsvorschrift wurde zu der Zeit als eine Innovation nicht nur auf der nationalen, sondern auch auf der europäischen Ebene angesehen.[43]

Der Umweltschutz wurde mit der Verfassungsrevision im Jahr 2001 noch weiter verstärkt.[44] Art. 24 Abs.1 Satz 1 ist noch weiter ergänzt und lautet *„der Schutz der natürlichen und der kulturellen Umwelt ist Pflicht des Staates und ein Recht für jedermann. Zu seiner Bewahrung ist der Staat verpflichtet, besondere vorbeugende oder hemmende Maßnahmen im Rahmen des Nachhaltigkeitsprinzips zu treffen"*. Zuerst wurde durch diese Verfassungsänderung das Recht auf die Umwelt als ein Recht für jedermann anerkannt.[45] Darüber hinaus hatte die Etablierung des Nachhaltigkeitsprinzips auf europäischer Ebene sowie die umfangreiche Durchsetzung und Auslegung dieses Prinzips durch die griechi-

---

[39] *Paulaki, Sophia,* Das Recht auf Umwelt, in: *Vlachopoulos Spiros,* Grundlegende Rechte, Athen 2017, S. 195, 200.

[40] *Koutoupa-Regkakou* (Fn. 30), S. 21.

[41] Dazu *Georgios Papadimitriou,* Die Umweltverfassung, Begründung, Inhalt und Funktion, Nomos kai Physis, 1994, S. 375, 376 ff. Der Beitrag enthält eine eingehende Darstellung des Vorentwurfs und der am Ende akzeptierten Form der Griechischen Verfassungsordnung im Hinblick auf die Ausprägung des Inhalts und die Auswirkung des Art. 24.

[42] *Koutoupa-Regkakou* (Fn. 30), S. 21.

[43] *Papadimitriou,* Die Umweltverfassung, Begründung, Inhalt und Funktion, Nomos kai Physis, 1994, S. 375, 376 ff.; *Koutoupa-Regkakou* (Fn. 30), S. 21 ff.

[44] *Ioannis K. Karakostas,* Umwelt und Recht, Bewirtschaftungs- und Schutzrecht von Umweltgütern, 3. Auflage, 2011, S. 95 ff.

[45] *Dimitris Vasileiadis,* Natürliche Umwelt, Art. 24, in: Ph. *Spyropoulos/ Ks. Kontiadis/ Ch. Anthopoulos/ G.Gerapetritis,* Verfassung, Kommentar, Art. 24, Rn. 61, 2017.

sche Rechtsprechung, vor allem durch den Staatsrat,[46] dessen Aufnahme in die Griechische Staatsverfassung durch die Verfassungsänderung von 2001 in Art. 24 Abs. 1 Satz 2 zur Folge.[47]

b. Die Bedeutung von Artikel 24 der Verfassung

Gemäß der Griechischen Verfassung ist der Staat zum Schutz der natürlichen und kulturellen Umwelt verpflichtet.[48] Zu dem Schutzbereich des Art. 24 gehört die natürliche, kulturelle, bauliche und städtische Umwelt.[49] Zudem ist der Schutz der Wälder einbezogen.[50] An diesem Punkt ist es wichtig zu unterstreichen, dass bei einem derart kurzen Wortlaut eine breite Dynamik zu ihrer Auslegung und Durchsetzung eintrat.[51] Unbestritten kann unter dem Dach eines so offenen Begriffs jede Art von natürlicher Umwelt einbezogen werden.[52] Daneben ist der Mangel einer konkreten Begriffsbestimmung der Umwelt von Seiten des Verfassungsgebers eine zweckmäßige Entscheidung mit dem Ziel der Erweiterung des Schutzbereichs der Umwelt.[53] Der Verfassungsgeber will damit festsetzen, dass die Bestimmung von umweltschützenden Rechtsgütern nicht klar definiert und eingeschränkt werden kann und will ferner den Schutz zukünftig erscheinender umweltrechtlicher Rechtsgüter bewirken.[54]

---

[46] Der Staatsrat hat eine langjährige Durchsetzung und Auslegung des Prinzips der nachhaltigen Entwicklung vorgenommen und weiter hat seit dem Jahr 1992 eine Verbindung zwischen dem Prinzip der nachhaltigen Entwicklung und dem Vorsorgeprinzip bestanden, dazu: *Glikeria P. Siouti*, Handbuch zum Umweltrecht, 3. Auflage 2018, S. 162 ff.

[47] *Athanasios Rados,* Der Einfluss des Europäischen Rechts auf das Griechische Umweltrecht, in: Giannakourou/Kremlis/Siouti, Die Durchsetzung des Umweltrechts der Gemeinschaft in Griechenland 1981-2006, Griechische Gesellschaft für Umweltrecht, 2007, S. 89, 91.

[48] Art. 24 Abs. 1 Satz 1 der Griechischen Verfassung; *53/1993* Entscheidung des Staatsrats, Rn. 3.

[49] Dazu *Papadimitriou*, Die Umweltverfassung, Begründung, Inhalt und Funktion, Nomos kai Physis, 1994 S. 375, 379 ff.; dort ist ausführlich dargestellt, was im Schutzbereich des Art. 24 eingehalten wird; *Koutoupa-Regkakou* (Fn. 30), S. 22.

[50] Art. 24 Abs. 1 Satz 3 und 4 der Griechischen Verfassung.

[51] *Papadimitriou*, Die Umweltverfassung, Begründung, Inhalt und Funktion, Nomos kai Physis, 1994, S. 375, 387 ff.

[52] *Papadimitriou*, Die Umweltverfassung, Begründung, Inhalt und Funktion, Nomos kai Physis, 1994, S. 375, 387 ff.

[53] *Karakostas* (Fn. 44), S. 96 ff.

[54] *Karakostas* (Fn. 44), S. 96 ff.

Der Umweltschutz auf der Rechtsgrundlange des Art. 24 der Griechischen Verfassung kann nicht als eine lediglich zielerklärende Rechtsvorschrift ohne rechtliche Wirkungen angesehen werden.[55] Die schriftliche Aufnahme dieser Rechtsvorschrift in der Verfassung durch den Verfassungsgeber zeigt seinen eindeutigen Willen zur Einführung einer Verpflichtung für den Staat.[56] Diese Vorschrift kann weder durch ein nationales Gesetz noch durch einen Verwaltungsakt verändert werden.[57] Sie hat verbindlichen Charakter gegenüber dem Gesetzgeber, der Verwaltung und der Rechtsprechung.[58]

Weiterhin ist durch diese verfassungsrechtliche Vorschrift die natürliche und kulturelle Umwelt als eigenständiges Rechtsgut anerkannt worden.[59] Anders als die Staatszielbestimmung des Art. 20a GG wird Art. 24 als *subjektives Recht* eingeordnet.[60] Hieraus kann auch ein Abwehrrecht (status negativus), das auf die Festsetzung eines Freiraums des Einzelnen abzielt und staatlichem Handeln eine Grenze setzt, abgeleitet werden.[61] Daraus folgt insbesondere der Anspruch des Individuums gegen den Staat auf Vermeidung jeglicher Aktivität, welche sich negativ auf die Umwelt auswirken könnte.[62]

Außerdem ist das Recht auf Umwelt auch als soziales Recht (status positivus) ausgestaltet. Der Staat muss daher in Erfüllung seiner Verpflichtung zur Gewährleistung des Umweltschutzes vorbeugende und hemmende Maßnahmen ergreifen.[63] Mit dieser Rechtsvorschrift will der Verfassungsgeber zum Ausdruck bringen, dass die Realisierung des Umweltschutzes nur unter der Voraus-

---

[55] *Siouti* (Fn. 46), S. 26; *Tsevrenis*, Per Dik 2008, Heft 1, S. 31, 35.

[56] *Karakostas* (Fn. 44), S. 96 ff., *Paulaki,* (Fn. 39) S. 195, 200.

[57] *Paulaki,* (Fn. 39) S. 195, 199.

[58] *Karakostas* (Fn. 44), S. 96 ff., *Paulaki,* (Fn. 39) S. 195, 200.

[59] 3478/2000 Entscheidung der Vollversammlung des Staatsrats, Rn. 7; 613/2002, Entscheidung der Vollversammlung des Staatsrats, Rn. 7; 1688/2005, Entscheidung der Vollversammlung des Staatsrats, Rn. 9.

[60] *Vasileios Tsevrenis*, Das Wasser in der Gesellschaft der Gefährdung, Per Dik 2008, Heft 1, S. 31, 35; *Volker Epping,*Grundrechte, 8. Auflage, 2019, Rn.12; *Silke Ruth Laskowski/Cornelia Ziehm*, Gewässerschutzrecht § 5, in: Hans-Joachim Koch, Umweltrecht, 4. Auflage, 2014, Rn. 46.

[61] *Paulaki,* (Fn. 39) S. 195, 20; 3561/2014 Entscheidung der Vollversammlung des Staatsrats, Rn. 7; *Josef Isensee*, § 111 Das Grundrecht als Abwehrrecht und als staatliche Schutzpflicht, in: Josef Isensee/ Paul Kirchhof, Handbuch des Staatsrechts der Bundesrepublik Deutschland, Band V, 2000, Rn. 2 ff; *Klaus Stern,* Die Hauptprinzipien des Grundrechtssystems des Grundgesetzes, in: Klaus Stern/ Florian Becker, Grundrechte – Kommentar, 2. Auflage, 2016, Rn 33.

[62] *Koutoupa-Regkakou* (Fn. 30), S. 26 ff.

[63] Art 24 Abs. 1 Satz 2 der Griechischen Verfassung; *Siouti* (Fn. 46), S. 162 ff.

setzung der Vollziehung einer integrierten Politik gewährleistet werden kann.[64] Die Verpflichtung des Staates zur Vornahme von positiven Maßnahmen zur Wahrnehmung des Umweltschutzes ist durch seine parallele Verpflichtung zur Vermeidung von Aktivitäten zu ergänzen, welche die Umwelt beeinträchtigen oder beschädigen können.[65]

Diese doppelte Funktion des Rechts auf Umwelt besagt, dass es als Abwehr- und als Leistungsrecht zugleich einzuordnen ist.[66] In der griechischen Rechtstheorie ist die Rede von einem *gemischten* oder verfassungsrechtlichen Rechtsgut *in dritter Generation*.[67] Eine Vielfalt von Eigenschaften weist die hervorgehobene Bedeutung eines gemischten verfassungsrechtlichen Rechtsgutes aus.[68] Zum Ersten gibt es die Möglichkeit, bei einer großen Anzahl von Trägern ein Rechtsschutzinteresse nachzuweisen.[69] Zum anderen gibt es das Recht auf Teilnahme der Öffentlichkeit an einem angemessenen Entscheidungsverfahren.[70] Darüber hinaus wird auch auf diese Weise das Recht der Öffentlichkeit auf Zugang zu Umweltinformationen gewährleistet.[71]

Das Recht auf Umwelt ist zudem als Teilhaberecht anzusehen (status activus).[72] Der Einzelne hat das Recht auf Zugang zu Informationen über Umweltbelange sowie das Recht, bei der Gestaltung der Umweltpolitik und beim Treffen der Entscheidungen über die Umweltangelegenheiten aktiv teilzunehmen.[73]

Außerdem ist die Rede von *einem Solidaritätsrecht*.[74] In diese Sinne soll auf Grundlage dieser Vorschrift das ökologische Gleichgewicht gewährleistet wer-

---

[64] *Papadimitriou*, Die Umweltverfassung, Begründung, Inhalt und Funktion, Nomos kai Physis, 1994 S. 375, 392 ff.

[65] *Koutoupa-Regkakou* (Fn. 30), S. 26 ff.

[66] *Koutoupa-Regkakou* (Fn. 30), S. 26 ff.; mehr dazu *Papadimitriou*, Die Umweltverfassung, Begründung, Inhalt und Funktion, Nomos kai Physis, 1994 S. 375, 396; *Isensee*, § 111, in: Isensee/ Kirchhof, Band V, 2000, Rn. 1 ff.

[67] *Kostas Chrisogonos/Spyros Vlachopoulos*, Persönlichkeits- und Sozialrechte, 4. Auflage, 2017, S. 81; *Koutoupa-Regkakou* (Fn. 30), S. 26 ff.

[68] *Koutoupa-Regkakou* (Fn. 30), S. 27 ff.

[69] *Koutoupa-Regkakou* (Fn. 30), S. 27 ff.

[70] *Koutoupa-Regkakou* (Fn. 30), S. 27 ff.; *Siouti* (Fn. 46), S. 25.

[71] *Koutoupa-Regkakou* (Fn. 30), S. 27 ff.

[72] *Dietrich Murswiek*, § 112 Grundrechte als Teilhaberechte, soziale Grundrechte, in: Josef Isensee/ Paul Kirchhof, Handbuch des Staatsrechts der Bundesrepublik Deutschland, Band V, 2000, Rn. 1 ff.

[73] *Paulaki*, (Fn. 39) S. 195, 199.

[74] *Paulaki*, (Fn. 39) S. 195, 209.

den.[75] So sollen die natürlichen Ressourcen für die kommenden Generationen weiter bewahrt werden.[76] Darüber hinaus werden hierdurch die Denkmäler und allgemein die Werke der Menschen geschützt, die einen kulturellen, historischen, künstlerischen oder technologischen Hintergrund aufweisen und die als kulturelles Erbe der Menschheit bezeichnet werden können.[77]

Mit der Verfassungsrevision im Jahr 2001 wurden sowohl der Staat als auch die Privaten zum Umweltschutz verpflichtet.[78] Aus Artikel 24 der Griechischen Verfassung kann nunmehr abgeleitet werden, dass auch Private unabhängig vom Staat verpflichtet sind, die natürliche und kulturelle Umwelt zu schützen, da das Recht auf die freie Entfaltung der Persönlichkeit mit dieser eng verbunden ist.[79]

Die große Bedeutung des Artikels 24 aus Sicht des Verfassungsgebers ist dadurch belegt, dass dieser in das zweite Kapitel der Griechischen Verfassungsordnung aufgenommen wurde, wo die sozialen und subjektiven Rechte niedergelegt sind.[80] Nach Meinung von *Papadimitriou* kann aber allein von der Stellung des Art. 24 in der Verfassungsordnung nicht seine Dimension abgeleitet werden.[81] Der Verfassungsgeber hat die Gewährleistung des Umweltschutzes beabsichtigt, aber er hat nicht im Text der Verfassung die Dimension des Rechts für die Umwelt definiert.[82]

---

[75] 3478/2000 Entscheidung der Vollversammlung des Staatsrats, Rn. 7; 613/2002, Entscheidung der Vollversammlung des Staatsrats, Rn. 7; 1688/2005 Entscheidung der Vollversammlung des Staatsrats, Rn. 9.

[76] 3478/2000 Entscheidung der Vollversammlung des Staatsrats, Rn. 7; 613/2002, Entscheidung der Vollversammlung des Staatsrats, Rn. 7; 1688/2005 Entscheidung der Vollversammlung des Staatsrats, Rn. 9.

[77] 3478/2000 Entscheidung der Vollversammlung des Staatsrats, Rn. 7.

[78] *Tsevrenis*, Per Dik 2008, Heft 1, S. 31, 35; *Karakostas* (Fn. 44), S. 76 ff.

[79] *Tsevrenis*, Per Dik 2008, Heft 1, S. 31, 35.

[80] *Papadimitriou*, Die Umweltverfassung, Begründung, Inhalt und Funktion, Nomos kai Physis, 1994 S. 375, 392 ff.

[81] *Papadimitriou*, Die Umweltverfassung, Begründung, Inhalt und Funktion, Nomos kai Physis, 1994 S. 375, 392 ff.

[82] *Papadimitriou*, Die Umweltverfassung, Begründung, Inhalt und Funktion, Nomos kai Physis, 1994 S. 375, 392 ff.

c. Die Rechtsprechung zu Artikel 24 der Griechischen Verfassung

Der Staatsrat hatte sich in mehreren Fällen mit Art. 24 der Griechischen Verfassung zu befassen und deren Auslegung maßgeblich geprägt.[83] Nach der Rechtsprechung hatte der Verfassungsgesetzgeber mit Art. 24 nicht nur die Befugnis des Staates und der Verwaltung zum Ergreifen von umweltschützenden Maßnahmen, sondern auch die Festlegung einer Verpflichtung der zuständigen Organe zum *positiven Handeln* beabsichtigt.[84]

Daraus lässt sich folgern, dass der Staat und die Verwaltung zum Ergreifen der angemessenen Maßnahmen verpflichtet sind, damit der Schutz der Umwelt gewährleistet werden kann.[85] Diese Maßnahmen, die durch den Gesetzgeber oder die Verwaltung erlassen werden können, müssen einen vorbeugenden oder einen hemmenden Charakter aufweisen.[86]

Die verfassungsrechtliche Gewährleistung des Umweltschutzes in Art. 24 der Verfassung betrifft auch den Schutz der Gewässer.[87] Die Wasserressourcen sind als Teil der natürlichen Umwelt anzusehen und aus diesem Grund muss ihre Bewirtschaftung nach dem Nachhaltigkeitsprinzip erfolgen.[88]

Der Staatsrat besitzt eine langjährige Erfahrung bei der Auslegung der jeweiligen Rechtsvorschriften, die zur Gewässerbewirtschaftung eingeführt wurden.[89] Dementsprechend hat sich eine Rechtsprechung herausgebildet, die wegen ihrer Kohärenz als ausgezeichnet gilt.[90] Die Rechtsprechung des Staatsrats lässt sich

---

[83] Aus diesem Grund wurden durch die Verfassungsänderung Anstrengungen unternommen, die Auslegungskraft der Verwaltungsrichter, im Besonderen des Richters des Staatsrats, einzuschränken; dazu *Koutoupa-Regkakou* (Fn. 30), S. 24.

[84] 2179/2006 Entscheidung des Staatsrats, Abteilung E, Rn. 5; 2180/2006 Entscheidung des Staatsrats, Abteilung E, Rn. 5; 2640/2009 Entscheidung der Vollversammlung des Staatsrats, Rn. 5.

[85] 3478/2000 Entscheidung der Vollversammlung des Staatsrats, Rn. 7; 613/2002 Entscheidung der Vollversammlung des Staatsrats, Rn. 7.

[86] 2990/1998 Entscheidung des Staatsrats Abteilung E, Rn. 5; 3478/2000 Entscheidung der Vollversammlung des Staatsrats, Rn. 7; 613/2002 Entscheidung der Vollversammlung des Staatsrats, Rn. 7.

[87] *Charokopou* (Fn. 13), S. 204 ff.

[88] *Eleni Trova,* Der Schutz der Wasserressourcen gemäß dem Gemeinschaftsrecht und der Verfassung (1688/2005 Entscheidung der Vollversammlung des Staatsrats), Per Dik, Heft 4, 2005, S. 552, 552.

[89] *Marios Chaintarlis,* Kommentierung der Entscheidung 2179/2006 des Staatsrats, Abteilung E, Nomos kai Physis, 2006.

[90] *Chaintarlis,* Kommentierung der Entscheidung 2179/2006 des Staatsrats, Abteilung E, Nomos kai Physis, 2006.

in zwei Kategorien einteilen, und zwar einerseits Entscheidungen, welche die Überprüfung der Rechtmäßigkeit von Umweltverträglichkeits-prüfungen betreffen[91] sowie andererseits Entscheidungen, die sich direkt mit der Gewässerbewirtschaftung befassen.[92]

Von der Rechtsprechung des Staatsrats kann abgeleitet werden, dass Art. 24 der Griechischen Verfassung als eine Sonderrechtsvorschrift einzustufen ist.[93] Treffen der Gesetzgeber und die Verwaltung umweltschützende Maßnahmen müssen sie auch auf andere gleichgestellte verfassungsrechtliche Rechtsgüter Rücksicht nehmen, die sich auf allgemeine öffentliche und nationale Interessen beziehen.[94] Beispiele von anderen Rechtsgütern stellen die wirtschaftliche Entwicklung[95] oder das Recht auf Arbeit[96] dar.[97] In dem Fall, dass diese Rechtsgüter mit dem Schutz der Umwelt kollidieren, ist der Gesetzgeber oder die Verwaltung zu einer Abwägung verpflichtet.[98] In dieser Abwägung muss der Schutz der Umwelt im Vergleich zu den anderen Rechtsgütern im Gleichgewicht stehen.[99] Diese Abwägung muss unter Berücksichtigung der nachhaltigen Entwicklung so

---

[91] Dazu *Chaintarlis*, Kommentierung der Entscheidung 2179/2006 des Staatsrats, Abteilung E, Nomos kai Physis, 2006; als solche Entscheidungen können die folgenden eingeordnet werden: 53/1993, Entscheidung des Staatsrats, 2537/1996, Entscheidung der Vollversammlung des Staatsrats, 2731/1997, Entscheidung des Staatsrats, Abteilung E, 3146/1998, Entscheidung des Staatsrats, Abteilung E, 613/2002 Entscheidung der Vollversammlung des Staatsrats.

[92] Dazu *Chaintarlis*, Kommentierung der Entscheidung 2179/2006 des Staatsrats, Abteilung E, Nomos kai Physis, 2006; als solche Entscheidungen können die folgenden eingeordnet werden: 2759/1994, Entscheidung des Staatsrats, Abteilung E, 2760/1994, Entscheidung des Staatsrats, Abteilung E′, 2990/1998, Entscheidung des Staatsrats, Abteilung E, 3478/2000, Entscheidung der Vollversammlung des Staatsrats, 1688/2005, Entscheidung der Vollversammlung des Staatsrats, 2179/2006, Entscheidung des Staatsrats, Abteilung E, 2180/2006, Entscheidung des Staatsrats, Abteilung E.

[93] *Koutoupa-Regkakou* (Fn. 30), S. 24; 613/2002 Entscheidung der Vollversammlung des Staatsrats, Rn. 7.

[94] 613/2002 Entscheidung der Vollversammlung des Staatsrats, Rn. 7.

[95] Art. 106 der Griechischen Verfassung.

[96] Art. 22 der Griechischen Verfassung.

[97] In Ansätzen in der Entscheidung 1688/2005 des Staatsrats über den Fall von Acheloos wiedergegeben; dazu siehe *Charokopou* (Fn. 13), S. 204, 205; 2640/2009, Entscheidung der Vollversammlung des Staatsrats, Rn. 5.

[98] 3478/2000 Entscheidung der Vollversammlung des Staatsrats Rn. 7; ein Beispiel dieser Abwägung stellt auch 613/2002, Entscheidung der Vollversammlung des Staatsrats, Rn. 5 dar, bei dem die bedrohenden verfassungsschützten Rechtsgüter das Recht auf Arbeit und die wirtschaftliche Entwicklung der Region waren.

[99] 613/2002 Entscheidung der Vollversammlung des Staatsrats, Rn. 7.

vorgenommen werden,[100] dass sie im Einklang mit der nationalen Verfassungsordnung und mit den Anforderungen der Europäischen Union steht.[101] Diese Entwicklung darf nicht zu einer Erschöpfung von natürlichen Ressourcen oder zu einer Verschlechterung der Lebensbedingungen führen. Darüber hinaus ist der Staat verpflichtet, für die räumliche Umstrukturierung des Landes zu sorgen, sodass die Lebensbedingungen für alle Bürger gleichwertig sein können.[102] Zur Einhaltung dieser Verpflichtung des Staates zum Umweltschutz müssen vom Staat solche Maßnahmen ergriffen werden, die zur Verbesserung der baulichen Umwelt und der Lebensqualität beitragen.[103] Das heißt aber nicht, dass eine Verschlechterung nicht vorkommen darf. Die Auswahl des Gesetzgebers oder der Verwaltung unterliegt der Kontrolle der Rechtsprechung. Der Richter soll bei seiner Abwägung untersuchen, ob mit der Einführung der Regelung die Umwelt oder die Lebensbedingungen verschlechtert werden.[104]

Nach Meinung von *Koutoupa-Regkakou* ist bei einer derartigen Rechtsabwägung zwischen der Realisierung des Umweltschutzes und den anderen verfassungsrechtlichen Rechtsgütern ein intensiveres Gewicht auf den Faktor der Umwelt zu legen.[105] Diese Auffassung kann aus der Entscheidung der Vollversammlung des Staatsrats 613/2002 abgeleitet werden.[106] Danach muss bei der Abwägung des Umweltschutzes mit den anderen Rechtsgütern berücksichtigt werden, dass der Staat zur Realisierung des Umweltschutzes in Verbindung mit einer nachhaltigen Entwicklung besonders verpflichtet ist.[107] Mit dem Begriff der nachhaltigen Entwicklung[108] ist eine Entwicklung gemeint, die vereinbar mit und freundlich gegenüber der Umwelt ist[109] sowie nicht zu einer Erschöpfung

---

[100] Art 24 Abs. 1 Satz 2 der Griechischen Verfassung.
[101] 613/2002 Entscheidung der Vollversammlung des Staatsrats, Rn. 7.
[102] 2640/2009 Entscheidung der Vollversammlung des Staatsrats, Rn. 5.
[103] 2640/2009 Entscheidung der Vollversammlung des Staatsrats, Rn. 5.
[104] Zum Ganzen: 2640/2009 Entscheidung der Vollversammlung des Staatsrats, Rn. 5; 914/2017 Entscheidung des Staatsrats, Abteilung E, Rn. 7.
[105] *Koutoupa-Regkakou* (Fn. 30), S. 24. Das gilt besonders im Vergleich mit den Rechtsgütern, die auf Art. 22 Abs. 1 und 106 des GG gerichtet sind, und zwar mit dem Recht auf Arbeit und der wirtschaftlichen Entwicklung.
[106] 613/2002, Entscheidung der Vollversammlung des Staatsrats, Rn. 7.
[107] 613/2002, Entscheidung der Vollversammlung des Staatsrats, Rn. 7.
[108] Dazu ausführlich: *Michail Dekleris,* Das Recht der nachhaltigen Entwicklung, Allgemeine Prinzipien, 2000, S. 67 ff.
[109] *Siouti* (Fn. 46), S. 162 ff.; *Marios Chaintarlis,* Die heutige Gesetzgebung über den Wasserschutz und die Wasserbewirtschaftung, in: Papadimitriou (Hrsg.), Nachhaltige Gewässerbewirtschaftung, Grundsätze, Prinzipien und Implementation, Sitzungsprotokoll, 2006, S. 33, 37.

der natürlichen Ressourcen führt.[110] Sie bezweckt vielmehr eine nachhaltige Nutzung der natürlichen Ressourcen, damit diese für die kommenden Generationen weiterhin zur Verfügung stehen.[111] Die nachhaltige Entwicklung steht im Einklang mit dem Umweltschutz sowohl unter dessen quantitativem als auch qualitativem Aspekt.[112] Sie ist schließlich auf eine ausgeglichene Nutzung der natürlichen Ressourcen ausgerichtet.[113]

Seit 1993 ist von der Rechtsprechung anerkannt, dass bei Entscheidungen, die Bezug auf das ökonomische Wachstum nehmen, dem Umweltschutz ein ausschlaggebendes Gewicht zukommen muss.[114] Das gilt im Besonderen in den Fällen, welche die Errichtung und die Erweiterung von Industrieanlagen betreffen.[115] Eine Genehmigungsentscheidung muss das Vorsorgeprinzip und die Auswirkungen des Vorhabens auf die natürliche und die menschliche Umwelt berücksichtigen.[116]

Daneben ist mit der Einführung des Art. 24 in die Griechische Verfassung das Vorsorgeprinzip in den Umweltschutzbereich eingeführt worden.[117] Aus dieser verfassungsrechtlichen Vorschrift gehen auch die Einschränkungen der staatlichen Entwicklungspolitik hervor. Das heißt, dass nicht irgendeine Entwicklungspolitik verfolgt werden darf, sondern nur eine Politik, die einen nachhaltigen Charakter aufweist und keine dauerhafte Belastung der Umwelt verursachen wird.[118] Die Durchführung von öffentlichen Projekten ist unverzichtbarer Teil der Entwicklungspolitik eines Landes, sie muss aber bei ihrer Planung die umweltrechtlichen Aspekte einkalkulieren.[119] Deshalb kann sie nur unter der Voraussetzung des Vorliegens einer vollständigen wissenschaftlichen Untersuchung durchgeführt werden.[120]

---

[110] *Siouti* (Fn. 46), S. 162 ff.
[111] *Siouti* (Fn. 46), S. 162 ff.
[112] *Siouti* (Fn. 46), S. 162 ff.
[113] *Siouti* (Fn. 46), S. 162 ff.
[114] 53/1993 Entscheidung des Staatsrats, Rn 6.
[115] 53/1993 Entscheidung des Staatsrats, Rn 6.
[116] 53/1993, Entscheidung des Staatsrats, Rn 6.
[117] 2759/1994 Entscheidung des Staatsrats, Abteilung E, Rn. 10.
[118] 2759/1994 Entscheidung des Staatsrats, Abteilung E, Rn. 10.
[119] 2759/1994 Entscheidung des Staatsrats, Abteilung E, Rn. 10.
[120] 2759/1994 Entscheidung des Staatsrats, Abteilung E, Rn. 10.

d. Schlussfolgerung

Die Einführung des Art. 24 der Verfassung ist von erheblicher Bedeutung für den Umweltschutz und für die weitere Ausprägung der Gewässerbewirtschaftung in der griechischen Rechtsordnung. Seit seiner Einführung im Jahr 1975 und in Verbindung mit dem im Jahr 1987 in Kraft getretenen ersten griechischen Gesetz 1739/1987 über die Bewirtschaftung von Wasserressourcen sind mehrere Schritte in Richtung einer rationalen Gewässerbewirtschaftung, besonders durch die Auslegung dieser Rechtsvorschriften durch die Gerichte, gemacht worden. Dies geschah ohne Einbeziehung des Einflusses des gemeinschaftlichen Rechts auf das nationale Recht und obwohl viele Durchführungsakte zur vollen Geltung des Gesetzes 1739/1987 nicht rechtzeitig erlassen wurden.[121]

III. Das Gesetz 1650/1986

1. Die Einführung des Gesetzes zur Durchführung des Artikels 24 der Griechischen Verfassung

Es hat sich früh angedeutet, dass die zahlreichen zersplitterten Rechtsvorschriften über die Gewässer sowie die im Griechischen Bürgerlichen Gesetzbuch und im Strafgesetzbuch enthaltenen Rechtsvorschriften für die Bekämpfung der auftretenden Probleme im Bereich des Gewässerschutzes nicht ausreichen.[122] Aus diesem Grund wurde zur Umsetzung des verfassungsrechtlichen Grundsatzes des Umweltschutzes das Gesetz 1650/1986 verabschiedet.[123] Als Zweck dieses Gesetzes wurde in Art. 1 Abs. 1 der Schutz der Umwelt festgesetzt, so dass die Menschen besseren Umweltbedingungen zur Lebensqualität haben können, die menschliche Gesundheit geschützt werden kann und die Entfaltung der Persönlichkeit verstärkt werden kann. Daher ist es notwendig, vor der Genehmigung von öffentlichen und privaten Projekten, die erhebliche Auswirkungen auf die Umwelt haben könnten, eine Umweltverträglichkeitsprüfung durchzuführen. Mit diesem Gesetz wurden erste Bemühungen zur Einführung von Rechtsvorschriften für den Gewässerschutz unternommen.[124] Und zwar ist in Art. 1 Abs. 3 Satz b weiter als Zweck des Gesetzes 1650/1986 der Schutz den

---

[121] Zum Ganzen: *Trova*, Per Dik, Heft 4, 2005, S. 552, 555.

[122] *Tsevrenis*, Per Dik 2008, Heft 1, S. 31, 39.

[123] 3478/2000 Entscheidung der Vollversammlung des Staatsrats, Rn. 8.

[124] *Tsevrenis*, Per Dik 2008, Heft 1, S. 31, 39; *Maniati-Siatou* (Fn. 3).

ober- und unterirdischen Gewässer festgeschrieben. Die Wasserressourcen sind als Teil der natürlichen Umwelt anzusehen.[125] Darüber hinaus unterliegt die Nutzung der Wasserressourcen den Prinzipien und Einschränkungen des Grundsatzes der Nachhaltigkeit der Bewirtschaftung von Wasserressourcen.[126] Zudem wurden in Art. 10 dieses Gesetzes auch einige organisatorische Maßnahmen in Bezug auf die Kontrolle der Gewässerqualität festgeschrieben.[127]

Bei diesen Bemühungen übte das Europäische Umweltrecht einen großen Einfluss auf die Ausgestaltung des nationalen Umweltrechts aus. Das Gesetz 1650/1986 und die Gesamtheit der dazu erlassenen Durchführungsvorschriften setzen zu einem großen Teil europäisches Umweltrecht in nationales Recht um.[128] Ein Beispiel dazu stellt die Richtlinie 85/337/EWG über die Umweltverträglichkeitsprüfung bei bestimmten öffentlichen und privaten Projekten dar.[129] In mehreren Fällen hat die genannte Richtlinie eine wichtige Rolle gespielt, so dass durch die Rechtsprechung festgestellt werden könnte, ob bestimmte Projekte einen erheblichen Einfluss auf die Umwelt haben und deswegen einer Umweltverträglichkeitsprüfung bedürfen.[130]

Mit der Einführung des Gesetzes 1650/1986 wurde das Wasser von der griechischen Rechtsordnung als ein Umweltgut anerkannt.[131] Auf den Ermächtigungsgrundlagen der Art. 3 und 5 des Gesetzes 1650/1986 ist die Gemeinsame Ministerialentscheidung 69269/5387 vom 25.10.1990 erlassen worden. Gemäß dieser gemeinsamen Ministerialentscheidung wurden die Bauprojekte festgeschrieben und zugeordnet, deren Durchführung einer Umweltverträglichkeitsprüfung bedarf.[132] Des Weiteren wurden mit dieser Entscheidung der Inhalt der Umweltverträglichkeitsprüfung und das Verfahren zum Erlass der Umweltver-

---

[125] Art. 1 Abs. 3 Satz b Gesetz 1650/1986.
[126] 1688/2005 Entscheidung der Vollversammlung des Staatsrats, Rn. 11.
[127] *Maniati-Siatou* (Fn. 3); *Tsevrenis*, Per Dik 2008, Heft 1, S. 31, 39; *Karakostas* (Fn. 44), S. 191; *Vasileiadis*, Natürliche Umwelt, Art. 24, in: Ph. *Spyropoulos/ Ks. Kontiadis/ Ch. Anthopoulos/ G.Gerapetritis*, Verfassung, Kommentar, Art. 24, Rn. 74, 2017; *Karageorgou* (Fn. 15), S. 175, 192.
[128] Zum Ganzen: *Rados* (Fn. 47), S. 89, 99.
[129] Richtlinie des Rates Nr. 85/337/EWG über die Umweltverträglichkeitsprüfung bei bestimmten öffentlichen und privaten Projekten von 27.06.1985 veröffentlicht in Nr. L 175/40 von 05.07.1985.
[130] *Rados* (Fn. 47), S. 89, 100.
[131] *Karageorgou* (Fn. 15), S. 175, 192.
[132] Detailliert in *Karakostas* (Fn. 44), S. 103 ff.

träglichkeitsprüfung geregelt. Die Vorhaben, die einer Umweltverträglichkeits-prüfung bedürfen, sind in einem Anhang aufgelistet.[133]

2. Der Beitrag der Rechtsprechung des Staatsrats zur Umsetzung des Gesetzes 1650/1986 zum Umweltschutz

Durch die Einführung der Umweltverträglichkeitsprüfung wird das Vorsorge-prinzip im Umweltbereich umgesetzt.[134] Um die Vorgaben der Griechischen Verfassung zum Umweltschutz und noch weiter die Anforderungen nach dem Vorsorgeprinzip einzuhalten, ist die Umweltverträglichkeitsprüfung durch die zuständigen Behörden durchzuführen.[135] Durch die Umweltverträglichkeitsprü-fung können die Auswirkungen eines Vorhabens rechtzeitig überprüft und im Fall, dass sie nachteilig für die Umwelt sind, vermieden werden.[136] Der Staatsrat hat mit seiner Entscheidung aus dem Jahr 2000 die Grenzen der Aufhebungs-kontrolle von Gerichten für die Vorhaben gezogen, die gegen das Prinzip der nachhaltigen Entwicklung verstoßen.[137] Insbesondere ist der Staatsrat nicht nur dazu berechtigt zu überprüfen, ob das rechtliche Verfahren zur Erteilung der Genehmigung durch die zuständige Behörde eingehalten ist, sondern auch da-hingehend zu überprüfen, ob die entscheidende Behörde die notwendigen In-formationen zur Verfügung hatte, um die Auswirkungen und die Notwendigkeit der Verwirklichung des zu beurteilenden Vorhabens prüfen zu können sowie ob die Umweltverträglichkeitsprüfung die gesetzlichen Anforderungen erfüllt und dem Verfassungsrecht sowie dem Vertrag über die Europäische Union nicht wi-derspricht.[138] Die Richter nehmen keine erneute Beweiserhebung vor, sodass

---

[133] Anhang II der Entscheidung Nr. 1958 des Umwelt-, Energie- und Klimaveränderungs-ministers über die Einordnung der Öffentlichen und Privaten Projekte und Aktivitäten nach dem Art. 1 Abs. 4 des Gesetzes 4014/2011 vom 13.01.2012, veröffentlicht in FEK Heft B, Nr. 21 vom 13.01.2012.

[134] 3478/2000 Entscheidung der Vollversammlung des Staatsrats, Rn. 9.

[135] 3478/2000 Entscheidung der Vollversammlung des Staatsrats, Rn. 9.

[136] 3478/2000 Entscheidung der Vollversammlung des Staatsrats, Rn. 9.

[137] *Glikeria P. Siouti*, Die Umleitung des Flusses von Acheloos in der Rechtsprechung des Staatsrats, in: Giotopoulou-Maragkopoulou/Mpredimas/Sisilianos (Hrsg.), Der Umweltschutz im Recht und in der Praxis, 2008, S. 70, 77; *Konstantinos Gogos*, Die Umweltverträglich-keitsprüfung in Unionsrecht: Nur verfahrensrechtliche oder auch substantielle Gewährleistung des Umweltgutes?, Griechisches Magazin über das Europäische Recht, 2014, S. 25, 27.

[138] 3478/2000 Entscheidung der Vollversammlung des Staatsrats, Rn. 9; 1988/2017 Ent-scheidung des Staatsrats, Abteilung E, Rn. 8; 761/2017 Entscheidung des Staatsrats, Abtei-lung E, Rn. 6; *Siouti* (Fn. 137), S. 70, 73 ff.

sich die Entscheidung über die Umweltverträglichkeitsprüfung aus dem ermittelten Sachverhalt ergibt.[139]

IV. Das nationale Gesetz 1739/1987 über die Gewässerbewirtschaftung

1. Die Einführung des Gesetzes 1739/1987

In Griechenland ergab sich immer deutlicher die Notwendigkeit einer ausführlicheren Regulierung der nationalen Gewässerbewirtschaftung.[140] Demzufolge ist ein Jahr später das erste Gesetz über die Gewässerbewirtschaftung erlassen worden. Das Hauptanliegen des Gesetzes war eine rationale Gewässerbewirtschaftung unter dem Gesichtspunkt, dass das Wasser als eine natürliche Ressource anzusehen ist und nicht als ein Mittel zur Umsetzung von vielfältigen politischen Zwecken.[141] Auf der Rechtsgrundlage des Art. 24 Abs. 1 der Griechischen Staatsverfassung wurde das nationale Gesetz 1739/1987 verabschiedet.[142] Die Einführung dieses Gesetzes zielte auf eine ausführliche Regulierung der Gewässerbewirtschaftung in Griechenland ab.[143] Dieses Gesetz stellte die erste Maßnahme des Staates zur Schaffung eines detaillierten Rechtsrahmens zur Regulierung der Gewässerbewirtschaftung und des Gewässerschutzes dar.[144] Der Erlass dieses Gesetzes signalisierte das Vorhaben des griechischen Gesetzgebers zur Schaffung eines Systems, das zu einer vernünftigen und umweltschützenden Bewirtschaftung der Gewässer führen sollte.[145] Dem beschränkten Charakter von Wasser als Ressource ist durch das Gesetz Rechnung getragen, indem die Gewässerbewirtschaftung nur dann erfolgen darf, wenn zuvor ein Gewässerbewirtschaftungsplan erstellt wurde und die konkrete Nutzung der

---

[139] 3478/2000 Entscheidung der Vollversammlung des Staatsrats, Rn. 9; 1988/2017 Entscheidung des Staatsrats, Abteilung E, Rn. 8; 761/2017 Entscheidung des Staatsrats, Abteilung E, Rn. 6; *Siouti* (Fn. 137), S. 70, 73 ff.

[140] *Garyfallos Arampatzis,* Rechtsrahmen zur Bewirtschaftung und Entwicklung der Gewässerressourcen in Griechenland, Per Dik, Heft 2 2001, S. 192, 200.

[141] *Arampatzis*, Per Dik, Heft 2, 2001, S. 192, 200.

[142] Gesetz Nr. 1739/1987 über die Bewirtschaftung der Wasserressourcen und andere Rechtsvorschriften vom 18.11.1987, veröffentlicht in FEK Heft A, Nr. 201 vom 20.11.1987, S. 2017.

[143] Siehe auch *Charokopou* (Fn. 13), S. 204, 206.

[144] *Athanasios Kougkolos*, Eine kritische Betrachtung der Europäischen Richtlinie 2000/60/EG und des Gesetzes 3199/2003, Per Dik, Heft 1, 2004, S. 17, 21.

[145] *Charokopou* (Fn. 13), S. 204, 206.

Gewässer durch Genehmigung erlaubt wurde.[146] Außerdem sind die Behörden berechtigt, die Gewässernutzung nur unter bestimmten Bedingungen zu genehmigen und für den Fall, dass diese Bedingungen von den Genehmigungsinhabern nicht eingehalten werden, Sanktionen zu verhängen.[147] Auf diese Weise kann der Staat weitgehend Kontrolle über die Gewässernutzungen ausüben.[148] Das wird mit Einführung der Genehmigungspflicht für alle natürlichen und juristischen Personen in Bezug auf jede Wassernutzung erreicht, bei der alle Bedingungen der Wassernutzung detailliert festgeschrieben werden.[149]

2. Die Ziele des Gesetzes 1739/1987

In dem neuen Gesetz wird das Wasser als ein natürliches Gut beschrieben, das sozialen Bedürfnissen dienen soll.[150] Mit der Einführung dieses Gesetzes wurden die Bemühungen der griechischen Rechtsordnung zur Aufnahme der Gewässerbewirtschaftung in die Planung der gesamten Entwicklungspolitik zum Ausdruck gebracht.[151] Ziel des Gesetzgebers ist die Implementierung eines kohärenten Systems zur Bewirtschaftung der Wasserressourcen.[152] Nach dem Wortlaut des Gesetzes 1739/1987 besteht das Ziel Gewässerbewirtschaftung darin, dass ein System geschaffen wird, welches durch geeignete Maßnahmen sicherstellt, dass jede Wassernutzung unter Berücksichtigung aller Wasserbedürfnisse geregelt wird.[153]

3. Die Neuerungen des Gesetzes 1739/1987

Das Gesetz 1739/1987 hat eine Vorreiterrolle, indem es versucht, eine Verknüpfung zwischen der Ausarbeitung der Entwicklungspolitik des Landes und

---

[146] 1688/2005 Entscheidung der Vollversammlung des Staatsrats, Rn. 10.

[147] 2679/2007 Entscheidung des Staatsrats, Abteilung E, Rn. 8.

[148] 2679/2007 Entscheidung des Staatsrats, Abteilung E, Rn. 8; *Charokopou* (Fn. 13), S. 204, 206.

[149] Entscheidung des Staatsrats 2877/2004, in Per Dik 2008, S. 260; 1688/2005 Entscheidung der Vollversammlung des Staatsrats, Rn. 10.

[150] Art. 2 Abs. 1 Gesetz 1739/1987.

[151] *Sakellaropoulou/Sekeroglou*, Die nachhaltige Bewirtschaftung von Gewässerressourcen, Abschnitt II, Nomos kai Physis, 2006.

[152] *Sakellaropoulou/Sekeroglou*, Die nachhaltige Bewirtschaftung von Gewässerressourcen, Abschnitt II, Nomos kai Physis, 2006.

[153] Art. 1 Abs. 3 des Gesetzes 1739/1987.

der Bewirtschaftung der Gewässer unter dem Dach des Gewässerschutzes zu schaffen.[154] Es hat zum ersten Mal die Begriffe der Wassernutzung und der Gewässerbewirtschaftung verwendet und als zwei Begriffe mit unterschiedlicher Bedeutung definiert.[155] Die Gewässer sind als Bestandteil der natürlichen Umwelt anzusehen und deshalb unterliegen sie den Prinzipien und den Eingrenzungen einer nachhaltigen Entwicklung gemäß dem Wortlaut des Gesetzes 1739/1987.[156] Die wesentlichen Neuerungen des Gesetzes werden im Folgenden beschrieben.

a. Einführung der Planung bei der Gewässerbewirtschaftung

Unter den wichtigsten Neuerungen des Gesetzes 1739/1987 ist die Einführung der Planung sowohl auf regionaler als auch auf nationaler Ebene bei der Gewässerbewirtschaftung zu nennen.[157] Wegen des begrenzten Charakters der Wasserquellen in der Natur wurde durch das Gesetz 1739/1987 in die griechische Rechtsordnung die Programmierung der Planung auf dem Gebiet der Gewässerbewirtschaftung eingeführt.[158] Mit der Programmierung wird ein Gleichgewicht zwischen dem Angebot und der Nachfrage der Gewässer unter dem Aspekt des Zustands der Gewässer und ihrer Entwicklung ausgestrebt.[159] Nach Art. 7 Abs. 2 des Gesetzes 1739/1987 müssen sich alle Vorhaben, die Bezug auf die Gewässernutzung nehmen, entweder durch angemessene Programme anpassen oder im Einklang mit diesen Programmen stehen.

b. Einführung der Genehmigungspflicht für alle wasserbezogenen Projekte

Darüber hinaus stellt auch die Notwendigkeit einer vorherigen Genehmigung für jede Wassernutzung nach Art. 9 Abs. 1 des Gesetzes 1739/1987 eine wesentliche Neuerung dar. Auf diese Weise wird eine allgemeine Verantwortung für sämtliche Gewässernutzer festgelegt.[160] Die Wasservorhaben können nur unter

---

[154] *Karageorgou* (Fn. 15), S. 175, 192.
[155] *Karageorgou* (Fn. 15), S. 175, 192.
[156] 1688/2005 Entscheidung der Vollversammlung des Staatsrats, Rn. 11.
[157] Art. 4 Abs. 1 des Gesetzes 1739/1987.
[158] 1688/2005 Entscheidung der Vollversammlung des Staatsrats, Rn. 10.
[159] *Arampatzis*, Per Dik, Heft 2, 2001, S. 192, 200.
[160] *Charokopou* (Fn. 13), S. 204, 207 ff.

der Voraussetzung genehmigt werden, dass sie im Einklang mit den zuvor genannten Plänen stehen.[161]

c. Einteilung des Landes in 14 Wassergebiete

Das Gesetz 1739/1987 führte erstmalig die Bewirtschaftung von Gewässern bestimmter Wassergebiete ein. Dabei wurde Griechenland in 14 Wassergebiete aufgeteilt.[162] Obwohl auf europäischer Ebene der Maßstab der Flussgebietseinheit schon bekannt war, wurde auf nationaler Ebene die Nutzung nach Wassergebieten[163] vorgezogen.[164] Der Grund liegt darin, dass die Wassergebiete den Besonderheiten des geographischen Raums in Griechenland besser entsprechen.[165] Die Gewässergebiete wurden als ein bevorzugtes und effizientes Instrument zur Bewirtschaftung von Gewässern unter Berücksichtigung der Eigenschaften des griechischen Raums beurteilt.[166] Jedes Gebiet stellt ein getrenntes und einheitliches Wassergebiet dar. Die Wassergebiete müssen möglichst ähnliche Gewässerbedingungen haben.[167] In der Folge ist durch dieses Gesetz die Schaffung von zuständigen Gewässerbehörden vorgeschrieben. Allerdings wurden trotz der Etablierung von Wassergebieten durch das Gesetz 1739/1987 keine Befugnisse zur Gewässerbewirtschaftung an die Wasserbehörden weitergegeben.[168] Letztendlich ist die Herausbildung von 14 Gewässergebieten nach Vorgabe des Gesetzes 1739/1987 auf die Notwendigkeit der Etablierung einer dezentralisierten Bewirtschaftung der Gewässer in Griechenland zurückzuführen.[169]

d. Der Aufbau von neuen Behörden

Das neue Gesetz schreibt den Aufbau von neuen Behörden sowohl auf zentraler als auch auf Ebene der vierzehn Gewässergebiete vor, um die neuen Rechts-

---

[161] Art. 7 Abs. 2 des Gesetzes 1739/1987.
[162] Art. 1 Abs. 4 Satz 1 des Gesetzes 1739/1987.
[163] Auf Griechisch als *ydatiko diamerisma* bezeichnet.
[164] *Maniati-Siatou* (Fn. 3).
[165] *Maniati-Siatou* (Fn. 3).
[166] *Maniati-Siatou* (Fn. 3).
[167] Art. 1 Abs. 4 Satz 1 des Gesetzes 1739/1987.
[168] 2679/2007, Entscheidung des Staatsrats, Rn. 8; *Charokopou* (Fn. 13), S. 204, 206.
[169] *Maniati-Siatou* (Fn. 3).

vorschriften umsetzen zu können.[170] Diese Rechtsvorschriften waren darauf ausgerichtet, eine neue Ordnung bei der Durchführung der Gewässerbewirtschaftung herbeizuführen, die von Effektivität gekennzeichnet sein sollte und sich auf
lokale und nationale Bereiche ausdehnen sollte.[171] Diese neue Behördenstruktur
bezweckte eine Dezentralisierung der Gewässerbewirtschaftung.[172] Ferner sollten die fachlichen Gewässeraufgaben erfasst und auf die neuen Behörden aufgeteilt werden.[173]

4. Gründe der unvollständigen Durchführung des Gesetzes 1739/1987

a. Verzögerungen bei der Einrichtung der Fachbehörden

Trotz des seitens des Gesetzgebers fortschrittlichen Charakters der neuen Regelungen[174] sind diese Regelungen von der exekutiven Gewalt nicht mit dem
nötigen progressiven Geist vollzogen worden.[175] Mehrere vom Gesetz vorge-
schriebene Verwaltungseinheiten wurden nicht eingeführt und daher die vorgeschriebenen Aufgaben und Zuständigkeiten nicht wahrgenommen.[176] Stattdessen
sind mehrere der vorgeschriebenen Aufgaben zwischen Behörden, die drei verschiedenen Ministerien angehörten,[177] verteilt worden, was zur Folge hatte, dass
die Befugnisse und Zuständigkeiten zersplittert, kompliziert und unübersichtlich
waren. Dies wurde durch die mangelnde Zusammenarbeit der jeweils zuständigen Behörden verstärkt.[178] Einen weiteren Grund der mangelhaften Durchsetz-
barkeit stellte der fehlende politische Wille dar.[179]

---

[170] Art. 3 des Gesetzes 1739/1987; *Maniati-Siatou* (Fn. 3).

[171] *Maniati-Siatou* (Fn. 3).

[172] *Karageorgou* (Fn. 15), S. 175, 192.

[173] *Karageorgou* (Fn. 15), S. 175, 192.

[174] *Georgios Papadimitriou*, Die Kluft zwischen Regelungen und ihrer Implementation, in: Giotopoulou-Maragkopoulou/Mpredimas/Sisilianos, Der Umweltschutz im Recht und in der Praxis, 2008, S. 267, 268.

[175] *Karageorgou* (Fn. 15), S. 175, 192.

[176] *Karageorgou* (Fn. 15), S. 175, 192.

[177] *Maria Papaioannou*, Der Rechtsrahmen der Bewirtschaftung der Wasserressourcen, Per Dik 1998, Heft 1, S. 41, 49.

[178] *Karageorgou* (Fn. 15), S. 175, 192 ff.

[179] *Karageorgou* (Fn. 15), S. 175, 192; Meinung des Griechischen Wirtschafts- und Sozial-ausschusses über die Bewirtschaftung der Gewässerressourcen vom Dezember 2002, Athen, S. 13.

b. Verzögerung des Entwurfs von Plänen der Gewässerbewirtschaftung

Nach der Veröffentlichung des Gesetzes 1739/1987 waren mehrere Anstrengungen unternommen worden, um die geeigneten Gewässerbewirtschaftungspläne für die gebildeten Verwaltungseinheiten zu erstellen.[180] Die Verzögerungen bei der Erstellung von Gewässerbewirtschaftungsplänen[181] sind keineswegs mit der Nichtveröffentlichung einer entsprechenden Präsidialverordnung auf der Grundlage von Art. 4 Abs. 9 des Gesetzes 1739/1987 zu rechtfertigen. Denn bei grammatikalischer Auslegung des Art. 4 Abs. 9 des Gesetzes 1739/1987 ergibt sich nur die Möglichkeit einer detaillierten Beschreibung der Planungen durch Veröffentlichung einer Präsidialverordnung.[182] Außerdem wurden die wesentlichen Vorschriften in Bezug auf den Inhalt der Planungen und die erforderlichen Verfahren zum Vollzug dieser Regelungen schon direkt im Gesetz 1739/1987 festgeschrieben. Eine andere Auslegungsweise würde zu dem Ergebnis führen, dass die Umsetzung des Grundsatzes der nachhaltigen Gewässerbewirtschaftung verhindert wäre, sofern die Verwaltung auch nur fahrlässig den Erlass einer Präsidialverordnung unterlässt.[183] Eine derartige Verhinderung eines effizienten Umweltschutzes ist nicht zu akzeptieren.[184]

c. Sonstige Gründe

Als ein negatives Merkmal des Gesetzes 1739/1987 kann aufgefasst werden, dass die Gewässerbewirtschaftung und der Gewässerschutz vom Gesetz nicht als eine Einheit betrachtet wurden, sondern als zwei unterschiedliche Begriffe. Dies führte zu dem Ergebnis, dass das Erreichen einer *guten Gewässerqualität* und das Ergreifen von umweltschützenden Maßnahmen noch als Nutzung des Wassers angesehen wurden. Diese fehlerhafte Darstellung der beiden Begriffe in Verbindung mit einem mangelnden politischen Willen hat mehrere Probleme bei der Implementierung einer gemeinsamen Politik bezüglich der Gewässerbewirtschaftung mit sich gebracht. Sie hat eine Verringerung der Bedeutung der ökologischen Dimension des Wassers verursacht und die Erreichung einer *guten Qualität* der Gewässer behindert. Die Trennung der zwei Begriffe hat einen

---

[180] *Maniati-Siatou* (Fn. 3).
[181] Art. 4 des Gesetzes 1739/1987.
[182] 1688/2005 Entscheidung der Vollversammlung des Staatsrats, Rn. 11.
[183] 1688/2005 Entscheidung der Vollversammlung des Staatsrats, Rn. 11.
[184] 1688/2005 Entscheidung der Vollversammlung des Staatsrats, Rn. 11.

Rückschritt in der weiteren Entwicklung einer gemeinsamen Politik bei der Gewässerbewirtschaftung ausgelöst.[185]

Darüber hinaus besteht ein negativer Aspekt des Gesetzes 1739/1987 darin, dass es keine effektiven Kostendeckungsmechanismen vorsah und dass es keine geeigneten Anreize für eine vernünftige Gewässernutzung enthielt.[186] Dies hat die Vertiefung eines ökologischen Umweltbewusstseins verhindert.[187] Die mangelnde Ausprägung eines ökologischen Umweltbewusstseins ist vor allem im Bereich der Landwirtschaft zu beobachten.[188] Die Landwirtschaft stellt in Griechenland den größten Wassernutzer dar.[189] Rund 86 Prozent der gesamten Gewässernutzung entfällt auf die Landwirtschaft.[190] Die Bauern sind für die Wassernutzung nur zur Zahlung eines kleinen Betrags an die Regionale Bodenverbesserungsorganisation verpflichtet.[191] Diese Beträge befinden sich nicht in Einklang mit der eigentlichen Quantität der Gewässernutzung und entsprechen ebenso wenig dem dadurch entstehenden Verlust der Wasserreserven.[192]

Schließlich wirkt sich ebenfalls nachteilig aus, dass dieses Gesetz mehrere komplizierte, technisch anspruchsvolle Regelungen enthält, die seine vollumfängliche Durchsetzung durch die zuständige Verwaltungsstelle erschwert haben.[193] Es ist von erheblicher Bedeutung, dass die Rechtsvorschriften über das Verfahren und die Zuständigkeiten der Behörden, die sich auf den Umweltschutz beziehen, deutlich und transparent ausgestaltet sind, so dass die Erhaltung des Umweltgutes nach den Anforderungen der Verfassung sichergestellt werden kann.[194] Letztlich hat das Fehlen von Vorschriften über die Kontrolle der Gewässerbewirtschaftung sowie über die Sanktionierung fehlerhafter Implementie-

---

[185] Zum Ganzen: *Karageorgou* (Fn. 15), S. 175, 193.

[186] *Karageorgou* (Fn. 15), S. 175, 193.

[187] *Karageorgou* (Fn. 15), S. 175, 193.

[188] *Karageorgou* (Fn. 15), S. 175, 193.

[189] Meinung des Griechischen Wirtschafts- und Sozialausschusses, Nr. 213, vom 30.01.2009, Athen, S. 22.

[190] Nach den Daten der National Data Bank of Hydrological and Meteorological Information http://ndbhmi.chi.civil.ntua.gr/images/el/applications/greece/pic_2_5.html, Stand der Abrufung: 19.06.2014.

[191] Die Regionale Bodenverbesserungsorganisation ist im Griechischen *Topikos Organismos Eggeion Veltioseon* oder *TOEB* genannt worden; *Karageorgou* (Fn. 15), S. 175, 194.

[192] *Karageorgou* (Fn. 15), S. 175, 194.

[193] *Karageorgou* (Fn. 15), S. 175, 194.

[194] *Charalampos Chrysanthakis,* Kommentierung der Entscheidung Nr. 1871/1994, Abteilung E des Staatsrats, Nomos kai Physis, Heft 2, 1995, S. 112, 120.

rung zur mangelnden Vollziehung der Rechtsvorschriften über die Gewässerbewirtschaftung maßgeblich beigetragen.[195]

d. Schlussfolgerung

Trotz der zahlreichen Defizite, die entweder bereits dem Gesetz 1739/1989
aufgetreten oder bei der Durchführung des Gesetzes 1739/1989 entstanden sind,
ist es dennoch wichtig zu erkennen, dass die Einführung dieses Gesetzes eine
hervorragende Chance zur Schaffung einer kohärenten Gewässerschutzpolitik in
Griechenland bot.[196] Zuvor scheiterte die vollständige Durchsetzung des Rechtsrahmens, insbesondere wegen des mangelnden politischen Willens, dennoch
stellte das Gesetz einen Fortschritt dar.[197] Zudem entwickelte der Staatsrat durch
mehrere Entscheidungen eine die Wasserressourcen schützende Rechtsprechung,[198] um die Lücke bei der Gewässerbewirtschaftung sowie den Mangel des
politischen Willens zu überwinden und so den Schutz der Umwelt nach den Anforderungen der Verfassung zu erreichen.[199]

**5. Der Beitrag der Rechtsprechung des Symvoulio tis Epikrateias
(Staatsrat) zur Implementierung des Gesetzes 1739/1987**

Der griechische Staatsrat hat eine hervorragende Rolle bei der Auslegung des
nationalen Gesetzes 1739/1987 über die Gewässerbewirtschaftung gespielt und
auf diese Weise die Implementierung und Durchsetzung gefördert. Er hat große
Bemühungen unternommen, die Lücken, die im Gesetz bestanden und aufgrund
fehlender Durchführungsvorschriften aufrechterhalten blieben, zu schließen und
auf diese Weise deren Ineffizienz zu überwinden.[200]

Das Gesetz 1739/1987 fordert, dass die Wassernutzung und die Wasser-
entwicklung im Rahmen eines Gewässerbewirtschaftungsplanes vorbereitet

---

[195] Meinung des Griechischen Wirtschafts- und Sozialausschusses, Nr. 213, vom
30.01.2009, Athen, S. 18.
[196] *Karageorgou* (Fn. 15), S. 175, 194.
[197] *Tsevrenis*, Per Dik 2008, Heft 1, S. 31, 39.
[198] *Tsevrenis*, Per Dik 2008, Heft 1, S. 31, 39.
[199] Art. 24 der Griechischen Verfassung.
[200] *Sakellaropoulou/Sekeroglou*, Die nachhaltige Bewirtschaftung von Gewässerressourcen, Abschnitt II, Nomos kai Physis, 2006.

werden.[201] Dementsprechend kann ein Vorhaben, das eine Wassernutzung verlangt, nur unter der Voraussetzung genehmigt werden, dass es entweder in einem zulässigen Gewässerbewirtschaftungsplan vorgesehen ist oder es im Einklang mit diesem steht.[202] Des Weiteren kann nach herrschender Meinung in der Rechtsprechung ein Vorhaben, das eine Wassernutzung voraussetzt, nicht genehmigt werden, solange keine Gewässerbewirtschaftungs-pläne ausgearbeitet worden sind, mit denen kontrolliert werden kann, ob das Vorhaben in den Plänen schon enthalten ist oder zumindest im Einklang mit ihnen steht.[203] Gegen diese Meinung hat sich allerdings eine starke Minderheit gebildet. Diese beruft sich auf eine Wortlautauslegung des Art. 7 Abs. 2 des Gesetzes 1739/1987. Demgemäß kann eine Genehmigung zur Wassernutzung erteilt werden, auch wenn kein Gewässerbewirtschaftungsplan vorliegt oder wenn, obwohl ein Gewässerbewirtschaftungsplan vorliegt, das zu genehmigende Vorhaben nicht in diesem enthalten ist. In diesem Fall kann das Vorhaben unter der Voraussetzung akzeptiert werden, dass das Vorhaben mit dem entsprechenden Gewässerbewirtschaftungsplan harmoniert.[204] Dabei ist es notwendig, dass die entsprechende Umweltverträglichkeitsprüfung eine ausführliche Abwägung der Auswirkungen auf die Umwelt enthält.[205]

Im Art. 4 Abs. 9 des Gesetzes 1739/1987 ist die Ermächtigungsgrundlage zum Erlass einer Präsidialverordnung verankert, mit der die ausführliche Ausarbeitung des Inhaltes und des Verfahrens der Gewässerbewirtschaftungspläne festgelegt werden. Die Rechtsprechung hat gemäß der Wortlautauslegung angenommen, dass das Unterlassen des Erlasses einer Präsidialverordnung nicht die Planung der Wassernutzung an sich ausschließen kann, weil nach dem Gesetz mit der Präsidialverordnung nur die Einzelheiten geregelt werden.[206]

---

[201] Art. 7 Abs. 2 des Gesetzes 1739/1987.

[202] Art. 7 Abs. 1 des Gesetzes 1739/1987.

[203] 1688/2005, Entscheidung der Vollversammlung des Staatsrats, Rn. 12; *Siouti* (Fn. 137), S. 70, 78 ff.; *Chaintarlis*, Kommentierung der Entscheidung 2179/2006 des Staatsrats, Abteilung E, Nomos kai Physis, 2006.

[204] 1688/2005 Entscheidung der Vollversammlung des Staatsrats, Rn. 11.

[205] 1688/2005 Entscheidung der Vollversammlung des Staatsrats, Rn. 12.

[206] Art. 4 des Gesetzes 1739/1987; 1688/2005 Entscheidung der Vollversammlung des Staatsrats, Rn. 11; *Siouti* (Fn. 137), S. 70, 79 ff.

6. Zusammenfassung

Schon in den 80er Jahren hatte die griechische Gesetzgebung besonderes Interesse am Wasserschutz. Infolgedessen finden sich die ersten Rechtsvorschriften für den Wasserschutz in dem Gesetz 1650/1986. Erst das Gesetz 1739/1987 enthielt jedoch eine detaillierte Regelung für die Wasserbewirtschaftung. Obwohl dieses Gesetz ein sehr nützliches Instrument für die Wasserbewirtschaftung war, ist es nie zu voller Wirksamkeit gelangt. Das Gesetz 1739/1987 sah in vielen Rechtsvorschriften den Auftrag zum Erlass von Rechtsvorschriften vor, die besonders spezifizierte Bereiche betreffen sollten. Mehrere von diesen Rechtsvorschriften wurden nicht erlassen. Dies hatte zur Folge, dass dieses Gesetz mehr oder weniger unwirksam blieb.[207] Die Vollziehung dieser Rechtsvorschriften war durch eine Reihe von Faktoren verhindert worden.[208] Die Gründe liegen in organisatorischen, finanziellen und sozialen Defiziten.[209]

Obwohl die am Anfang aufgeführten Vorschriften über die Gewässerbewirtschaftung und besonders das Gesetz 1739/1987 nicht völlig vollzogen wurden, haben diese ersten Bemühungen einen großen Beitrag im Hinblick auf eine kohärente und einheitliche Gewässerbewirtschaftung in Griechenland geleistet.[210] Das Gesetz 1739/1987 hat wichtige Regelungen zur Implementierung einer kohärenten und einheitlichen Gewässerbewirtschaftung in die griechische Rechtsordnung eingeführt. Zunächst wurden die Gewässerbewirtschaftungspläne als ein Mittel zur Organisation und Planung der Wasserbewirtschaftung hervorgebracht.[211] Jede Wassernutzung ist nur unter der Voraussetzung erlaubt, dass sie mit den Gewässerbewirtschaftungsplänen übereinstimmt.[212] Zweitens wurde die Genehmigung jeder Wassernutzung grundsätzlich von ausgearbeiteten Gewässerbewirtschaftungsplänen abhängig gemacht.[213] Des Weiteren wurden auf diesen Rechtsgrundlagen erstmals die erforderlichen Strukturen aufgebaut und Erfahrungen gesammelt, so dass eine kohärente Gewässerbewirtschaftung in Zu-

---

[207] Zum Ganzen: *Georgios Tsakiris*, Gewässerschutz und Gewässerbewirtschaftung in Griechenland, in: Papadimitriou (Hrsg.), Nachhaltige Gewässerbewirtschaftung, Grundsätze, Prinzipien und Implementation, Sitzungsprotokoll, 2006, S. 17, 27.
[208] *Maniati-Siatou* (Fn. 3).
[209] *Maniati-Siatou* (Fn. 3).
[210] *Andreadakis* (Fn. 4), S. 1.
[211] Art. 4 des Gesetzes 1739/1987.
[212] Art. 7 des Gesetzes 1739/1987.
[213] Art. 8 und 9 des Gesetzes 1739/1987.

kunft verwirklicht werden kann.[214] Die griechische Rechtsprechung, insbesondere der Staatsrat, hat schon zu einem frühen Zeitpunkt eine wichtige Rolle bei dem Wasserschutz und bei einer vernünftigen Gewässerbewirtschaftung eingenommen.

V. Fazit

Bis zum Jahr 1986 war die Gewässerbewirtschaftung in Griechenland kaum organisiert. Die Regelungen blieben fragmentarisch. Mit dem Erlass von zwei nationalen Gesetzen, dem Gesetz 1650/1986 und dem Gesetz 1739/1987, begann eine detailliertere Regulierung der Gewässerbewirtschaftung. Die neue Ordnung hat Prinzipien, Verfahren und Behörden eingeführt, die auch Gegenstände der Wasserrahmenrichtlinie sind und auf diese Weise deren Aufnahme in die griechische Rechtsordnung erleichtert hat. Beispiele sind die Einführung der Genehmigungspflicht für jedes gewässerbezogene Vorhaben, die Notwendigkeit des Vorliegens eines Bewirtschaftungsplans vor der Genehmigung derartiger Vorhaben und die Beteiligung der Öffentlichkeit. Obwohl mehrere Rechtsvorschriften keine volle Geltung erlangten und aus diesem Grund nicht vollzogen wurden, hat die Auslegung ihrer Rechtsvorschriften in Verbindung mit der Auslegung des Art. 24 der Griechischen Verfassung durch den Staatsrat eine Verbesserung des Umweltschutzes im Allgemeinen und eine Rationalisierung der Gewässerbewirtschaftung zur Folge gehabt.

---

[214] *Andreadakis* (Fn. 4), S. 1.

Drittes Kapitel

Die Einführung der Europäischen Wasserrahmenrichtlinie 2000/60/EG

I. Die Entstehungsgeschichte der Wasserrahmenrichtlinie

1. Der Erlass und die Funktion der Wasserrahmenrichtlinie

Ab den 1970er Jahren wurden seitens der Europäischen Union zahlreiche Rechtsvorschriften erlassen, um eine erfolgreiche Bewirtschaftung der Gewässer im Raum der Europäischen Union zu erreichen.[1] Im Jahr 1996 veröffentlichte die Europäische Kommission eine Mitteilung, in der die Verabschiedung einer Wasserrahmenrichtlinie gefordert wurde.[2] Auf diese Weise sollte das Gewässerschutzrecht konzentriert, rationalisiert, vereinheitlicht und effizienter gestaltet werden.[3] Nach einem langjährigen und zeitaufwändigen Diskurs[4] wurde am 23. Oktober 2000 die Richtlinie 2000/60/EG des Europäischen Parlamentes und des Rates zur Schaffung eines Ordnungsrahmens für Maßnahmen der Gemeinschaft im Bereich der Gewässerpolitik erlassen.[5] Der Erlass der Europäischen Wasserrahmenrichtlinie stellt eine Zusammenstellung mehrerer europäischen Rechtsvorschriften dar, die Bezug auf den Gewässerschutz nahmen.[6] Bis zu diesem

---

[1] *Lazaros Tatsis*, Gewässerbewirtschaftung unter dem Rahmen der Wasserrahmenrichtlinie 2000/60/EG und des Gesetzes 3199/2003. Probleme und Perspektiven, Abschnitt I, Nomos kai Physis, 2007.

[2] Mitteilung KOM (96) 59 endg. der Kommission an den Rat und das Europäische Parlament über die Wasserpolitik der Europäischen Union vom 21.02.1996.

[3] *Rüdiger Breuer*, Grundlagen und Allgemeine Regelungen, in: Rengeling, Hans-Werner (Hrsg.), Handbuch zum europäischen und deutschen Umweltrecht (EUDUR), besonderes Umweltrecht, 2. Auflage, Band 2 I, 2003, Grundlagen und Allgemeine Regelungen in EUDUR, § 65 Rn. 45; *ders.* über die Entstehungsgesichte der Wasserrahmenrichtlinie.

[4] *Breuer* (Fn. 3), § 65 Rn. 45; *Wolfgang Durner*, Zehn Jahre Wasserrahmenrichtlinie in Deutschland – Erfahrungen und Perspektiven, in: Köck, Wolfgang/Faßbender, Kurt (Hrsg.), Implementation der Wasserrahmenrichtlinie in Deutschland – Erfahrungen und Perspektiven, Dokumentation des 15. Leipziger Umweltrechts-Symposions des Instituts für Umwelt- und Planungsrecht der Universität Leipzig und des Helmholtz-Zentrums für Umweltforschung – UFZ am 22. und 23. April 2010, 2011, S. 17, 18. Dieser Beitrag ist eine Wiedergabe des Aufsatzes ders. Zehn Jahre Wasserrahmen-Richtlinie – Bilanz und Perspektiven, NuR 2010, S. 452 ff.

[5] ABl. Nr. L 327, S. 0001-0073 vom 22.12.2000. Die Europäische Wasserrahmenrichtlinie wird weiter Wasserrahmenrichtlinie genannt.

[6] *Michael Schmalholz*, Die EU-Wasserrahmenrichtlinie – „Der Schweizer Käse" im europäischen Gewässerschutz?, ZfW 2001, Heft 2, S. 69, 69.

Zeitpunkt wiesen diese Rechtsvorschriften zum Teil einen ausschnittsweisen, divergenten und unvereinbaren Charakter auf.[7]

So stellt die Wasserrahmenrichtlinie eine Kodifizierung und Zusammenstellung von bereits geltenden, aber zersplitterten Rechtsvorschriften in einem Werk dar.[8] Die Kodifizierung von Rechtsvorschriften, die Bezug auf ein bestimmtes Umweltmedium nehmen, ist eine Neuerung in der europäischen Umweltpolitik und stellt ein fortschrittliches Paradigma für weitere Umweltbereiche auf europäischer Ebene dar.[9] Nach *Kloepfer* hat das Wasserrecht stets einen fortschrittlicheren Charakter gezeigt.[10] Eine derartige Zusammenstellung von Rechtsvorschriften konnte zu ihrer systematischen Einordnung und Vereinfachung führen.[11] Eine weitere wichtige Funktion der Wasserrahmenrichtlinie besteht darin, dass sie bestimmte Begriffe, Regeln und Verfahren unter Berücksichtigung des Prinzips der nachhaltigen Entwicklung einführte.[12]

2. Die Erwartungen an die Einführung der Wasserrahmenrichtlinie

Von Juristen in Deutschland wurde die Einführung der Wasserrahmenrichtlinie als ein Weg zur Überwindung des ausgeprägten *Flickenteppichs* in der europäischen Gewässerschutzpolitik[13] und als Chance zum Aufbau eines neuen kohärenten Konzepts zur Ausgestaltung der Gewässerbewirtschaftung auf europäischem Niveau gesehen.[14] Der Aufbau eines derartigen gemeinsamen Konzepts hat mehrere Probleme bei der Gewässerbewirtschaftung mit sich gebracht, die Bezug auf die verschiedenen wasserwirtschaftlichen Strukturen und die wasserrechtlichen Systemen der Mitgliedstaaten nehmen.[15] Die Aufnahme der Wasserrahmenrichtlinie wurde in Deutschland als ein Paradigmen- oder Systemwech-

---

[7] *Schmalholz,* ZfW 2001, Heft 2, S. 69, 69.
[8] *Martin Nettesheim,* EU-Arbeitsvertrag Art. 192, in: Grabitz/Hilf/Nettesheim, Das Recht der Europäischen Union, Kommentar, 51. Ergänzungslieferung, 2013, Rn. 152; *Georgios Papadimitriou,* Die nachhaltige Gewässerbewirtschaftung, in: *ders.,* Umwelt Aktuell, 2007, S. 88 ff.
[9] *Papadimitriou* (Fn. 8), S. 89.
[10] *Michael Kloepfer,* Umweltrecht, 3. Auflage, 2004, § 13 Rn. 14.
[11] *Papadimitriou* (Fn. 8), S. 89.
[12] *Papadimitriou* (Fn. 8), S. 88 ff.
[13] *Breuer* (Fn. 3), § 65 Rn. 47.
[14] *Breuer* (Fn. 3), § 65 Rn. 48.
[15] *Breuer* (Fn. 3), § 65 Rn. 47.

sel, teilweise sogar als ein Umbruch im geltenden Gewässerschutzrecht angesehen.[16]

Nach den deutschen Erwartungen war zu Beginn die Einführung einer Wasserrahmenrichtlinie mit dem Modell eines Bundesrahmengesetzes, konkret des Wasserhaushaltsgesetzes, verknüpft.[17] Demnach sollte mit der Wasserrahmenrichtlinie ein normatives Rahmensystem gebildet werden, in dem die Mitgliedstaaten die Möglichkeit hatten, die spezifische normative Ausprägung dieses Rahmens und die Durchführung durch die Verwaltung selbst festzulegen.[18] Trotz dieser Erwartungen war mit der Veröffentlichung der Wasserrahmenrichtlinie ein neues, eigenständiges System bei der Ausgestaltung der Gewässerbewirtschaftung nach den Maßgaben der Flussgebietseinheit entstanden.[19]

Dieser Paradigmenwechsel hat auch die griechische Politik der Gewässerbewirtschaftung erheblich beeinflusst.[20] Die Anstrengungen der Wasserrahmenrichtlinie zur Implementierung einer einheitlichen Bewirtschaftung der Gewässer innerhalb der Grenzen der Europäischen Union haben hohe Anforderungen an den griechischen Gesetzgeber gestellt. Dieser sollte die vorhandenen zersplitterten und fragmentarischen Rechtsvorschriften über die Gewässerbewirtschaftung an die Anforderung der Wasserrahmenrichtlinie anpassen.[21]

Nach der Wasserrahmenrichtlinie waren die Mitgliedstaaten der Europäischen Union verpflichtet, diese innerhalb von drei Jahren nach ihrer Aufnahme auf europäischer Ebene, also bis zum 22. Dezember 2003, in nationales Recht umzusetzen.[22] Nach Art. Art. 288 Abs. 3 AEUV wendet sich eine Richtlinie unmittelbar an die Mitgliedstaaten. Danach ist die Zielsetzung der Richtlinie den Mitgliedstaaten gegenüber verbindlich. Sie überlässt ihnen jedoch die Wahlmöglichkeit bezüglich der Form und der Mittel ihrer Umsetzung in nationales

---

[16] *Martin Oldiges*, Zur Entwicklung des Gewässerqualitätsrechts – Wasserwirtschaftliche Planung als Instrument zur Erzielung von Gewässerqualität, in: ders. (Hrsg.), Umweltqualität durch Planung, Dokumentation des 10. Leipziger Umweltrechts-Symposions des Instituts für Umwelt- und Planungsrecht der Universität Leipzig am 21. und 22. April 2005, 2006, S. 115, 116.

[17] *Breuer* (Fn. 3), § 65 Rn. 51.

[18] *Breuer* (Fn. 3), § 65 Rn. 51.

[19] *Breuer* (Fn. 3), § 65 Rn. 51.

[20] *Vasileios Tsevrenis*, Das Wasser in der Gesellschaft der Gefährdung, Per Dik, Heft 1, 2008, S. 31, 34.

[21] Siehe dazu *Tsevrenis*, Per Dik, Heft 1, 2008, S. 31, 34.

[22] Art. 24 Abs. 1 WRRL.

Recht.[23] Die Mitgliedstaaten sind verpflichtet, die nationalen Vorschriften mit den festgesetzten Zielen der Richtlinie in Einklang zu bringen.[24]

3. Die Guidance-Dokumente

Zur Bewältigung von Schwierigkeiten bei der Vollziehung der Wasserrahmenrichtlinie hat die Kommission bei Erlass dieser die Entscheidung getroffen, mit den Mitgliedstaaten und mit jeder gebildeten Flussgebietseinheit zusammenzuarbeiten, um eine gemeinsame Strategie bei der schrittweisen Umsetzung der Wasserrahmenrichtlinie zu verfolgen.[25] Aus diesem Grund wurde seit 2001 zwischen den Mitgliedstaaten und der Europäischen Kommission eine informelle Kooperation aufgenommen.[26] Aus dieser Zusammenarbeit sollte sich eine neue Organisationsform für eine effiziente Implementierung des Wasserrechts auf europäischer Ebene ergeben.[27] Denn die Kommission sollte gegenüber den Mitgliedstaaten eine lenkende Funktion bei der Umsetzung und Durchführung der Wasserrahmenrichtlinie übernehmen.[28] Dabei sollte die Kommission nicht lediglich mit den gewöhnlichen Handlungsformen[29] der Europäischen Union tätig werden, sondern vielmehr die Umsetzung der Wasserrahmenrichtlinie durch die Mitgliedstaaten mit dem Erlass der *Guidance-Dokumente* lenken.[30] Die Guidance-Dokumente haben eine rein lenkende Funktion und entfalten keine rechtsverbindliche Wirkung für die Mitgliedstaaten.[31] Trotz des rechtlich unverbindlichen Charakters spielen sie eine bedeutende Rolle bei der Umsetzung der

---

[23] Art. 288 Abs. 3 AEUV (ex Art. 249 EGV).

[24] Siehe mehr dazu *Matthias Ruffert*, in: Calliess/Ruffert: EUV/AEUV, Das Verfassungsrecht der Europäischen Union mit Europäischer Grundrechtcharta, Kommentar, 4. Auflage, 2011, Art. 288 Abs. 3 AEUV (ex Art. 249 EGV), Rn. 45 ff.; *Hans-Werner Rengeling*, in: Rengeling (Hrsg.), Handbuch zum europäischen und deutschen Umweltrecht (EUDUR), Band I, Allgemeines Umweltrecht, 2. Auflage, 2003, § 29 Rn. 22 ff.

[25] *Udo Bosenius/Fritz Holzwarth*, Grundlagen für eine gemeinsame Strategie zur Umsetzung der WRRL in Europa, in: Rumm/von Keitz/Schmalholz (Hrsg.), Handbuch der EU-Wasserrahmenrichtlinie, 2. Auflage, Berlin 2006, S. 11, 12.

[26] KOM (2012) 670 final Bericht der Kommission an das Europäische Parlament und den Rat über die Umsetzung der Wasserrahmenrichtlinie (2000/60/EG), Bewirtschaftungspläne für Flusseinzugsgebiete, vom 14.11.2012, S. 3.

[27] *Bosenius/Holzwarth* (Fn. 25), S. 11, 12.

[28] *Bosenius/Holzwarth* (Fn. 25), S. 11, 12.

[29] Art. 288 EAUV.

[30] *Bosenius/Holzwarth* (Fn. 25), S. 11, 12.

[31] *Bosenius/Holzwarth* (Fn. 25), S. 11, 13.

Wasserrahmenrichtlinie durch die Mitgliedstaaten.[32] Auf diese Weise sollte eine kohärente Einführung der Wasserrahmenrichtlinie gewährleistet werden,[33] ohne den Mitgliedstaaten den Freiraum der eigenen Umsetzung zu nehmen.[34] Der Wert dieses Leitfadens liegt darin, dass er eine kohärente Strategie zur Umsetzung der Vorschriften der Wasserrahmenrichtlinie bietet.[35] Darüber hinaus können derartige unverbindliche Handlungsformen der Europäischen Union[36] nicht nur eine effektivere Umsetzung der Wasserrahmenrichtlinie durch die Mitgliedstaaten sondern auch ihre leichtere Anpassung an die jeweiligen nationalen Gegebenheiten gewährleisten.[37] Im Rahmen dieser Kooperation wurde unter der Leitung der Wasserdirektoren der Mitgliedstaaten, der Kommission und mit Beteiligung aller relevanten Akteure eine Reihe von Dokumenten erarbeitet, die eine lenkende Funktion bei der Umsetzung der Wasserrahmenrichtlinie haben und außerdem eine Plattform für den Austausch von Erfahrungen und vorbildlichen Verfahren erstellt.[38]

Obwohl Vertreter Griechenlands an den Ausschüssen zur Aufstellung der Guidance-Dokumente teilgenommen haben, war die Mitwirkungsfähigkeit der Griechischen Republik bei der Gestaltung der Gewässerschutzpolitik auf europäischem Niveau eingeschränkt bis kaum vorhanden.[39] Der Grund liegt darin, dass in Griechenland die zuständigen Träger noch nicht vollständig ausgebildet und infolgedessen nicht in der Lage waren, großen Einfluss zu nehmen.[40] Dementsprechend war für eine effiziente Vertretung der griechischen Angelegenheiten bei den Ausschüssen zur Aufstellung der Guidance-Dokumente die Bildung eines Beratungsausschusses notwendig, der die griechischen Interessen am besten vertreten konnte und ferner die von den Ausschüssen erarbeiteten Ergebnisse

---

[32] *William Howarth*, Aspirations and Realities under the Water Framework Directive: Proceduralisation, Participation and Practicalities, Journal of Environmental Law, 2009, Volume 21, Issue 3, p. 391, 393.

[33] *Howarth*, Journal of Environmental Law, 2009, Volume 21, Issue 3, p. 391, 393.

[34] *Bosenius/Holzwarth* (Fn. 25), S. 11, 13.

[35] *Bosenius/Holzwarth* (Fn. 25), S. 11, 15.

[36] Dazu über die unverbindlichen Handlungsformen der Europäischen Union: *Astrid Epiney*, Umweltrecht der Europäischen Union, 3. Auflage, S. 27.

[37] *Bosenius/Holzwarth* (Fn. 25), S. 11, 13.

[38] KOM (2012) 670 final vom 14.11.2012, S. 3.

[39] *Andreas Andreadakis*, Die Notwendigkeit einer koordinierten Tätigkeit für die Unterstützung der Implementation der Wasserrahmenrichtlinie 2000/60, Hausmitteilung der Ingenieurskammer Griechenlands, vom 08.07.2002, S. 39, 111.

[40] *Andreadakis* (Fn. 39), S. 39, 111.

an die Besonderheiten der Griechischen Republik anpassen konnte.[41] Darüber hinaus war die aktive Teilnahme von Griechenland an dem europäischen Pilotprogramm zur Durchführung der Wasserrahmenrichtlinie von erheblicher Bedeutung.[42] Die Teilnahme Griechenlands war mit der Durchführung der Wasserrahmenrichtlinie in der Flussgebietseinheit von Pineios in Thessalia verbunden.[43]

4. Zusammenfassung

Der Erlass der Wasserrahmenrichtlinie stellte und stellt eine große Herausforderung dar, sowohl auf europäischer als auch auf nationaler Ebene. Die bisherigen europäischen Rechtsvorschriften hatten unterschiedliche Ansätze zur Verwirklichung des Gewässerschutzes verfolgt.[44] Diese Ansätze waren emissions-, immissions- oder stofforientiert, wie in dem Fall der Nitratrichtlinie, oder sie haben weitere Qualitätskriterien genutzt.[45] Die neuen Rechtsvorschriften enthalten eine Reihe von Zielen, die durch Aufnahme neuer Verfahren und Instrumente der Mitgliedstaaten erreicht werden sollen, so dass die Zwecke der Wasserrahmenrichtlinie realisiert werden können.[46] Aus diesem Grund ist eine einheitliche Zusammenstellung der gewässerschützenden Rechtsvorschriften von erheblicher Bedeutung.[47] Der Erlass der Wasserrahmenrichtlinie kann als der wichtigste Schritt in Richtung einer Vereinheitlichung des europäischen Gewässerschutzrechts angesehen werden. Des Weiteren ist der Aufbau von Kooperationen zwischen den jeweils zuständigen Verwaltungsträgern sowohl miteinander als auch mit der Europäischen Kommission entscheidend, dass eine effektivere Bewirtschaftung der Gewässer und eine korrekte Um- und Durchsetzung der Wasserrahmenrichtlinie innerhalb der Mitgliedstaaten sichergestellt werden kann.

---

[41] *Andreadakis* (Fn. 39), S. 39, 111.
[42] *Andreadakis* (Fn. 39), S. 39, 111.
[43] *Andreadakis* (Fn. 39), S. 39, 111.
[44] *Schmalholz*, ZfW 2001, Heft 2, S. 69, 70
[45] *Schmalholz*, ZfW 2001, Heft 2, S. 69, 70.
[46] *Schmalholz*, ZfW 2001, Heft 2, S. 69, 69.
[47] *Schmalholz*, ZfW 2001, Heft 2, S. 69, 69.

II. Die Ziele der Wasserrahmenrichtlinie 2000/60/EG

1. Die Festsetzung der Ziele der Wasserrahmenrichtlinie

Das oberste Ziel des gemeinsamen Ordnungsrahmens des Gewässerschutzes in der Europäischen Union wird in Art. 1 WRRL genannt.[48] Danach können der Schutz und die Vermeidung einer Verschlechterung des Zustands der Binnen-oberflächengewässer, der Übergangsgewässer, der Küstengewässer und des Grundwassers als das oberste Ziel der Wasserrahmenrichtlinie bezeichnet werden.[49] Anschließend wird in Art. 4 WRRL die doppelte Zielsetzung der Wasser-rahmenrichtlinie weiter bestimmt und begrenzt.[50] Die Mitgliedstaaten sind verpflichtet, nicht nur eine Verschlechterung des gegenwärtigen Wasserzustands in Binnenoberflächengewässern, dem Grundwasser, den Küstengewässern und Übergangsgewässern zu vermeiden, sondern auch binnen 15 Jahren nach der Einführung der Wasserrahmenrichtlinie eine Verbesserung, konkret einen *guten Zustand* für die zuvor genannten Wasserkörper, zu erreichen.[51] Außerdem wird in Art. 4 WRRL eine Abgrenzung der Ziele für die Gewässer nach Gewässertypen, und zwar den Oberflächengewässern, dem Grundwasser und den Schutzgebieten vorgenommen.

Die Feststellung des Zustands der Oberflächengewässer ergibt sich aus der Ermittlung ihres ökologischen und chemischen Zustands.[52] In diesem Sinne kann ein *guter Zustand* bei den Oberflächengewässern unter der Voraussetzung festgestellt werden, dass sich die Gewässer in einem *guten ökologischen und chemischen Zustand* befinden.[53] Das Vorliegen eines *guten ökologischen Zustands* hängt von den Schadstoffen entsprechend der Auflistung des Art. 2 Nr. 21 i.V.m. dem Anhang V der WRRL ab.[54] Die Mitgliedstaaten sind zur Erarbeitung von Umweltqualitätsnormen für diese Schadstoffe und zur Kontrolle der Durchsetzung jener aufgefordert.[55] Diese Verantwortlichkeit ist den Mitglied-

---

[48] *Kurt Faßbender*, Gemeinschaftsrechtliche Anforderungen an die normative Umsetzung der neuen EG-Wasserrahmenrichtlinie, NVwZ2001, S. 241, 242.

[49] Art. 1 Abs. 1 WRRL.

[50] *Faßbender*, NVwZ 2001, S. 241, 242.

[51] *Faßbender*, NVwZ 2001, S. 241, 242.

[52] Nach Art. 2 Abs. 17 WRRL.

[53] Art. 2 Nr. 18 WRRL; detailliert über die Definition des guten Zustands in den Gewässern siehe *Juliane Albrecht*, Zur Definition des „guten Zustands" im Wasserrecht – Aktuelle Entwicklungen auf europäischer und nationaler Ebene, NuR 2010, S. 607 ff.

[54] *Ginzky*, ZUR 2009, S. 242, 243.

[55] *Ginzky*, ZUR 2009, S. 242, 243.

staaten übertragen worden, damit sie Bezug auf die betreffenden Schadstoffe jeder Flussgebietseinheit nehmen.[56] Ein guter chemischer Zustand der Oberflächengewässer bezieht sich auf das Nicht-Überschreiten der durch die Umweltqualitätsnormen-Richtlinie (UQN-RL)[57] oder durch andere, auf europäischer Ebene erlassenen Rechtsvorschriften, festgesetzten Grenzen der Stoffkonzentrationen.[58] Die Einführung der UQN-RL soll dem Zweck einer Konkretisierung des *guten chemischen Zustands* der Gewässer dienen.[59] Im Gegensatz zum ökologischen Zustand sind die Anforderungen für den chemischen Zustand auf europäischer Ebene festzusetzen,[60] damit sie für alle Mitgliedstaaten gelten können.

Im Fall des Grundwassers wird von der Wasserrahmenrichtlinie für die Erreichung eines *guten Gewässerzustands* ein *guter mengenmäßiger und chemischer Zustand* verlangt.[61] Dieses Ziel erfordert ein Gleichgewicht zwischen der Wasserentnahme und der Neubildung von Wasser in den unterirdischen Gewässern.[62] In Bezug auf die künstlichen und erheblich veränderten Wasserkörper wurde eine Relativierung der Ziele der Wasserrahmenrichtlinie vorgenommen: die Erreichung eines *guten ökologischen Potenzials*.[63]

2. Die Umsetzung der Wasserrahmenrichtlinie durch die Mitgliedstaaten und ihre Rechtsverbindlichkeit

Bei der Umsetzung der Wasserrahmenrichtlinie in nationales Recht tauchen mehrere Schwierigkeiten auf.[64] Dazu gehört, dass die Wasserrahmenrichtlinie,

---

[56] *Ginzky,* ZUR 2009, S. 242, 244.
[57] Richtlinie 2008/105/EG des Europäischen Parlaments und des Rates vom 16.12.2008 über Umweltqualitätsnormen im Bereich der Wasserpolitik und zur Änderung und anschließenden Aufhebung der Richtlinien des Rates 82/176/EWG, 84/156/EWG, 84/491/EWG und 86/280/EWG sowie zur Änderung der Richtlinie 200/60/EG, veröffentlicht in ABl. EG, Nr. L 348 vom 24.12.2008, S. 84, im Weiteren UQN-RL.
[58] Art. 2 Abs. 24 WRRL.
[59] *Ginzky,* ZUR 2009, S. 242, 247.
[60] *Ginzky,* ZUR 2009, S. 242, 244.
[61] Art. 2 Nr. 20 WRRL; *Silke Ruth Laskowski/Cornelia Ziehm,* Gewässerschutzrecht § 5, in: Hans-Joachim Koch (Hrsg.), Umweltrecht, 4. Auflage, 2014, Rn. 24.
[62] *Laskowski/Ziehm,* Gewässerschutzrecht § 5, in: Koch, Umweltrecht, 4. Auflage, 2014, Rn. 24.
[63] *Faßbender,* NVwZ 2001, S. 241, 242.
[64] *Athanasios Kougkolos,* Eine kritische Betrachtung der Europäischen Richtlinie 2000/60/EG und des Gesetzes 3199/2003, Per Dik, Heft 1, 2004, S. 17, 18.

eine Rahmenrichtlinie ist, die nicht Wort für Wort in die nationalen Rechtsordnungen umgesetzt werden muss, sondern eine Anpassung an die jeweiligen Besonderheiten der Rechtsordnungen der Mitgliedstaaten erlaubt.[65] Die Mitgliedstaaten sind zuständig, die Form und das Mittel zu wählen, die notwendig für die Umsetzung der Richtlinie in nationales Recht sind.[66] Bei der Anpassung der nationalen Rechtsordnungen sind mehrere Rechtsvorschriften der Wasserrahmenrichtlinie wegen ihres unklaren Inhaltes zu konkretisieren, damit ihre Implementierung verwirklicht werden kann.[67] Ein Beispiel ist die Rechtsverbindlichkeit der Erreichung des priorisierten Zieles der Wasserrahmenrichtlinie, nämlich die Erreichung eines *guten Gewässerzustands*.

Die Wasserrahmenrichtlinie strebt mit einer Kombination von Umweltzielen das Erreichen eines bestimmten Qualitätsniveaus der Gewässer an.[68] Dies stellt einen Unterschied im Vergleich zu den früher geltenden Rechtsvorschriften dar.[69] Es wird nicht mehr nur eine Verringerung der Schadstoffe in den Gewässern verlangt, sondern darüber hinaus eine bestimmte Gewässerqualität gefordert.[70] Die Qualitätszielsetzung der Wasserrahmenrichtlinie stellt eine rechtsverbindliche Vorschrift dar.[71] Deshalb kann sie nicht nur als Orientierungshinweis in Konfliktfällen betrachtet werden, da auf diese Weise ihre rechtsbindende Bedeutung relativiert würde.[72] Für das Erreichen des Qualitätsniveaus ist ein ständiges *Bemühen* erforderlich.[73] Dieses Bemühen besteht in der Einhaltung eines Verfahrens und der Aufstellung von Plänen und Programmen, um die vorgesehene Gewässerqualität zu erreichen.[74]

Das Ziel der Wasserrahmenrichtlinie ist es, innerhalb eines gewissen Zeitraums einen bestimmten Gewässerzustand herbeizuführen, welcher als ein *guter*

---

[65] *Kougkolos*, Per Dik, Heft 1, 2004, S. 17, 18.

[66] *Daniela Schroeder*, Richtlinie, in: Burkhard Schöbener (Hrsg.), Europarecht, 2019, Rn. 2626 ff.

[67] *Andreas Andreadakis*, Wasserrahmenrichtlinie 2000/60 für die Gewässerbewirtschaftung, Institut der Regionalen Selbstverwaltung, 2008, Abschnitt 2.4, abrufbar im Internet: http://courses.arch.ntua.gr/

[68] *Oldiges* (Fn. 16), S. 115, 117.

[69] *Oldiges* (Fn. 16), S. 115, 117.

[70] *Oldiges* (Fn. 16), S. 115, 117.

[71] *Oldiges* (Fn. 16), S. 115, 118.

[72] *Oldiges* (Fn. 16), S. 115, 118.

[73] *Oldiges* (Fn. 16), S. 115, 117.

[74] *Oldiges* (Fn. 16), S. 115, 117.

Gewässerzustand bezeichnet werden kann.[75] Eine ausführliche Definition des *guten Zustands* in der Wasserrahmenrichtlinie spricht für eine Rechtsverbindlichkeit der Erreichung dieses Zieles.[76] Als Maßstab bei der Feststellung des Vorliegens eines *guten Gewässerzustands* ist der *sehr gute Zustand* der Gewässer genommen worden, der weitgehend dem natürlichen Zustand entspricht.[77] Die strengere Definition des Begriffes *guter Zustand* kann zu einem höheren Schutzniveau führen.[78] Allerdings ist nach Ansicht von *Krämer* die Verbindlichkeit des Ziels der Realisierung eines *guten Zustands aller Oberflächengewässer*[79] noch erörterungsbedürftig.[80] Dabei ist zu klären, ob die Pflicht zur Herbeiführung dieses Ziels nur Anstrengungen seitens der Mitgliedstaaten verlangt oder ob die Erreichung als rechtsverbindlich auszusehen ist.[81] Gegen eine Rechtsverbindlichkeit der Herbeiführung eines *guten Zustands aller Oberflächengewässer* spricht Art. 4 Abs. 4 lit. c) WRRL, wonach die Erreichung des festgestellten Zieles des *guten Zustands* angesichts der *natürlichen Gegebenheiten* insgesamt bis zum Jahr 2027 verschoben werden kann.[82] Zudem würde eine derartige Auslegung des genannten Artikels der grammatikalischen und teleologischen Auslegung der Wasserrahmenrichtlinie widersprechen.[83] Nach dem Erwägungsgrund Nr. 51 WRRL ist Zweck der Wasserrahmenrichtlinie die Erreichung mindestens des gleichen Schutzniveaus wie das der früher geltenden Rechtsvorschriften.[84] Das spricht für eine Rechtsverbindlichkeit des Art. 4 WRRL mindestens bis auf das gleiche Schutzniveau, das früher festgesetzt war.[85]

---

[75] *Durner* (Fn. 4), S. 17, 19.

[76] *Ludwig Krämer,* Zehn Jahre Wasserrechts-Rahmenrichtlinie der EU – Erfahrungen und Perspektiven, in: Köck/Faßbender (Hrsg.), Implementation der Wasserrahmenrichtlinie in Deutschland – Erfahrungen und Perspektiven, Dokumentation des 15. Leipziger Umweltrechts-Symposions des Instituts für Umwelt- und Planungsrecht der Universität Leipzig und des Helmholtz-Zentrums für Umweltforschung – UFZ am 22. und 23. April 2010, Baden-Baden 2011, S. 45, 52.

[77] Umweltgutachten des Rates von Sachverständigen für Umweltfragen 2004, Umweltpolitische Handlungsfähigkeit sichern, Tz. 378; *Laskowski/Ziehm*, Gewässerschutzrecht § 5, in: Koch, Umweltrecht, 4. Auflage, 2014, Rn. 22.

[78] *Karstens*, Sonderheft ZUR 2001, S. 113, 114.

[79] Art. 4 Abs. 1 lit. a) ii) WRRL.

[80] *Krämer* (Fn. 76), S. 45, 52.

[81] *Krämer* (Fn. 76), S. 45, 52.

[82] *Krämer* (Fn. 76), S. 45, 52.

[83] *Caspar*, DÖV 2001, S. 529, 532.

[84] *Caspar*, DÖV 2001, S. 529, 532.

[85] *Caspar*, DÖV 2001, S. 529, 532.

In Bezug auf das Verhältnis zwischen den durch Art. 4 der Wasserrahmenrichtlinie festgestellten Zielen ist es wichtig hervorzuheben, dass jedem Ziel eine eigenständige Bedeutung zukommt.[86] Das muss bei der Auslegung der Ziele der Wasserrahmenrichtlinie berücksichtigt werden.[87] Mit der Einführung der Wasserrahmenrichtlinie sind Maßstäbe gesetzt worden, die eine umweltverträgliche Nutzung der Gewässer fordern.[88] Außerdem muss bei der Auslegung der Wasserrahmenrichtlinie ein Gleichgewicht zwischen der Nutzung und dem Schutz der Gewässer hergestellt werden.[89] Der Grundsatz der Wasserrahmenrichtlinie ist das Nachhaltigkeitsprinzip,[90] weshalb der Gewässerschutz und auch die Gewässerbewirtschaftung im Einklang mit dem Nachhaltigkeitsprinzip stehen müssen.[91] Die Herbeiführung eines guten Gewässerzustands durch die Wasserrahmenrichtlinie setzt die Durchführung einer Reihe von europäischen Rechtsvorschriften voraus, wie zum Beispiel der Trinkwasserrichtlinie.[92] Angesichts der bisherigen, erheblichen Vollzugsdefizite wird klar,[93] welche wichtige Rolle der Wasserrahmenrichtlinie und den zu ihrer Umsetzung erlassenen nationalen Gesetzen zukommt, um eine effektivere Gewässerbewirtschaftung auf europäischer und nationaler Ebene zu erreichen.

III. Die Neuerungen der Wasserrahmenrichtlinie 2000/60/EG

Die Wasserrahmenrichtlinie fordert schon in ihren Erwägungsgründen die Aufnahme einer integrierten Gewässerschutzpolitik auf europäischer Ebene.[94] Die Mitgliedstaaten standen der Einführung der Wasserrahmenrichtlinie in der

---

[86] *Ginzky*, ZUR 2009, S. 242, 244.

[87] *Ginzky*, ZUR 2009, S. 242, 244.

[88] *Harald Ginzky*, Maßstäbe der Gewässerbewirtschaftung nach der Wasserrahmenrichtlinie – eine Anmerkung zu den Entscheidungen des VG Cottbus und des OVG Hamburg, ZUR 2013, S. 343, 343.

[89] *Ginzky*, ZUR 2009, S. 242, 244.

[90] *Vicki Karageorgou*, Der institutionelle Rahmen der Gewässerbewirtschaftung in Griechenland und die Beitrage der Europäischen Gesetzgebung: Defizite, Herausforderungen und Perspektiven, in: Giannakourou/Kremlis/Siouti, Die Durchsetzung des Umweltrechts der Gemeinschaft in Griechenland 1981-2006, Griechische Gesellschaft für Umweltrecht, Athen-Komotini 2007, S. 175, 180.

[91] *Karageorgou* (Fn. 90), S. 175, 180.

[92] WWF Griechenland, Verpflichtungen ohne Vollzug, Die Umweltrechtsvorschriften in Griechenland, 2005, S. 24.

[93] WWF (Fn. 92), 2005, S. 24.

[94] Erwägungsgrund 9 der WRRL (2000/60/EG).

Europäischen Union und ihrer Umsetzung in nationales Recht zurückhaltend gegenüber.[95] Der Grund liegt in der von der Richtlinie eingeführten Neugestaltung des Gewässerbewirtschaftungskonzeptes.[96] Die Einführung der Wasserrahmenrichtlinie in der Europäischen Union hat eine neue Denkweise bei der Planung und der Durchführung der Gewässerbewirtschaftung hervorgebracht.[97] Die Wasserrahmenrichtlinie stellt viel mehr als eine Rahmengesetzgebung dar; sie stellt ein ausführlich festgelegtes und bindendes Rechtssystem über die nachhaltige Bewirtschaftung der Gewässer dar.[98]

1. Der finale Charakter der Europäischen Wasserrahmenrichtlinie

Die ersten Richtlinien im Bereich der Gewässerschutzpolitik strebten die Verringerung der Gewässerverschmutzung an.[99] Zu diesem Zweck wurden vor dem Erlass der Wasserrahmenrichtlinie Grenzwerte für eine Vielzahl von Schadstoffen festgelegt.[100] Dabei wurden meistens emissionsorientierte Ansätze verfolgt, um ein hohes Schutzniveau in den Gewässern zu erreichen.[101] Das hat auch dazu geführt, dass der Gewässerschutz in enge Verbindung mit dem Verursacherprinzip gesetzt wurde.[102] Ein Beispiel dieses emissionsorientierten Ansatzes stellt die Politik zur Bewirtschaftung der Oberflächengewässer und des Grundwassers dar, die voneinander getrennt betrieben wurden: Der Schutz der Oberflächengewässer wurde mit der Gewässerschutzrichtlinie[103] und der Schutz des Grund-

---

[95] *Michael Kotulla*, Das Wasserhaushaltsgesetz und dessen 7. Änderungsgesetz, NVwZ 2002, 1409, 1420.

[96] *Kotulla*, NVwZ 2002, S. 1409, 1420.

[97] *Laskowski/Ziehm*, Gewässerschutzrecht § 5, in: Koch, Umweltrecht, 4. Auflage, 2014, Rn. 4; siehe dazu *Jan Karstens*, Einführung in die aktuellen Fragen des Gewässerschutzes, Sonderheft ZUR 2001, S. 113, 114.

[98] *Oldiges* (Fn. 16), S. 115, 117.

[99] *Krämer* (Fn. 76), S. 45, 45 ff.

[100] *Oldiges* (Fn. 16), S. 115, 118.

[101] *Oldiges* (Fn. 16), S. 115, 118.

[102] *Oldiges* (Fn. 16), S. 115, 118.

[103] Richtlinie 76/464/EWG des Rates, betreffend die Verschmutzung infolge der Ableitung bestimmter gefährlicher Stoffe in die Gewässer der Gemeinschaft vom 04.05.1976, ABl. EG 1976, Nr. L 129, S. 23 vom 18.05.1976; geändert durch die Richtlinie 91/692/EWG des Rates zur Vereinheitlichung und zweckmäßigen Gestaltung der Berichte über die Durchführung bestimmter Umweltschutzrichtlinien vom 23.12.1991, ABl. EG 1991, Nr. L 377, S. 48 vom 31.12.1991; aufgehoben durch die Gewässerschutz-Tochterrichtlinie 2006/11/EG, betreffend die Verschmutzung infolge der Ableitung bestimmter gefährlicher Stoffe in die Gewässer der Gemeinschaft vom 15.02.2006, ABl. EG 2006. Nr. L 64, S. 52.

wassers durch die Grundwasserrichtlinie[104] verwirklicht. Beide waren auf emissionsbezogene Kriterien gestützt.[105] Dieser ursprüngliche, emissionsbezogene Regulierungsansatz ist bei Großbritannien auf Widerstand gestoßen.[106] Nach britischer Ansicht bestand keine Notwendigkeit eines Erlasses von emissionsorientierten Regelungen, da Großbritanniens Flüsse einen geringen Umfang aufweisen, schnell fließen und stets Schadstoffe enthalten.[107] Obwohl durch die emissionsorientierten Ansätze einzelne Belastungen begrenzt werden können, ist die Verwirklichung von bestimmten Qualitätszielen schwer zu erreichen.[108]

Die Europäische Union hat sich durch die Einführung der Wasserrahmenrichtlinie von diesem stofforientierten Konzept entfernt.[109] Mit dieser Richtlinie ist die Herbeiführung eines guten Zustands der Gewässer innerhalb der Europäischen Union als Ziel festgeschrieben worden.[110] Die Festsetzung von bestimmten Qualitätszielsetzungen stellt nicht nur einen Bruch mit dem bisherigen System der Gewässerbewirtschaftung, sondern auch einen Wandel des Ansatzes zur Verwirklichung des Gewässerschutzes auf europäischer Ebene dar.[111] Die Festsetzung von Qualitätszielen ist als *normativer Sollzustand* gedacht.[112] Die Einführung der Wasserrahmenrichtlinie bedeutet aber nicht die vollständige Beseitigung von emissionsbezogenen Ansätzen.[113] Im Gegenteil führt sie zu einem

---

[104] Richtlinie 80/68/EWG des Rates über den Schutz des Grundwassers gegen Verschmutzung durch bestimmte gefährliche Stoffe vom 17.12.1979, ABl. EG 1980, Nr. L 20, S. 43 vom 26.01.1980; geändert durch die Richtlinie 91/692/EWG des Rates zur Vereinheitlichung und zweckmäßigen Gestaltung der Berichte über die Durchführung bestimmter Umweltschutzrichtlinien vom 23.12.1991, ABl. EG 1991, Nr. L 377, S. 48 vom 31.12.1991; aufgehoben durch die Grundwasser-Tochterrichtlinie 2006/118/EG des Europäischen Parlaments und des Rates zum Schutz des Grundwassers vor Verschmutzung und Verschlechterung vom 12.12.2006, ABl. EG, Nr. L 139, S. 39 vom 31.05.2007.

[105] *Laskowski/Ziehm*, Gewässerschutzrecht § 5, in: Koch, Umweltrecht, 4. Auflage, 2014, Rn. 18.

[106] *Krämer* (Fn. 76), S. 45, 46.

[107] *Krämer* (Fn. 76), S. 45, 46.

[108] *Oldiges* (Fn. 16), S. 115, 120 ff.

[109] *Laskowski/Ziehm*, Gewässerschutzrecht § 5, in: Koch, Umweltrecht, 4. Auflage, 2014, Rn. 4; dazu über die Aufnahme der WRRL *Breuer* (Fn. 3), § 65 Rn. 45.

[110] Art. 4 WRRL.

[111] Vgl. *Oldiges* (Fn. 16), S. 115, 118; *Karstens*, Sonderheft ZUR 2001, S. 113, 114; vgl. *Andreadakis* (Fn. 67), Abschnitt 2.1; über die Neuerungen der Wasserrahmenrichtlinie; skeptisch dazu *Johannes Caspar*, Die EU-Wasserrahmenrichtlinie: Neue Herausforderungen an einen europäischen Gewässerschutz, DÖV 2001, S. 529, 538.

[112] *Ivo Appel*, Das Gewässerschutzrecht auf dem Weg zu einem qualitätsorientierten Bewirtschaftungsregime. Zum finalen Regelungsansatz der EG-Wasserrahmenrichtlinie, ZUR Sonderheft 2001, S. 129, 130.

[113] Siehe dazu: *Breuer* (Fn. 3), § 65 Rn. 68; *Karstens*, Sonderheft ZUR 2001, S. 113, 114.

kombinierten Ansatz von emissions- und qualitätsbezogenen Ansätzen.[114] Mit dieser Kombination können die Vorteile jedes Ansatzes zum Einsatz gebracht und deren Nachteile abgemildert werden.[115] Der kombinierte Ansatz beruht auf Art. 10 Abs. 1 WRRL und sie überlässt den Mitgliedstaaten einen *„instrumentellen Regelungsspielraum"*.[116]

Die emissionsbezogenen Ansätze können die von einzelnen Einheiten ausgehenden Gewässerbelastungen in Verbindung mit den neuesten Technikstandards effizienter begrenzen.[117] Sie sind aber nicht in der Lage, hohe Wirkungen zur Bewältigung der bestehenden Gewässerverschmutzungen zu entfalten.[118] In diesem Fall tragen die qualitätsorientierten Ansätze wirksamer zur Beschränkung der gesamten Gewässerverschmutzung bei.[119] Wenn die Entscheidung, welcher Ansatz zum Einsatz gebracht werden soll, Schwierigkeiten aufweist, ist die Kombination der qualitätsorientierten und emissionsbezogenen Ansätze zu bevorzugen.[120]

Ein weiterer Vorteil von emissionsbezogenen gegenüber qualitätsorientieren Ansätzen ist ihre Vollzugsfähigkeit.[121] Für die Durchsetzung einer qualitätsorientierten Politik ist die Zusammenstellung einer breiten Vielfalt von Instrumenten erforderlich.[122] Die Verwirklichung der festgesetzten Ziele der Wasserrahmenrichtlinie erfordert Planung, auch im Hinblick auf die durch die Wasserrahmenrichtlinie vorgegebenen Fristen zur Verwirklichung der angestrebten Ziele.[123] In diesem Sinne werden die Bewirtschaftungspläne und Maßnahmenprogramme von der Wasserrahmenrichtlinie umfasst,[124] welche nicht mit einem Genehmigungsverfahren vergleichbar sind, die ihre Rolle mit dem Erlass der Genehmigung erfüllen.[125] Im Gegensatz dazu bedürfen die Gewässerbewirt-

---

[114] Siehe dazu: Erwägungsgrund Nr. 40 der WRRL; *Krämer* (Fn. 76), S. 45, 46.

[115] Für die Schwächen jedes Ansatzes siehe: *Caspar*, DÖV 2001, S. 529, 533.

[116] *Rüdiger Breuer/ Klaus Ferdinand Gärditz*, Öffentliches und privates Wasserrecht, 4. Auflage, 2017, Rn. 182; *Oldiges* (Fn. 16), S. 115, 121.

[117] *Caspar*, DÖV 2001, S. 529, 533; *Oldiges* (Fn. 16), S. 115, 121.

[118] *Oldiges* (Fn. 16), S. 115, 121.

[119] *Oldiges* (Fn. 16), S. 115, 121.

[120] *Oldiges* (Fn. 16), S. 115, 121.

[121] *Oldiges* (Fn. 16), S. 115, 121.

[122] *Oldiges* (Fn. 16), S. 115, 121.

[123] *Oldiges* (Fn. 16), S. 115, 121; skeptisch über den notwendigen Kostenaufwand für die verfahrensorientierte Implementierung der Wasserrahmenrichtlinie: *Schmalholz*, ZfW 2001, S. 69, 92.

[124] *Oldiges* (Fn. 16), S. 115, 121 ff.

[125] *Schmalholz*, ZfW 2001, S. 69, 92.

schaftungspläne einer dauerhaften Anpassung an den sich verändernden Gewässerzustand.[126] Spätestens 15 Jahre nach Inkrafttreten der Wasserrahmenrichtlinie – zum ersten Mal im Jahr 2015 – und danach alle sechs Jahre ist eine Kontrolle und Aktualisierung der ersten Gewässerbewirtschaftungspläne und Maßnahmenprogramme erforderlich.[127] Auf diese Weise hat das europäische Wasserrecht durch die Wasserrahmenrichtlinie einen Verfahrenscharakter erworben.[128] Die Gewässerbewirtschaftungspläne und die Maßnahmenprogramme bleiben immer anpassungsbedürftig.[129] Von erheblicher Bedeutung ist bei diesen Anpassungen die Rolle des Austausches von Informationen und die Einbeziehung und Beteiligung der Öffentlichkeit.[130] Damit diese Anpassungen weiter möglich bleiben, ist der Aufbau von mehreren Informationsbeziehungen erforderlich.[131]

Mit der Festsetzung der Umweltziele durch die Wasserrahmenrichtlinie sind in das europäische Gewässerschutzrecht Umweltqualitätsstandards eingeführt worden.[132] Mit den Umweltzielen wird abstrakt die Erreichung eines gewissen Gewässerzustands gefordert.[133] Die Beschränkung der Emissionen nach Maßgabe des Verursacherprinzips stellt einen Weg zur Verwirklichung der Umweltqualitätsstandards dar.[134]

Ferner darf ein kombinierter Ansatz nicht zu einer Verringerung des Schutzniveaus führen.[135] Nach dem Erwägungsgrund Nr. 51 WRRL soll durch die Wasserrahmenrichtlinie ein derartiges Wasserschutzniveau erreicht werden, welches mindestens als gleichwertig mit den früher geltenden Rechtsvorschriften bewertet werden kann.[136] Weiter sind nach den Maßgaben des Art. 10 Abs. 3 WRRL strengere Emissionsgrenzwerte aufzunehmen, wenn die festgelegten Qualitätsziele oder Qualitätsstandards in anderen verbindlichen europäischen

---

[126] *Schmalholz*, ZfW 2001, S. 69, 92.
[127] Art. 13 Abs. 7 WRRL i.V.m Art. 11 Abs. 8 WRRL; *Andreadakis* (Fn. 67), Abschnitt 2.2.
[128] *Schmalholz*, ZfW 2001, S. 69, 71 ff.
[129] *Schmalholz*, ZfW 2001, S. 69, 71 ff.
[130] *Schmalholz*, ZfW 2001, S. 69, 71 ff.
[131] *Schmalholz*, ZfW 2001, S. 69, 71 f.; mehr dazu *Ute Mager*, Die Europäische Verwaltung zwischen Hierarchie und Netzwerk, in: Trute/Groß/Röhl/Möllers (Hrsg.), Allgemeines Verwaltungsrecht – zur Tragfähigkeit eines Konzeptes, 2008, S. 369 ff.
[132] *Wolfgang Köck/Stefan Möckel*, Quecksilberbelastungen von Gewässern durch Kohlekraftwerke – Auswirkungen auf die Genehmigungsfähigkeit, NVwZ 2010, 1390, 1391.
[133] *Köck/Möckel*, NVwZ 2010, 1390, 1391.
[134] *Köck/Möckel*, NVwZ 2010, 1390, 1392.
[135] *Caspar*, DÖV 2001, S. 529, 533.
[136] *Caspar*, DÖV 2001, S. 529, 533.

Rechtsvorschriften strengere Bedingungen erforderlich machen. In der griechischen Rechtsordnung wurde die nationale Verpflichtung zur Implementierung des kombinierten Ansatzes mit Art. 9 der Präsidialverordnung 51/2007 umgesetzt. Nach Art. 9 Abs. 3 der Präsidialverordnung 51/2007 sind in dem Fall, dass die in dem Anhang VI der genannten Präsidialverordnung oder in anderen nationalen oder gemeinschaftlichen Rechtsvorschriften festgesetzten Qualitätsziele oder Qualitätsstandards strengere Grenzwerte als diejenigen, die sich aus Art. 9 Abs. 2 Präsidialverordnung ergeben, gefordert werden, dementsprechend auch strengere Emissionskontrollen erforderlich.[137]

Die Festsetzung von bestimmten Zielen der WRRL hat ihr einen finalen Charakter verliehen.[138] Die Rechtsvorschriften der Richtlinie weisen mit der Forderung einen bestimmten Gewässerzustand zu erreichen einen finalen Aufbau auf.[139] Zudem sind sie durch die einheitliche Interpretation der festgesetzten Qualitätsmaßstäbe und die unterschiedlichen Qualitätsanforderungen nach Gewässertypen gekennzeichnet.[140] Die Auswahl eines derartigen finalen Charakters seitens der Europäischen Union hat die Kontrolle zur Durchsetzung der Wasserrahmenrichtlinie in den Mitgliedstaaten durch die Europäische Kommission erleichtert.[141] Im Gegensatz dazu würde die Kontrolle der Durchsetzung Schwierigkeiten verursachen, wenn emissionsbezogene Ansätze zum Einsatz gebracht würden.[142] Denn in diesem Fall müsste die Europäische Kommission technische Anlagen und Verfahren einsetzen, um die Einhaltung der Emissionsbegrenzungen durch die Mitgliedstaaten zu überprüfen.[143]

2. Die Bewirtschaftung der Gewässer im Rahmen der Flussgebietseinheit

Damit eine kohärente Bewirtschaftung der Gewässer sichergestellt werden kann, wurde die Flussgebietseinheit als gemeinsamer Rahmen bei der Durchführung der Gewässerbewirtschaftung eingeführt. Mit Hilfe der Flussgebietseinheit wird die einheitliche Bewirtschaftung von Gewässern seit dem Erlass der Was-

---

[137] Vgl. Art. 10 Abs. 3 WRRL; Vgl. *Caspar,* DÖV 2001, S. 529, 538.
[138] *Oldiges* (Fn. 16), S. 115, 117.
[139] *Oldiges* (Fn. 16), S. 115, 117.
[140] *Oldiges* (Fn. 16), S. 115, 117.
[141] *Rüdiger Breuer,* Öffentliche Bewirtschaftung der Gewässer als Aufgabe und Rechtsproblem, UPR, Heft 6, 2004, S. 201, 204.
[142] *Breuer,* UPR, 2004, S. 201, 204.
[143] *Breuer,* UPR, 2004, S. 201, 204.

serrahmenrichtlinie konzipiert, organisiert und durchgeführt.[144] Mit dem neuen System der Gewässerbewirtschaftung wird gefordert, dass die notwendigen Maßnahmen und Entscheidungen innerhalb der Grenzen der jeweiligen neu gebildeten Flussgebietseinheiten getroffen werden.[145] Die Wasserrahmenrichtlinie folgt mit der Gewässerbewirtschaftung nach Flussgebietseinheiten dem britischen und dem französischen Vorbild.[146]

Im Rahmen der Flussgebietseinheiten fordert die Wasserrahmenrichtlinie eine enge Zusammenarbeit zwischen der Europäischen Kommission und den Mitgliedstaaten und zusätzlich die Einbeziehung der Wassernutzer in die Gewässerbewirtschaftung.[147] Des Weiteren verlangt die Wasserrahmenrichtlinie die Integration der Gewässerschutzpolitik bei der Planung von anderen Politikfeldern der Europäischen Union, wie zum Beispiel bei der Energie-, Agrar-, Tourismuspolitik usw.[148] Auch die Europäische Kommission betont die erhebliche Bedeutung, die der Einbeziehung der Gewässerangelegenheiten in alle gewässerbetreffenden Bereiche zukommt, um eine erfolgreiche Umsetzung der Wasserrahmenrichtlinie zu erreichen.[149]

Die Aufstellung von Gewässerbewirtschaftungsplänen für jede Flussgebietseinheit stellt das Hauptinstrument der Wasserrahmenrichtlinie für die Gewässerbewirtschaftung dar.[150] Von Bedeutung ist aber auch die Erarbeitung der Maßnahmenprogramme, die über die Bewirtschaftungspläne hinaus nicht mehr eine Bestandsaufnahme enthalten, sondern deren Inhalt die erforderlichen Maßnahmen zur Realisierung der Gewässerbewirtschaftung sind.[151] Die Gewässer-

---

[144] *Papadimitriou* (Fn. 8), S. 88.

[145] *Laskowski/Ziehm*, Gewässerschutzrecht § 5, in: Koch, Umweltrecht, 4. Auflage, 2014, Rn. 21.

[146] *Rüdiger Breuer*, Der Entwurf einer EG-Wasserrahmenrichtlinie – Die Sicht des Organisationsrechts, NVwZ 1998, S. 1001, 1002; *Schmalholz*, ZfW 2001, S. 69, 71.

[147] *Papadimitriou* (Fn. 8), S. 88 ff.

[148] *Papadimitriou* (Fn. 8), S. 88 ff.

[149] KOM (2012) 670 final vom 14.11.2012, S. 13; COM (2019) 95 final Bericht von 26.02.2019 der Europäischen Kommission an das Europäischen Parlament und den Rat über die Umsetzung der Wasserrahmenrichtlinie (2000/60/EG) und der Hochwasserrichtlinie (2007/60/EG) – Zweite Bewirtschaftungspläne für die Einzugsgebiete – Erste Hochwasserrisikomanagementpläne, S. 3.

[150] *Harald Ginzky*, in: Reinhardt/Giesberts, Umweltrecht, 2007 § 36 und § 36b Rn. 1; *Harald Ginzky*, Die Pflicht zur Minderung von Schadstoffeinträgen in Oberflächengewässer – Vorgaben der Wasserrahmenrichtlinie und der Richtlinie Prioritäre Stoffe, ZUR 2009, S. 242, 242.

[151] *Ginzky*, in: Reinhardt/Giesberts, Umweltrecht, 2007, § 36 und § 36b Rn. 1; *Ginzky*, ZUR 2009, S. 242, 242.

schutzpolitik sollte nach 15 Jahren, die zu einer vollen Umsetzung der festgesetzten Rechtsvorschriften durch die Wasserrahmenrichtlinie und zu einer tatsächlichen Realisierung dieser Rechtsvorschriften in den nationalen Rechtsordnungen eingeräumt waren, im Jahr 2015 zu voller Geltung gekommen sein, sodass eine einheitliche gewässerschützende Politik auf europäischer und nationaler Ebene durchgeführt werden kann.[152]

3. Die Einführung von neuen Instrumenten

Durch die Wasserrahmenrichtlinie sind neue abweichende von den schon in den nationalen Rechtsordnungen angewandten Instrumenten im Wasserwirtschaftsrecht etabliert.[153] Ein Beispiel stellt die Einbeziehung und Teilnahme der Öffentlichkeit bei der Ausarbeitung und Durchführung der Gewässerschutzpolitik dar.[154] Mit der Einführung der Wasserrahmenrichtlinie wird die Teilnahme der Öffentlichkeit in Umweltangelegenheiten unterstützt, ohne dass sie abhängig vom Nachweis der eigenen Betroffenheit ist.[155] Zum ersten Mal wird das Mitwirkungsrecht der Öffentlichkeit bei der Planung der Gewässerbewirtschaftung festgeschrieben.[156] Die Einbeziehung der Öffentlichkeit bedeutet auch eine Neuheit im deutschen Recht.[157] Auf diese Weise kann die Effektivität der Implementierung des europäischen Umweltrechts verbessert werden.[158] Die Einbeziehung der Öffentlichkeit bei der Gewässerplanung kann Zustimmung hinsichtlich der neuen Regelungen hervorbringen und auf diese Weise ihre Akzeptanz und ihre

---

[152] *Ginzky*, ZUR 2009, S. 242, 242.

[153] *Durner* (Fn. 4), S. 17, 18; KOM (2015) 120 final Mitteilung der Kommission an das Europäische Parlament und den Rat über Wasserrahmenrichtlinie und Hochwasserrichtlinie – Maßnahmen zum Erreichen eines guten Gewässerzustands in der EU und zur Verringerung der Hochwasserrisiken vom 09.03.2015, S. 4; COM (2012) 673 Mitteilung der Kommission an das Europäische Parlament, den Rat, den Europäischen Wirtschafts- und Sozialausschuss und den Ausschuss der Regionen, Ein Blueprint für den Schutz der Europäischen Wasserressourcen vom 14.11.2012, S. 11 ff.

[154] Art. 14 WRRL; *Papadimitriou* (Fn. 8), S. 89.

[155] *Schmalholz*, ZfW 2001, S. 69, 72.

[156] *Anette Guckelberger*, Die diversen Facetten der Öffentlichkeitsbeteiligung bei wasserrechtlichen Planungen, NuR 2010, S. 835, 837.

[157] *Wolfgang Köck/Herwig Unnerstall*, Rechtliche Umsetzung der WRRL in Bund und Ländern, in: Rumm/von Keitz/Schmalholz (Hrsg.), Handbuch der EU-Wasserrahmenrichtlinie, 2. Auflage, 2006, S. 27, 29.

[158] *Schmalholz*, ZfW 2001, S. 69, 72; *Guckelberger*, NuR 2010, S. 835, 836.

Anwendung verbessern.[159] Durch diese Maßnahme wird auch die Kontrolle der Umsetzung der Wasserrahmenrichtlinie in den Mitgliedstaaten durch die Kommission erleichtert.[160]

Ein weiteres, neues Instrument für eine effektivere Umsetzung der Gewässerschutzpolitik ist die Verwendung von ökonomischen Instrumenten zur Kostendeckung der Gewässernutzung.[161] Mit dem Erlass der Wasserrahmenrichtlinie wurden von der Europäischen Union die Prinzipien des Gewässermanagements nach dem Modell der Flussgebietseinheit unter Berücksichtigung von ökonomischen und ökologischen Faktoren zu einem rechtsverbindlichen Instrument zusammengefasst.[162] Die Wasserrahmenrichtlinie führte zu einer neuen Denkweise im Bereich der Gewässerschutzpolitik und der Gewässerbewirtschaftung.[163] Der Schwerpunkt dieser neuen Denkweise ist nicht mehr nach dem Management des Gewässerressourcenangebots, sondern nach dem Management der Gewässerressourcennachfrage ausgerichtet.[164] Es geht um eine Gewässerbewirtschaftung, die unter Berücksichtigung der technologischen Weiterentwicklung, der Gewässerressourceneinsparung und der effizienten Ausübung der Gewässerbewirtschaftung erfolgt.[165] Darüber hinaus führt die Wasserrahmenrichtlinie einen neuen Ansatz der Bewältigung der Gefahr von extremen Wetterphänomenen, wie zum Beispiel von Dürre oder Überflutungen ein.[166] Zur Ergänzung der Wasserrahmenrichtlinie wurde im Jahr 2007 die Hochwasserrichtlinie veröffentlicht, um

---

[159] KOM (2012) 670 final Bericht vom 14.11.2012, S. 9; COM (2019) 95 final Bericht, S. 7.

[160] *Schmalholz*, ZfW 2001, S. 69, 72.

[161] *Papadimitriou* (Fn. 8), S. 89.

[162] KOM (2012) 670 final vom 14.11.2012, S. 3.

[163] *Lazaros Tatsis,* Gewässerbewirtschaftung im Rahmen der Wasserrahmenrichtlinie 2000/60/EG und des Gesetzes 3199/2003. Probleme und Perspektiven, Abschnitt III, Nomos kai Physis, 2007.

[164] *Tatsis,* Gewässerbewirtschaftung im Rahmen der Wasserrahmenrichtlinie 2000/60/EG und des Gesetzes 3199/2003. Probleme und Perspektiven, Abschnitt III, Nomos kai Physis, 2007.

[165] *Tatsis,* Gewässerbewirtschaftung im Rahmen der Wasserrahmenrichtlinie 2000/60/EG und des Gesetzes 3199/2003. Probleme und Perspektiven, Abschnitt I, Nomos kai Physis, 2007.

[166] *Tatsis,* Gewässerbewirtschaftung im Rahmen der Wasserrahmenrichtlinie 2000/60/EG und des Gesetzes 3199/2003. Probleme und Perspektiven, Abschnitt I, Nomos kai Physis, 2007; KOM (2015) 120 final Mitteilung der Kommission vom 09.03.2015, S. 2.

die Hochwasserrisiken und -gefahren durch die Ausarbeitung von Hochwasserrisikomanagementplänen zu verringern.[167]

Zu den neuen Instrumenten gehört auch das Erfordernis der Planung bei der Bewirtschaftung der Gewässer, damit das durch die Wasserrahmenrichtlinie bestimmte Qualitätsziel erreicht werden kann.[168] Die Durchführung der Gewässerbewirtschaftung anhand von Plänen war in gewisser Weise im deutschen Recht schon bekannt, aber wegen ihrer hohen Kostenfolgen nicht ausgewählt worden.[169] Die Gewässerbewirtschaftung mit Hilfe von Plänen war in Griechenland schon in dem vorläufigen Gesetz 1739/1987 zu finden.[170] Die Bemühungen galten dem Ziel, ein Gleichgewicht zwischen der Gewässernachfrage und dem - angebot zu erreichen.[171] Dies waren die Rechtsvorschriften, deren Implementierung in der griechisch Rechtsordnung und in der griechischen Realität durch Entscheidungen des Staatsrats gefordert, aber wegen des mangelnden Willens der Entscheidungsträger der Politik nicht weiter realisiert worden waren.[172]

Die Bewertung des Zustands der Gewässer stellt ein weiteres neues Instrument dar. Die bisherige Bewertung der Gewässerqualität erfolgte gemäß einer Reihe von sektoralen Richtlinien und war auf die Verwendbarkeit des Wassers für einen bestimmten Nutzen, zum Beispiel dem Trinken, Bewässern usw., ausgerichtet.[173] Bei der Bewertung der Gewässer wurden physikochemische Parameter verwendet.[174] Das Konzept der Wasserrahmenrichtlinie ist demgegenüber auf den Schutz des Gewässerökosystems ausgerichtet,[175] weshalb außer den physikochemischen Parametern auch biologische Parameter relevant sind.[176] Bei der Beurteilung des ökologischen Zustands der Gewässer werden außer den chemischen und physikalisch-chemischen Komponenten auch solche, die sich auf den biologischen und hydromorphologischen Zustand der Gewässer bezie-

---

[167] Art. 1 der Richtlinie 2007/60/EG des Europäischen Parlaments und des Rates vom 23. Oktober 2007 über die Bewertung und das Management von Hochwasserrisiken, ABl. L 288 vom 06.11.2007; KOM (2015) 120 final Mitteilung der Kommission vom 09.03.2015, S. 2.

[168] *Oldiges* (Fn. 16), S. 115, 117; *Guckelberger*, NuR 2010, S. 835, 837.

[169] Siehe *Breuer*, UPR, 2004, S. 201, 203; *Durner* (Fn. 4), S. 17, 25.

[170] Art. 4 Abs. 1 i. V. m. Art. 7 Abs. 2 des Gesetzes 1739/1987.

[171] *Garyfallos Arampatzis*, Rechtsrahmen zur Bewirtschaftung und Entwicklung der Gewässerressourcen in Griechenland, Per Dik, Heft 2, 2001, S. 192, 200.

[172] 1688/2005, Entscheidung der Vollversammlung des Staatsrats, Rn. 10.

[173] *Andreadakis* (Fn. 39), S. 39, 43.

[174] *Andreadakis* (Fn. 39), S. 39, 43.

[175] *Andreadakis* (Fn. 39), S. 39, 43.

[176] *Andreadakis* (Fn. 39), S. 39, 43.

hen, geprüft.[177] Derartige Maßstäbe für die Feststellung des Gewässerzustands gehen weit über die vorherigen Rechtsvorschriften hinaus, die auf die Feststellung von Grenzwerten gewisser Schadstoffen in den Gewässern beschränkt waren.[178]

4. Zusammenfassung

Der Erlass der Wasserrahmenrichtlinie führte zu einem neuen Konzept der Gewässerbewirtschaftung.[179] Dieses Konzept wurde von der Europäischen Kommission als *Planungszyklus* bezeichnet.[180] Nach der Umsetzung der Wasserrahmenrichtlinie in die jeweiligen nationalen Rechtsordnungen ist ihr darauffolgender Vollzug in mehrere Schritte untergegliedert[181]: die Eingrenzung der Flussgebietseinheiten und Einzugsgebiete, sowie die Beschreibung ihres Zustands, die Festsetzung von Zielen und Maßnahmen zur Verwirklichung dieser Ziele.[182] Die Kontrolle des Vollzugsverfahrens und deren Ergebnisse zum Zustand der Gewässer bieten die notwendigen Informationen, um die vorhandenen Belastungsfaktoren mit dem Ergreifen von geeigneten Maßnahmen zu überwinden.[183] Jeder Schritt zur Umsetzung der Wasserrahmenrichtlinie und zur vollen Implementierung des Systems, das mit der Aufnahme der Wasserrahmenrichtlinie in die nationalen Rechtsordnungen eingeführt worden ist, hat eine Eigenständigkeit und muss daher richtig vollzogen werden.[184] Andernfalls würden die nächsten Schritte auf fehlenden Daten und falschen Ergebnissen basieren und die festgesetzten Ziele würden nicht erreicht werden.[185] Auf diese Weise hat das europäische Wasserrecht einen Verfahrenscharakter erhalten, der für seine Verwirklichung auf mehreren Informationsbeziehungen aufbaut.[186] Die vollständige Anpassung nationaler Rechtsordnungen an die Wasserrahmenrichtlinie erfordert

---

[177] *Oldiges* (Fn. 16), S. 115, 118.

[178] *Oldiges* (Fn. 16), S. 115, 118.

[179] *Tatsis,* Gewässerbewirtschaftung im Rahmen der Wasserrahmenrichtlinie 2000/60/EG und des Gesetzes 3199/2003. Probleme und Perspektiven, Abschnitt III, Nomos kai Physis, 2007.

[180] KOM (2012) 670 final Bericht, S. 3.

[181] *Durner* (Fn. 4), S. 17, 18.

[182] KOM (2012) 670 final Bericht S. 3.

[183] KOM (2012) 670 final Bericht, S. 3.

[184] Dazu KOM (2012) 670 final Bericht, S. 4.

[185] KOM (2012) 670 final Bericht, S. 4.

[186] *Schmalholz,* ZfW 2001, S. 69, 71 ff.

die notwendige Flexibilität, die Zusammenarbeit mit der Europäischen Union, sowie den Willen für die Anpassung an die europäischen Anforderungen.[187] Des Weiteren bedarf es einer effizienten Integration des Gewässerschutzes in alle zuständigen Politikbereiche, sodass eine erfolgreiche Gewässerbewirtschaftung verwirklicht werden kann.[188]

IV. Die Durchführung der Wasserrahmenrichtlinie

1. Erste Schritte zur Umsetzung der Wasserrahmenrichtlinie durch die Mitgliedstaaten

Nach der Wasserrahmenrichtlinie sind die Entscheidungen über Gewässerschutzangelegenheiten im Rahmen der Flussgebietseinheit durch die Mitgliedstaaten und nicht auf der europäischen Ebene zu treffen.[189] Die Europäische Kommission hat sich selbst die Position der Hüterin der Einhaltung der Verfahrensregeln, der festgesetzten Fristen und der ordentlichen Umsetzung der europäisch festgesetzten Rechtsvorschriften in nationales Recht vorbehalten.[190] Diese *Renationalisierung* bei der Gewässerschutzpolitik insbesondere die Verlagerung der Entscheidungsbefugnisse wird durch die notwendige Kooperation der betreffenden Mitgliedstaaten an jeder Flussgebietseinheit relativiert.[191] Auf diese Weise wird ein Zusammenwirken der nationalen Rechtsordnung im Bereich der Gewässerschutzpolitik gefordert.[192]

Von Seiten der Mitgliedstaaten sollte eine erstmalige Beschreibung aller Gewässerkörper und ihre Einordnung nach ihrem Gewässertypus spätestens vier Jahre nach Inkrafttreten der Wasserrahmenrichtlinie erfolgen.[193] Nach den Maßgaben der Wasserrahmenrichtlinie sollten die Kriterien zur Durchführung dieser Auflistung auch später festgelegt werden können.[194] Aus diesem Grund sollte die Richtlinie einen gewissen Spielraum für Korrekturen lassen, sodass einige Gewässerkörper von einer Kategorie in eine andere Kategorie umgestuft werden

---

[187] *Caspar*, DÖV 2001, S. 529, 538.
[188] *Köck*, ZUR 2012, Heft 3, S. 140, 149.
[189] *Krämer* (Fn. 76), S. 45, 56.
[190] *Krämer* (Fn. 76), S. 45, 56.
[191] *Krämer* (Fn. 76), S. 45, 56.
[192] *Krämer* (Fn. 76), S. 45, 56.
[193] Art. 5 Abs. 1 WRRL i.V.m. dem Anhang II der WRRL.
[194] *Andreadakis* (Fn. 39), S. 39, 44 ff.

könnten.[195] Die Unterscheidung der Gewässerkörper nach den von der Wasserrahmenrichtlinie festgesetzten Merkmalen spielt für eine erfolgreiche Durchführung der Gewässerbewirtschaftung nach den Maßgaben der Wasserrahmenrichtlinie eine wichtige Rolle.[196] Als Beispiel kann genannt werden, dass im Fall eines Flusses, bei dem drei getrennte ökologische Zustände und zwar ein Teil in sehr gutem, einer in gutem und einer in mäßigem ökologischen Zustand festgestellt werden, die Einordnung des ökologischen Zustands der Gewässer möglicherweise nach dem weniger guten Zustand erfolgt und die Gewässerbewirtschaftung nicht getrennt für jeden Teil der Gewässer des Flusses wahrgenommen wird. Die Billigung einer Verschlechterung des ökologischen Zustands eines Teils des Flusses, bedeutet einen Verstoß gegen die Prinzipien der Wasserrahmenrichtlinie,[197] da nach deren Inhalt eine Verschlechterung des Gewässerzustands zu vermeiden ist.[198]

Nach der Vollendung des ersten Schrittes gemäß den Angaben der Wasserrahmenrichtlinie, d. h. der Identifizierung und Einordnung der Gewässer in Flussgebietseinheiten, wird von den Mitgliedstaaten gefordert, dass sie eine Analyse der Gewässer jedes Einzugsgebietes vorlegen und auf diese Weise eine Kategorisierung der Gewässer durchführen.[199] Nach den Maßgaben der Wasserrahmenrichtlinie ist das wesentliche Ziel die Erreichung eines *guten Zustandes* in den Gewässern.[200] Die Mitgliedstaaten sind dafür zuständig zu entscheiden, was ein *guter Zustand* der innerhalb ihres Bereichs liegenden Gewässer bedeutet.[201] Nach den Maßgaben der Wasserrahmenrichtlinie sollten sich aus ihrem Inhalt technische Spezifikationen ergeben, damit eine kohärente Durchführung der Gewässerschutzpolitik sichergestellt werden kann.[202] Die Festsetzung von Kriterien für die Bewertung des Zustands der Gewässer ist von erheblicher Bedeutung.[203] Die Kommission verfügt über eine Lenkungsbefugnis bei der Auslegung und dem einheitlichen Vollzug dieser Kriterien, so dass eine Darstellung der Flussgebietseinheiten und eine Bewertung des Zustands der Gewässer erfol-

---

[195] *Andreadakis* (Fn. 39), S. 39, 44 ff.
[196] *Andreadakis* (Fn. 67), Abschnitt 2.3.1.
[197] Zum Ganzen: *Andreadakis* (Fn. 67), Abschnitt 2.3.1.
[198] Art. 1 Abs. 1 Satz a der WRRL.
[199] *Chave,* The EU Water Framework Directive, An Introduction, 2001, S. 32.
[200] Art. 4 WRRL.
[201] *Chave* (Fn. 199), S. 33.
[202] Erwägungsgrund 49 der WRRL.
[203] Erwägungsgrund 49 der WRRL.

gen können.[204] Von großer Bedeutung ist eine kohärente Durchführung der Wasserrahmenrichtlinie seitens der Mitgliedstaaten.[205] Daher gibt die Wasserrahmenrichtlinie in Art. 4 WRRL den Mitgliedstaaten die Möglichkeit einer Verlängerung zur Realisierung der festgestellten Ziele, nicht aber die Möglichkeit zu einer Verfälschung ihres Inhalts.[206]

Dieses Vorgehen verkörpert eine neue Denkweise bei der Gewässerbewirtschaftung.[207] Sie hängt von den biologischen Besonderheiten jedes Gewässergebietes ab und ist so ausgerichtet, dass alle vorkommenden Faktoren berücksichtigt werden müssen.[208] Die enthaltenen Qualitätszielbestimmungen im Anhang V der Wasserrahmenrichtlinie beeinflussen die Durchsetzung der Wasserrahmenrichtlinie durch die jeweiligen Behörden vor allem bei der Genehmigung der Gewässernutzungen.[209] Das heißt aber nicht, dass die Behörden ihre Ermessensbefugnis verlieren.[210] Dennoch liegt eine Begrenzung nach den Anforderungen der Wasserrahmenrichtlinie bei der Erteilung der Gewässergenehmigung vor: Die Gewässergenehmigungen müssen eine Gefährdung der Gewässerqualität verhindern.[211]

An der Wasserrahmenrichtlinie ist positiv, dass ein gemeinsamer, rechtlicher Rahmen aufgebaut wurde.[212] Damit können vergleichbare Daten bei der Implementierung der Gewässerschutzpolitik und der Gewässerbewirtschaftung zusammengestellt werden.[213] Einige Verfahrensschritte erforderten die Nutzung von schon vorhandenen Daten über die Gewässer.[214] Aber es wurde verkannt, dass es auch Mitgliedsstaaten gibt, die wegen ihrer mangelnden Infrastruktur nicht genug detaillierte Daten zur Verfügung stellen können.[215]

---

[204] Erwägungsgrund 49 der WRRL.
[205] *Andreadakis* (Fn. 39), S. 39, 111.
[206] *Andreadakis* (Fn. 39), S. 39, 111.
[207] *Chave* (Fn. 199), S. 33.
[208] *Chave* (Fn. 199), S. 33.
[209] *Oldiges* (Fn. 16), S. 115, 118.
[210] *Oldiges* (Fn. 16), S. 115, 118.
[211] *Oldiges* (Fn. 16), S. 115, 118.
[212] *Krämer* (Fn. 76), S. 45, 56.
[213] *Krämer* (Fn. 76), S. 45, 56.
[214] *Andreadakis* (Fn. 39), S. 39, 111.
[215] *Andreadakis* (Fn. 39), S. 39, 111.

2. Stand der Umsetzung und der Durchführung der Wasserrahmenrichtlinie durch die Mitgliedstaaten

Nach dem Bericht der Europäischen Kommission aus dem Jahr 2012 und dem Zwischenbericht aus dem Jahr 2015[216] über die Fortschritte der Umsetzung der Wasserrahmenrichtlinie in Bezug auf die Aufstellung und Durchführung der Gewässerbewirtschaftungspläne seitens der Mitgliedstaaten besteht in der Kommission Konsens darüber, dass die Erreichung eines *guten Gewässerzustands* bis zum Jahr 2015 für eine große Anzahl von Wasserkörpern nicht erreicht werden konnte.[217] Aber es ist von einer Verbesserung des Gewässerzustands sowohl nach dem Bericht aus dem Jahr 2012 als auch nach dem Bericht aus dem Jahr 2019 über die Umsetzung der Wasserrahmenrichtlinie auszugehen, der eine Bewertung durch die Europäische Kommission über den zweiten Bewirtschaftungszyklus, und zwar von 2015 bis 2021, enthält.[218] Auch für die letzten 30 Jahre kann in Bezug auf die chemische Qualität der Gewässer von einer Verbesserung die Rede sein.[219] Das führt aber nicht zu dem Ergebnis, dass die hoch angesetzten Ziele der Wasserrahmenrichtlinie erreicht werden können.[220]

In diesem Punkt ist es wichtig zu betonen, dass die Umsetzung und die Durchführung der Wasserrahmenrichtlinie im Jahr 2015 nur dann als erfolgreich beurteilt werden können, wenn zwei Voraussetzungen erfüllt sind: Die tatsächliche Umsetzung der Wasserrahmenrichtlinie in den Mitgliedstaaten und die Erreichung eines *guten Zustands* in den Gewässern der Europäischen Union.[221] Eine Realisierung der hochgesteckten Ziele durch die Wasserrahmenrichtlinie erfordert die Umsetzung angemessener Verfahrens- und Planungsmechanismen.[222] Im Allgemeinen ist zu betonen, dass das aktuelle Unionsrecht in Bezug auf die Umwelt stark verfahrensorientiert und wenig materiell regelungsorien-

---

[216] KOM (2015) 120 final Mitteilung der Kommission vom 09.03.2015.

[217] KOM (2012) 670 final Bericht, S. 6.

[218] KOM (2012) 670 final Bericht, S. 6; COM (2019) 95 final Bericht von 26.02.2019 der Europäischen Kommission an das Europäischen Parlament und den Rat über die Umsetzung der Wasserrahmenrichtlinie (2000/60/EG) und der Hochwasserrichtlinie (2007/60/EG) – Zweite Bewirtschaftungspläne für die Einzugsgebiete – Erste Hochwasserrisikomanagementpläne, S. 3.

[219] KOM (2012) 670 final Bericht, S. 6.

[220] KOM (2012) 670 final Bericht, S. 6.

[221] Dazu *Durner* (Fn. 4), S. 17, 19; *Wolfgang Köck*, Die Implementation der EG-Wasserrahmenrichtlinie – Eine Zwischenbilanz mit Blick auf die bevorstehende Verabschiedung von Maßnahmenprogrammen und Bewirtschaftungsplänen, ZUR 2009, Heft 5, S. 227, 232.

[222] *Schmalholz*, ZfW 2001, Heft 2, S. 69, 70.

tiert ist.[223] In diesem Fall sind die Mitgliedstaaten angewiesen, mehrere verfahrensrechtliche Mechanismen zu integrieren, obwohl die Ergebnisse dieser Mechanismen keine bestimmte Qualität gewährleisten können.[224] Die Europäische Kommission hat festgestellt, dass trotz der Umsetzung ausschlaggebender Schritte der Wasserrahmenrichtlinie, in einem Teil der Mitgliedstaaten die Situation auf dem gleichen Stand geblieben ist.[225] Denn obwohl die festgesetzten Ziele durch die Wasserrahmenrichtlinie von den nationalen Rechtsordnungen angenommen wurden, werden sie nicht konkret von den politischen Entscheidungsträgern verfolgt.[226]

Zur Entwicklung eines *guten Zustands* oder eines *guten ökologischen Potenzials* in den Gewässern nach den Vorgaben der Wasserrahmenrichtlinie muss noch viel geleistet werden.[227] Wegen des Querschnittscharakters, den die Gewässerbewirtschaftung aufweist, ist eine effiziente Integration des Gewässerschutzes in alle betroffenen Bereiche notwendig.[228] Aber die Gewässerschutzpolitik verfügt noch nicht über die geeigneten Maßnahmen, um eine solche Einbeziehung zu leisten.[229] Die fehlende Anknüpfung der Gewässerschutzpolitik an andere, zuständige Politikbereiche ist auch auf der europäischen Ebene festzustellen.[230] Das von der Wasserrahmenrichtlinie festgeschriebene Schutzniveau wird hauptsächlich verfehlt, weil der Wasser- und der Landwirtschaftssektor nicht aufeinander abgestimmt sind.[231]

Es ist wichtig hervorzuheben, dass die europäischen Rechtsvorschriften im Bereich der Umweltpolitik in den letzten zwanzig Jahren allgemeiner geworden sind.[232] Dadurch ist mehr Spielraum für die Mitgliedstaaten für die Durchführung und das Monitoring des auf der europäischen Ebene festgesetzten Umweltrechts entstanden.[233] Zwar hat der europäische Gesetzgeber ein umfangreiches Instrumentarium an Rechtsvorschriften erschaffen, das die Mitgliedstaaten bei

---

[223] *Howarth*, Journal of Environmental Law, 2009, Volume 21, Issue 3, p. 391, 394.
[224] *Howarth*, Journal of Environmental Law, 2009, Volume 21, Issue 3, p. 391, 394.
[225] KOM (2012) 670 final Bericht, S. 9.
[226] KOM (2012) 670 final Bericht, S. 9.
[227] *Köck*, ZUR 2012, Heft 3, S. 140, 149.
[228] *Köck*, ZUR 2012, Heft 3, S. 140, 149.
[229] *Köck*, ZUR 2012, Heft 3, S. 140, 149.
[230] *Köck*, ZUR 2012, Heft 3, S. 140, 149.
[231] *Köck*, ZUR 2012, Heft 3, S. 140, 140; COM (2019) 95 final Bericht, S. 6.
[232] *Ludwig Krämer*, The Environment and the Ten Commandments, JEL 2008, Heft 20, S. 5, 6.
[233] *Krämer*, JEL 2008, Heft 20, S. 5, 6.

der Umsetzung des Umweltschutzes unterstützen soll,[234] allerdings bergen allgemeine Formulierungen ein Missbrauchspotenzial.[235] Im Fall von Griechenland stellt die Umsetzung der Wasserrahmenrichtlinie in die nationale Rechtsordnung eine Möglichkeit zur Vollziehung einer erfolgreichen Gewässerbewirtschaftung dar.[236]

V. Fazit

Vor der Einführung der Wasserrahmenrichtlinie auf europäischer Ebene besaßen die europäischen Rechtsvorschriften mit Bezug auf den Gewässerschutz und die -bewirtschaftung einen fragmentarischen Charakter.[237] Zudem wurden hauptsächlich emissionsorientierte Ansätze verwendet, um ein hohes Schutzniveau in den Gewässern zu erreichen.[238] Der Erlass der Wasserrahmenrichtlinie auf europäischer Ebene entfernte sich zum ersten Mal von diesem stofforientierten Konzept.[239] Daher kann die Einführung der Wasserrahmenrichtlinie als ein Bruch mit dem vorherigen Regelungssystem angesehen werden.[240] Die Wasserrahmenrichtlinie hat unter den deutschen Technikstandards und den daraus folgenden emissionsbezogenen Ansätzen sowie den verfahrens- und planungsbezogenen Ansätzen ein neues System der Gewässerbewirtschaftung konzipiert.[241] Immer häufiger werden im Fall von knappen Umweltmedien, wie im Fall von Wasser, qualitätsbezogene Ansätze für die Verwirklichung einer einheitlichen Bewirtschaftung in Betracht gezogen.[242] Eine der wichtigsten Neuerungen, welche die Wasserrahmenrichtlinie eingeführt hat, stellt die Einordnung der Gewässer in Bezug auf ihren ökologischen Zustand dar.[243] Die Erreichung eines guten

---

[234] *Krämer*, JEL 2008, Heft 20, S. 5, 6.

[235] *Krämer*, JEL 2008, Heft 20, S. 5, 6.

[236] *Tatsis,* Gewässerbewirtschaftung im Rahmen der Wasserrahmenrichtlinie 2000/60/EG und des Gesetzes 3199/2003. Probleme und Perspektiven, Abschnitt III, Nomos kai Physis, 2007; *Karageorgou* (Fn. 90), S. 175, 191.

[237] *Schmalholz*,ZfW 2001, Heft 2, S. 69, 69.

[238] *Oldiges* (Fn. 16), S. 115, 118.

[239] *Laskowski/Ziehm*, Gewässerschutzrecht § 5, in: Koch, Umweltrecht, 4. Auflage, 2014, Rn. 4.

[240] *Durner* (Fn. 4), S. 17, 20.

[241] *Durner* (Fn. 4), S. 17, 20.

[242] *Appel,* ZUR Sonderheft, 2001, S. 129, 130.

[243] *Andreadakis* (Fn. 67), Abschnitt 2.3.1.

ökologischen Zustands fordert eine Veränderung in der Denkweise sowohl der zuständigen Gewässerbehörden als auch der Gewässerträger.[244]

Zwei Faktoren sind von erheblicher Bedeutung für eine erfolgreiche Umsetzung der Wasserrahmenrichtlinie:[245] Erstens ist es wichtig, dass in jeder Flussgebietseinheit die Vorgänge der Natur mit den Auswirkungen menschlicher Aktivitäten in Verbindung gebracht werden.[246] Zweitens ist für die Verwirklichung der gewünschten Qualität in den Gewässern eine vorhergehende Planung der Gewässerbewirtschaftung erforderlich.[247] Diese Planung hat im Rahmen der Flussgebietseinheit zu erfolgen.[248] Aus diesem Grund sind für jede Flussgebietseinheit Gewässerbewirtschaftungspläne und Maßnahmenprogramme aufzustellen.

Der Erlass der Wasserrahmenrichtlinie spielt eine erhebliche Rolle bei der Verwirklichung einer integrierten Gewässerschutzpolitik auf europäischer Ebene.[249] Deshalb stellen ihre Umsetzung und Implementierung durch die nationalen Rechtsordnungen eine große Herausforderung dar.[250] Für Griechenland bietet sich eine hervorragende Chance zur Schaffung einer erfolgreichen Gewässerbewirtschaftung.[251] Die Veröffentlichung der Wasserrahmenrichtlinie kann als der wichtigste Schritt in Richtung der Vereinheitlichung des europäischen Gewässerschutzrechts angesehen werden.

---

[244] *Andreadakis* (Fn. 67), Abschnitt 2.3.1.

[245] *Tatsis,* Gewässerbewirtschaftung im Rahmen der Wasserrahmenrichtlinie 2000/60/EG und des Gesetzes 3199/2003. Probleme und Perspektiven, Abschnitt III, Nomos kai Physis, 2007.

[246] *Tatsis,* Gewässerbewirtschaftung im Rahmen der Wasserrahmenrichtlinie 2000/60/EG und des Gesetzes 3199/2003. Probleme und Perspektiven, Abschnitt III, Nomos kai Physis, 2007.

[247] *Tatsis,* Gewässerbewirtschaftung im Rahmen der Wasserrahmenrichtlinie 2000/60/EG und des Gesetzes 3199/2003. Probleme und Perspektiven, Abschnitt III, Nomos kai Physis, 2007.

[248] *Breuer* (Fn. 3), § 65 Rn. 51.

[249] *Papadimitriou* (Fn. 8), S. 88 ff.

[250] *Schmalholz,* ZfW 2001, S. 69, 69.

[251] *Tatsis,* Gewässerbewirtschaftung im Rahmen der Wasserrahmenrichtlinie 2000/60/EG und des Gesetzes 3199/2003. Probleme und Perspektiven, Abschnitt I, Nomos kai Physis, 2007; *Karageorgou* (Fn. 90), S. 175, 191.

Viertes Kapitel

Die Instrumente der Wasserrahmenrichtlinie 2000/60/EG für die Gewässerbewirtschaftung

I. Einleitung

Die wichtigsten Inhalte der Wasserrahmenrichtlinie sind die Einführung des Verschlechterungsverbotes und des Verbesserungsgebotes des Gewässerzustands und der Kostendeckungsanalyse der Wasserdienstleistungen, die Etablierung der Phasing-Out Verpflichtung bei der Einleitung von Schadstoffen in die Gewässer und die weitere Verstärkung der Teilnahmerechte am Entscheidungsverfahren, insbesondere bei der Planung der Gewässerbewirtschaftung. Eine vollständige Umsetzung und eine kohärente Auslegung dieser Instrumente in den nationalen Rechtsordnungen sind von erheblicher Bedeutung, damit eine einheitliche Gewässerbewirtschaftung nach den Maßgaben der Wasserrahmenrichtlinie verwirklicht werden kann.

II. Das Verschlechterungsverbot und das Verbesserungsgebot

Nach Art. 4 Abs. 1 WRRL sind die Mitgliedstaaten zur Verhinderung der Verschlechterung des Zustands der Oberflächengewässer[1] und des Grundwassers[2] verpflichtet. Dies ist das so genannte *Verschlechterungsverbot*. Außerdem sind sie nach Art. 4 Abs. 1 WRRL verpflichtet, eine Verbesserung und eine Sanierung der Oberflächengewässer[3] sowie in Bezug auf das Grundwasser[4] das so genannte *Verbesserungsgebot* und die *Sanierungspflicht* einzuhalten. Obwohl die Wasserrahmenrichtlinie das Verschlechterungsverbot eingeführt hat, ist der Inhalt dieses Begriffes nicht weiter bestimmt worden.[5] Darauf beruhen viele

---

[1] Art. 4 Abs. 1 lit. a) i) WRRL.
[2] Art. 4 Abs. 1 lit. b) i) WRRL.
[3] Art. 4 Abs. 1 lit. a) ii) und iii) WRRL.
[4] Art. 4 Abs. 1 lit. b) ii) und iii) WRRL.
[5] *Michael Reinhardt*, EuGH: Verschlechterung des Zustands eines Oberflächengewässers – Weservertiefung, NVwZ 2015, S. 1041, 1046; *Wolfgang Durner*, Zehn Jahre Wasserrahmenrichtlinie in Deutschland – Erfahrungen und Perspektiven, in: Köck, Wolfgang/Faßbender, Kurt (Hrsg.), Implementation der Wasserrahmenrichtlinie in Deutschland – Erfahrungen und Perspektiven, Dokumentation des 15. Leipziger Umweltrechts-Symposions des Instituts für Umwelt- und Planungsrecht der Universität Leipzig und des Helmholtz-Zentrums für Umweltforschung – UFZ am 22. und 23. April 2010, 2011, S. 17, 31.

75

Schwierigkeiten bei der Feststellung einer Gewässerverschlechterung.[6] Diese Frage bleibt sowohl in der europäischen als auch in den nationalen Rechtsordnungen umstritten.[7] Zur Aufklärung, wann eine Verschlechterung in Gewässern vorliegt, sind in der deutschen Rechtswissenschaft zwei Theorien entwickelt worden.[8] Diese zwei Theorien sind die *Stufen-Theorie* und die *Status-Quo Theorie*.[9] Allerdings ist zu betonen, dass nur eine der beiden Theorien zu problematischen Folgen führen kann[10] und nach der Zielorientierung der Wasserrahmenrichtlinie können die Anforderungen nur durch die Status-Quo Theorie erfüllt werden.[11]

1. Die Stufen-Theorie

Die Stufen-Theorie ist auf einem leicht anwendbaren Kriterium aufgebaut.[12] Danach ist eine Abstufung der Gewässer in eine niedrigere Kategorie nach den Maßgaben des Anhangs V der Wasserrahmenrichtlinie das entscheidende Kriterium, um eine Verschlechterung der Gewässer zu erkennen.[13] Obwohl diese Erkennungsmethode die Schwierigkeiten bei der Feststellung eines Verstoßes gegen das Verschlechterungsverbot verringert, ergibt sich eine Verletzung der von der Wasserrahmenrichtlinie festgesetzten Ziele.[14]

Wenn ausschließlich mit Hilfe der Stufen-Theorie eine Verschlechterung festgestellt wird, wird in einigen Fällen die Wirksamkeit der Wasserrahmenrichtlinie ausgehöhlt.[15] Ein Beispiel stellt die Beurteilung des chemischen Zustands der unterirdischen Gewässer dar, deren Zustand als *gut* oder *nicht gut*

---

[6] *Silke Ruth Laskowski*, Kohlekraftwerke im Lichte der EU-Wasserrahmenrichtlinie, ZUR 2013, S. 131, 132.

[7] *Harald Ginsky*, in: Giesberts/Reinhardt, Beck OK Wasserhaushaltsgesetz § 27, Auflage 29, vom 01.10.2013, Rn. 7.

[8] *Ginsky*, in: Giesberts/Reinhardt, Beck OK WHG § 27, Auflage 29, von 01.10.2013, Rn. 7.

[9] *Laskowski*, ZUR 2013, S. 131, 132.

[10] *Ginsky*, in: Giesberts/Reinhardt, Beck OK WHG § 27, Auflage 29, von 01.10.2013, Rn. 7.

[11] *Wolfgang Köck/Stefan Möckel*, Quecksilberbelastungen von Gewässern durch Kohlekraftwerke – Auswirkungen auf die Genehmigungsfähigkeit, NVwZ 2010, 1390, 1392.

[12] *Laskowski*, ZUR 2013, S. 131, 132.

[13] *Laskowski*, ZUR 2013, S. 131, 132.

[14] *Ginsky*, in: Giesberts/Reinhardt, Beck OK WHG § 27, Auflage 29, von 01.10.2013, Rn. 7.

[15] *Laskowski*, ZUR 2013, S. 131, 132.

nach Anhang V Ziffer 1.4.3. WRRL eingeordnet werden kann. Wenn er als *nicht gut* festgestellt wird, kann jede Verschlechterung als rechtmäßig nach den Maßgaben der Wasserrahmenrichtlinie angesehen werden.[16] Auf diese Weise würde die Anwendung der Stufen-Theorie in der Einschränkung der Wirkungskraft der Wasserrahmenrichtlinie resultieren.[17] Das Erfordernis des Verschlechterungsverbots würde nach den Maßgaben der Wasserrahmenrichtlinie deaktiviert werden.[18] Eine derartige Auslegung würde gegen Sinn und Zweck der Einführung des Verschlechterungsverbotes verstoßen.[19] Aus Praktikabilitätsgründen könnte die Stufen-Theorie in Deutschland dennoch bei der Auslegung des Verschlechterungsverbotes anwendbar sein und eine lenkende Funktion bei dem Vollzug von Rechtsnormen übernehmen.[20] Aber eine solche Auslegung könnte bei der Interpretation von europäischen Rechtsvorschriften, die durch mehrere Mitgliedstaaten umgesetzt und durchgeführt werden müssen, nicht verwendet werden.[21] Denn ähnliche Auslegungen wie die Stufen-Theorie könnten zu einer Übernutzung der Gewässer von einem Mitgliedstaat führen, ohne dass sie eine Verschlechterung der Gewässer darstellt.[22] Das ist offensichtlicher in Fällen von grenzüberschreitenden Gewässern, wenn ein Mitgliedstaat eine Gewässerbeeinträchtigung mit negativen Auswirkungen innerhalb eines anderen Mitgliedstaates verursachen kann, welche nach der Stufen-Theorie nicht als eine Verschlechterung der Gewässer bewertet werden muss.[23] Infolgedessen ergibt sich ein Konflikt zwischen der Stufen-Theorie und dem Vorsorge- und Nachhaltigkeitsprinzip.[24]

2. Die Status-Quo Theorie

Im Fall der Status-Quo Theorie ist keine Veränderung der Gewässerqualitätskategorie erforderlich, um eine Verschlechterung der Gewässer feststellen zu

---

[16] *Laskowski*, ZUR 2013, S. 131, 132.
[17] *Laskowski*, ZUR 2013, S. 131, 132.
[18] *Laskowski*, ZUR 2013, S. 131, 132.
[19] *Köck/Möckel*, NVwZ 2010, 1390, 1392.
[20] *Laskowski*, ZUR 2013, S. 131, 132.
[21] *Laskowski*, ZUR 2013, S. 131, 132.
[22] *Laskowski*, ZUR 2013, S. 131, 132.
[23] *Laskowski*, ZUR 2013, S. 131, 132.
[24] *Laskowski*, ZUR 2013, S. 131, 132.

können.[25] Jede negative Veränderung kann als eine Verschlechterung der Gewässer angenommen werden.[26] Als eine derartige Veränderung wird jede Einwirkung auf Gewässer betrachtet, die nicht als positiv oder mindestens neutral bezeichnet werden kann.[27] Obwohl die Status-Quo Theorie in Anlehnung an den Text der Vorschrift entstanden ist, führt sie zu umfassenden Beschränkungen und Verboten bei der Gewässernutzung.[28] Die Status-Quo Theorie führt zu einer strengeren Interpretation der Ziele der Wasserrahmenrichtlinie.[29]

Unterstützung findet die Status-Quo Theorie zum Beispiel in der Veröffentlichung des Vorabentscheidungsverfahrens über die Umleitung des Flusses *Acheloos* in Griechenland.[30] Nach der Entscheidung ist es erforderlich, dass eine Wasserumleitung einer Flussgebietseinheit in eine andere oder aus einem Einzugsgebiet in ein anderes *nicht geeignet sein* darf, die in der Wasserrahmenrichtlinie festgeschriebenen Ziele *ernstlich zu gefährden*.[31] Diese Bindung an die Ziele der Wasserrahmenrichtlinie gilt auch während der Übergangszeit, bis die Aufstellung der Bewirtschaftungspläne vollendet ist und die volle Implementierung der Wasserrahmenrichtlinie gefordert werden kann.[32] Auf dieser Basis gilt die Vorwirkung der Richtlinie auch während der Übergangszeiten.[33] Falls ein Projekt gegen die Ziele des Art. 4 der Wasserrahmenrichtlinie verstößt, wird nur ein Ausweg eingeräumt, wenn die Voraussetzungen des Art. 4 Abs. 7 erfüllt werden können:[34] Nach diesen Bedingungen sollten zunächst alle praktikablen Vorkehrungen getroffen werden, sodass eine Minderung der negativen Auswirkungen auf den Zustand der Gewässer gewährleistet wird.[35] Zweitens sollte eine detaillierte Darlegung der Gründe für die Verwirklichung des Vorhabens in dem Be-

---

[25] *Laskowski*, ZUR 2013, S. 131, 133.
[26] *Laskowski*, ZUR 2013, S. 131, 132.
[27] *Reinhardt*, NVwZ 2015, S. 1041, 1046; *Laskowski*, ZUR 2013, S. 131, 133.
[28] *Reinhardt*, NVwZ 2015, S. 1041, 1046.
[29] *Köck/Möckel*, NVwZ 2010, 1390, 1392.
[30] *Laskowski*, ZUR 2013, S. 131, 133.
[31] EuGH, Urteil zum Vorabentscheidungsverfahren von 11.09.2012, Rs. C-43/10, Rn. 69.
[32] *Laskowski*, ZUR 2013, S. 131, 133.
[33] *Laskowski*, ZUR 2013, S. 131, 133.
[34] EuGH, Urteil zum Vorabentscheidungsverfahren vom 11.09.2012, Rs. C-43/10, Rn. 57; *Kurt Faßbender*, Die wasserrechtliche Ausnahmeprüfung nach dem EuGH-Urteil zur Schwarzen Sulm, NuR 2017, S. 433, 435; *Peter Schütte/Michaela Warnke/Elith Wittrock*, Die Ausnahme vom Verschlechterungsverbot: rechtliche und praktische Lösungsvorschläge, ZUR 2016, S. 215; *Laskowski*, ZUR 2013, S. 131, 133; EuGH Urteil vom 4.5.2016, Rechtsache C-346/14 ZUR 2016, S. 407, 412; *Michael Reinhardt*, EuGH: Rechtfertigung von Gewässerverschlechterungen, NVwZ 2016, S. 1161, 1167.
[35] Art. 4 Abs. 7 Unterabs. a WRRL.

wirtschaftungsplan enthalten sein.[36] Drittens sollte die Verwirklichung des Vorhabens aus Gründen der übergeordneten, öffentlichen Interessen im Vordergrund stehen. Die Verwirklichung der in Art. 4 Abs. 1 WRRL genannten Ziele für die Umwelt und die Gesellschaft hat einen positiven Effekt auf die menschliche Gesundheit, die Erhaltung der Sicherheit der Menschen und die nachhaltige Entwicklung.[37] Und viertens sollten die Ziele, die durch das Vorhaben erreicht werden sollen, wegen technischer Durchführbarkeit oder wegen unverhältnismäßiger Kosten[38] nicht durch andere Mittel ersetzt werden können.[39] Nach Meinung von *Ekardt/Weyland* relativiert sich die Bedeutung der Entscheidung aus dem Vorabentscheidungsverfahren zur Umleitung des Flusses *Acheloos*,[40] weil im Fall des Acheloos die Aufstellung der Bewirtschaftungspläne noch nicht vorlag.[41] Mit dieser Entscheidung hat der EuGH klargestellt, dass die Ziele der Wasserrahmenrichtlinie nicht *bloße Zielvorgaben* darstellen und dass ein Verstoß gegen diese Ziele vorliegen kann.[42]

3. Bewertung

Das Verschlechterungsverbot fungiert als ein Mindesterfordernis bei der Erhaltung des Gewässerzustands und hat eine bindende Funktion bei der Wahrnehmung der Gewässerbewirtschaftung.[43] Eine Auslegung nach dem Wortlaut der Vorschrift über das Verschlechterungsverbot stellt das Verschlechterungsverbot als das zentrale Element der Wasserrahmenrichtlinie dar.[44] In diesem Sinne sollte jede Verschlechterung des Gewässerzustands verboten und so die Einleitung von Schadstoffen in die Gewässer untersagt werden.[45] Dem steht eine

---

[36] Art. 4 Abs. 7 Unterabs. b WRRL.

[37] Zum Ganzen: Art. 4 Abs. 7 Unterabs. c WRRL.

[38] *Moritz Reese*, Voraussetzungen für verminderte Gewässerschutzziele nach Art. 4 Abs. 5 WRRL, ZUR 2016, S. 203, 206 ff.

[39] Art. 4 Abs. 7 Unterabs. d WRRL.

[40] *Felix Ekardt/Raphael Weyland*, Neues vom wasserrechtlichen Verschlechterungsverbot und Verbesserungsgebot, Rechtsinterpretations- und Rechtswirkungsfragen im Spiegel neuerer Urteile, NuR 2014, S. 12, 14.

[41] *Ekardt/ Weyland*, NuR 2014, S. 12, 14.

[42] *Ekardt/ Weyland*, NuR 2014, S. 12, 15.

[43] *Köck/Möckel*, NVwZ 2010, 1390, 1392.

[44] *Wolfgang Durner/Nela Gies*, Ende der Kohlennutzung kraft europäischen Wasserrechts? Zu den Auswirkungen der Phasing-out-Ziele der Union für Quecksilber auf die Nutzung von Kohle, 2012, S. 19.

[45] *Köck/Möckel*, NVwZ 2010, 1390, 1392; *Durner/Gies* (Fn. 44), S. 19.

systematische Auslegung und eine Definition des Verschlechterungsverbots gegenüber.[46] Danach würde eine Verschlechterung eine Einordnung der Gewässer in eine niedrige Zustandskategorie nach den Maßgaben der Wasserrahmenrichtlinie fordern.[47] Nach einer dritten Auffassung wird die Erheblichkeitsschwelle innerhalb jeder Zustandsklasse nach den Maßgaben der Wasserrahmenrichtlinie vorgesehen.[48]

Weiter sind die mit der Wasserrahmenrichtlinie eingeführten Ziele nicht nur als *programmatische Verpflichtungen*, sondern als verbindliche Festsetzungen bei der Genehmigung eines gewässerbezogenen Vorhabens anzusehen.[49] Bei der Genehmigung jedes Vorhabens ist seine Vereinbarkeit mit dem Verschlechterungsverbot zu kontrollieren.[50] Nicht jede Realisierung eines Vorhabens muss im Ergebnis ein Verstoß gegen die in Art. 4 festgesetzten Ziele der Wasserrahmenrichtlinie sein.[51] Ein Verstoß gegen das Verschlechterungs-verbot kann unter der Voraussetzung gerechtfertigt werden, dass die Ausnahmetatbestände gemäß Art. 4 Abs. 4 bis 7 nicht in Betracht kommen.[52] Für den Fall, dass ein genehmigtes Vorhaben eine Verschlechterung des chemischen Zustandes von Gewässern zur Folge hat, muss seine Genehmigung von neutralisierenden Maßnahmen begleitet werden,[53] sodass die Belastung der Umwelt ausgeglichen werden kann.[54]

Einen weiteren wichtigen Punkt bei der Durchsetzung des Verschlechterungsverbots stellt die Bestimmung des Anfangs seiner Geltungszeit dar.[55] Da in

---

[46] *Durner/Gies* (Fn. 44), S. 19.

[47] *Durner/Gies* (Fn. 44), S. 19.

[48] *Durner/Gies* (Fn. 44), S. 19; *Eckard Rehbinder*, Das Verschlechterungsverbot im Wasserrecht, in: *Ekkehard Hofmann* (Hrsg.) Wasserrecht in Europa, 2015, S. 34.

[49] Schlussanträge der Generalanwältin Juliane Kokott vom 13.10.2011, Rechtssache C-43/10, Rn. 62.

[50] *Laskowski*, ZUR 2013, S. 131, 140.

[51] Schlussanträge der Generalanwältin Juliane Kokott vom 13.10.2011, Rechtssache C-43/10, Rn. 62.

[52] *Laskowski*, ZUR 2013, S. 131, 140.

[53] *Laskowski*, ZUR 2013, S. 131, 140.

[54] OVG Münster Urt. von 01.12.2011, ZUR 2012, S. 372, 374; *Laskowski*, ZUR 2013, S. 131, 141.

[55] *Ludwig Krämer*, Zehn Jahre Wasserrecht-Rahmenrichtlinie der EU – Erfahrungen und Perspektiven, in: Köck/Faßbender (Hrsg.), Implementation der Wasserrahmenrichtlinie in Deutschland – Erfahrungen und Perspektiven, Dokumentation des 15. Leipziger Umweltrechts-Symposions des Instituts für Umwelt- und Planungsrecht der Universität Leipzig und des Helmholtz-Zentrums für Umweltforschung-UFZ am 22. und 23. April 2010, 2011, S. 45, 51.

der Wasserrahmenrichtlinie[56] das Anfangsdatum nicht klar geregelt ist, haben sich mehrere Auffassungen herausgebildet.[57] Wegen der deutungsbedürftigen Vorschrift hat die Kommission gegen keinen Mitgliedstaat ein Verfahren eingeleitet.[58]

In Deutschland sind mehrere Gerichtsentscheidungen erlassen worden, die sich mit der Handhabung der Wasserrahmenrichtlinie beschäftigen.[59] Ein Beispiel stellt die Entscheidung des OVG Hamburg dar, die sich damit auseinandersetzte, ob das Verschlechterungsverbot nach den Maßgaben des deutschen Wasserhaushaltsgesetzes bei der Genehmigung eines gewässernutzenden Projekts berücksichtigt werden muss.[60] Das Gericht entschied, dass das Verschlechterungsverbot bei der Entscheidungsfindung über Gewässernutzungen berücksichtigt werden muss. Im Gegensatz dazu wird auch vertreten, dass das Verschlechterungsverbot nur als Zielbestimmung angesehen werden kann[61] und deshalb nur bei der Aufstellung der Bewirtschaftungspläne und Maßnahmenprogramme in Betracht kommen kann.[62]

Weiter wird vertreten, dass die Vollziehung des Verschlechterungsverbots nicht dessen Aufnahme in die Bewirtschaftungspläne und Maßnahmenprogramme benötigt, um Anwendung zu finden. Eine Gegenmeinung dazu verfolgt eine Relativierung der Wirkungskraft des Verschlechterungsverbots in dem Sinn, dass das Verschlechterungsverbot nur beim Vorliegen von Bewirtschaftungsplänen und Maßnahmenprogrammen seine Wirkung entfaltet.[63] Eine solche Auslegung des Art. 4 der Wasserrahmenrichtlinie müsse vorgenommen werden, weil das Verschlechterungsverbot und das Verbesserungsgebot lediglich als *bloße Bewirtschaftungsziele* angesehen werden dürften und daher vor ihrer Auf-

---

[56] Art. 4 Abs. 1 lit. a) i). WRRL.

[57] Dazu ausführlich über die in Betracht kommenden Anfangsfristen *Krämer* (Fn. 55), S. 45, 51.

[58] *Krämer* (Fn. 55), S. 45, 51.

[59] *Harald Ginzky*, Maßstäbe der Gewässerbewirtschaftung nach der Wasserrahmenrichtlinie – eine Anmerkung zu den Entscheidungen des VG Cottbus und des OVG Hamburg, ZUR 2013, S. 343, 343.

[60] Zum Ganzen: OVG Hamburg, Urteil vom 18.01.2013 – 5E 11/08, ZUR 2013, S. 357, 357.

[61] OVG Hamburg, Urteil vom 18.01.2013 – 5E 11/08, ZUR 2013, S. 357, 358.

[62] OVG Hamburg, Urteil vom 18.01.2013 – 5E 11/08, ZUR 2013, S. 357, 358; *Füßer Klaus/ Lau Marcus*, Das wasserrahmenrechtliche „Verschlechterungsverbot" und „Verbesserungsgebot": Projekterschwerende „Veränderungssperre" oder flexibles wasserrechtliches Fachplanungsinstrument?, NdSVBl. 2008, S. 193.

[63] OVG Hamburg, Urteil vom 18.01.2013 – 5E 11/08, ZUR 2013, S. 357, 359.

nahme in die Bewirtschaftungspläne und Maßnahmenprogramme keine Verbindlichkeit entfalten könnten. So sollte es auch in nationalem Recht ausgelegt werden.[64] Dies ergibt sich aber nicht aus der Wasserrahmenrichtlinie.[65]

4. Die Entscheidung des EuGH Rechtsache C-461/13

Die Debatte über die Definition und der Tragweite des Verschlechterungsverbots ist mit der Veröffentlichung der Entscheidung des EuGH Rechtssache C-461/13 zu einer wichtigen Schlussfolgerung gekommen und mehrere Fragen über die Implementierung des Verschlechterungsverbots sind aufgeklärt worden.[66] Der Gegenstand dieser Rechtssache ist die Vertiefung von verschiedenen Teilen des Flusses Weser im Norden Deutschlands, sodass die Durchfahrt von größeren Containerschiffen zu den deutschen Häfen von Bremerhaven, Brake und Bremen möglich wurde.[67] Das BVerwG stellte im Rahmen eines Vorabentscheidungsverfahrens nach Art 267 AEUV vier Fragen an den EuGH.[68] Die erste Frage betrifft die Interpretation des Art. 4 Abs. 1 Buchst. a Ziff. i WRRL. So fordert das BVerwG den EuGH auf, den Fall zu klären, ob es die Mitgliedstaaten – vorbehaltlich der Erteilung einer Ausnahme – verpflichtet sind, die Zulassung eines Projekts zu versagen, wenn dieses eine Verschlechterung des Zustands eines Oberflächenwasserkörpers verursachen kann, oder handelt es sich bei dieser Regelung um eine bloße Zielvorgabe für die Bewirtschaftungsplanung. Die zweite Frage betrifft die Frage, ob der Begriff „Verschlechterung des Zustands" in Art. 4 Abs. 1 Buchst. a Ziff. i WRRL so auszulegen ist, dass er nur nachteilige Veränderungen erfasst, die zu einer Einstufung in eine niedrigere Klasse gemäß Anhang V der WRRL führt. Drittens tauchte die Frage auf, unter welchen Voraussetzungen eine Verschlechterung des Zustands im Sinne des Art. 4 Abs. 1 Buchst. a Ziff. i der WRRL vorliegt. Und schließlich wurde gefragt, ob die Rechtsvorschriften des Art. 4 Abs. 1 Buchst. a Ziffer ii und iii WRRL dahin auszulegen sind, dass die Mitgliedstaaten –vorbehaltlich der Erteilung einer Ausnahme – verpflichtet sind, die Zulassung_eines Projekts zu versagen, wenn

---

[64] OVG Hamburg, Urteil vom 18.01.2013 – 5E 11/08, ZUR 2013, S. 357, 359.

[65] OVG Hamburg, Urteil vom 18.01.2013 – 5E 11/08, ZUR 2013, S. 357, 359.

[66] *Kurt Faßbender*, Das Verschlechterungsverbot im Wasserrecht – aktuelle Rechtsentwicklungen, ZUR 2016, S. 195, 195.

[67] EuGH, Urteil zum Vorabentscheidungsverfahren vom 01.07.2015, Rs. C-461/13, Rn. 2.

[68] BVerwG Beschluss vom 11.07.2013 – 7 A 20.11.

dieses die Erreichung eines guten Zustands eines Oberflächengewässers bzw. eines guten ökologischen Potenzials und eines guten chemischen Zustands eines Oberflächengewässers zu dem nach der Richtlinie maßgeblichen Zeitpunkt gefährdet oder handelt es sich bei dieser Regelung um eine bloße Zielvorgabe für die Bewirtschaftungsplanung.[69]

Der EuGH ist zu dem Ergebnis gekommen, dass die Genehmigung eines Vorhabens zu versagen ist, wenn es eine Verschlechterung der Oberflächengewässer verursachen kann oder eine Gefährdung der Erreichung eines guten Zustands, eines guten ökologischen Potentials oder eines gutes chemischen Zustands nach der festgesetzten Frist durch die Wasserrahmenrichtlinie darstellt.[70] Es liegt ein Vorbehalt vor, wenn ein Ausnahmefall mit Art. 4 Abs. 7 WRRL gerechtfertigt werden kann.[71] Die Entscheidung des EuGH bestätigt damit das Ergebnis der Entscheidung über die Umleitung des Flusses *Acheloos* in Griechenland,[72] nach der ein Vorhaben *nicht geeignet sein* darf, die in der Wasserrahmenrichtlinie festgeschriebenen Ziele *ernstlich zu gefährden*.[73] Das Verschlechterungsverbot hat nach der EuGH Entscheidung über die Weservertiefung eine unmittelbare Geltung bei der Erteilung einer Genehmigung für ein konkretes Vorhaben.[74] Seit der Veröffentlichung der genannten Entscheidung im Jahr 2015 soll jede Gewässerbenutzung überprüft werden, ob ein Verstoß gegen das Verschlechterungsverbot vorliegt.[75] Es ist außerdem wichtig zu betonen, dass das Verschlechterungsverbot in jedem Schritt der Implementierung der WRRL für jeden Oberflächenwasserkörper rechtsverbindlich ist.[76]

Weiter wurde durch diese Entscheidung geklärt, dass eine Verschlechterung der Oberflächengewässer vorliegt, wenn mindestens eine Qualitätskomponente nach den Maßgaben des Anhangs V der Wasserrahmenrichtlinie um eine Klasse verschlechtert wird, ohne dass eine Einordnung in eine niedrigere Zustandsklas-

---

[69] Zum Ganzen: BVerwG, Beschluss vom 11.07.2013 – 7 A 20.11 Fragen 1-4.
[70] EuGH, Urteil zum Vorabentscheidungsverfahren vom 01.07.2015, Rs. C-461/13, Rn. 51.
[71] EuGH, Urteil zum Vorabentscheidungsverfahren vom 01.07.2015, Rs. C-461/13, Rn. 51.
[72] EuGH, Urteil zum Vorabentscheidungsverfahren vom 01.07.2015, Rs. C-461/13, Rn. 51; EuGH, Urteil zum Vorabentscheidungsverfahren von 11.09.2012, Rs. C-43/10, Rn. 69.
[73] EuGH, Urteil zum Vorabentscheidungsverfahren von 11.09.2012, Rs. C-43/10, Rn. 69.
[74] *Wolf-Dieter Dallhammer/ Claudia Fritzsch*, Verschlechterungsverbot – Aktuelle Herausforderungen an die Wasserwirtschaftsverwaltung, ZUR 2016, S. 340, 341.
[75] *Wolfgang Durner,* Das „Verschlechterungsverbot" und das „Verbesserungsgebot" im Wasserwirtschaftsrecht, NuR 2019, S. 1, 4.
[76] *Faßbender*, ZUR 2016, S. 195, 198.

se notwendig ist.[77] In dem Fall, dass die Qualitätskomponente schon in die niedrigste Klasse eingeordnet war, wird jede weitere Qualitätsminderung als Verschlechterung des Zustands des Oberflächengewässers angesehen.[78] Es ist wichtig hervorzuheben, dass die Entscheidung einem *Mittelweg* gefolgt ist und so von dem Schlussantrag des Generalsanwalts und der Argumentation des BVerwG abweicht, welche die strengere Status-Quo Theorie vertreten haben.[79] Der EuGH vertritt mit dieser Entscheidung einen Kombinationsansatz.[80] Demzufolge muss nicht jede negative Veränderung des Wasserkörpers zu einer Verschlechterung des Gewässerzustands führen.[81] Eine Verschlechterung liegt dann vor, wenn sich der Zustand mindestens einer Qualitätskomponente im Sinne des Anhangs V der WRRL um eine Klasse verschlechtert, auch wenn diese Verschlechterung nicht zu einer Verschlechterung der Einstufung des Oberflächenwasserkörpers insgesamt führt.[82] Der Begriff Verschlechterung bezieht sich auf den ökologischen Zustand[83] eines Wasserkörpers, also auf seine biologischen, hydromorphologischen und physikalischchemischen Qualitätskomponenten nach dem Anhang V der WRRL.[84] Auf diese Weise kann nach der Meinung von *Reinhardt* ein wasserbezogenes Vorhaben leichter zugelassen werden,[85] weil nicht jede Veränderung des Zustands des Wasserkörpers als eine Verschlechterung angesehen wird. Wenn aber eine Qualitätskomponente bereits in der niedrigsten Klasse eingestuft ist, folgt der EuGH wieder der Status-Quo Theorie,[86] da jede Verschlechterung dieser Komponente als eine Verschlechterung des Zustands eines Oberflächenwasserkörpers angesehen wird.[87]

Obwohl die Entscheidung des EuGH über die Weservertiefung mehrere Fragen über die Auslegung des Verschlechterungsverbots aufgeklärt hat, bestehen

---

[77] EuGH, Urteil zum Vorabentscheidungsverfahren vom 01.07.2015, Rs. C-461/13, Rn. 70; *Claudio Franzius,* „Die Mutter aller Wasserrechtsfälle" ZUR 2015, S. 643, 644.

[78] EuGH, Urteil zum Vorabentscheidungsverfahren vom 01.07.2015, Rs. C-461/13, Rn. 70.

[79] *Reinhardt,* NVwZ 2015, S. 1041, 1046; Schlussanträge des Generalanwalts von 24.10.2014 Rechtssache C-461/13, Rn. 87; *Franzius,* ZUR 2015, S. 643, 644.

[80] *Franzius,* ZUR 2015, S. 643, 644.

[81] *Franzius,* ZUR 2015, S. 643, 644.

[82] EuGH, Urteil zum Vorabentscheidungsverfahren vom 01.07.2015, Rs. C-461/13, Rn. 70.

[83] *Silke Ruth Laskowski,* Das Verschlechterungsverbot im europäischen Wasserrecht nach dem EuGH-Urteil vom 1. Juli 2015 (Rs. C-461/13), ZUR 2015 S. 542, 544.

[84] *Franzius,* ZUR 2015, S. 643, 644.

[85] *Reinhardt,* NVwZ 2015, S. 1041, 1046.

[86] *Franzius,* ZUR 2015, S. 643, 644.

[87] EuGH, Urteil zum Vorabentscheidungsverfahren vom 01.07.2015, Rs. C-461/13, Rn. 70.

weitere, aufklärungsbedürftige Fragen,[88] z.B. ob die Entscheidung auch auf den chemischen Zustand eines Oberflächenkörpers übertragen werden kann, welcher nur als gut oder nicht gut eingestuft wird.[89]

Eine Antwort auf diese Frage gibt die im Jahr 2017 ergangene Entscheidung des Bundesverwaltungsgerichtes über die Elbvertiefung.[90] Danach können die Ergebnisse der Entscheidung über die Weservertiefung auch auf den chemischen Zustand eines Oberflächenkörpers übertragen werden.[91] Eine Verschlechterung des chemischen Zustands eines Oberflächenkörpers liegt vor, wenn durch die Maßnahme mindestens eine Umweltqualitätsnorm im Sinne der Anlage 7 der OGewO 2011 überschritten wird.[92] Hat ein Schadstoff die Umweltqualitätsnorm bereits überschritten, ist jede weitere vorhabenbedingte Erhöhung der Schadstoffkonzentration als eine unzulässige Verschlechterung anzusehen.[93]

Am Ende des Jahres 2017 erging eine weitere Entscheidung des Bundesverwaltungsgerichtes, genannt das Staudinger-Urteil.[94] Diese Entscheidung betraf die Anfechtungsklage einer anerkannter Umweltvereinigung gegen eine für den Zeitraum 1.1.2016 bis 15.12.2018 erteilte wasserrechtliche Erlaubnis für den Betrieb eines Kraftwerkes.[95] Diese Entscheidung ist von erheblicher Bedeutung, da sie eine Unterscheidung zwischen dem Verschlechterungsverbot und dem Verbesserungsgebot beim Zulassungsverfahren unterstreicht.[96] Obwohl in dem Fall die Emissionen von Quecksilber nicht nur gleich bleiben sondern vermindert würden, so dass ein Verstoß gegen das Verschlechterungsverbot auszuschließen war, hielt das Gesetz einen Verstoß gegen das Verbesserungsgebot für möglich, da eine Verfehlung der Zielsetzungen der Gewässerzustand nicht ausgeschlossen werden konnte.[97]

---

[88] *Franzius,* ZUR 2015, S. 643, 645; *Dallhammer/Fritzsch,* ZUR 2016, S. 340, 346.

[89] *Franzius,* ZUR 2015, S. 643, 645; *Faßbender,* ZUR 2016, S. 195, 203.

[90] BVerwG, Urt. von 09.02.2017, 7 A 2/15.

[91] BVerwG, Urt. von 09.02.2017, 7 A 2/15, Rn. 578.

[92] BVerwG, Urt. von 09.02.2017, 7 A 2/15, Rn. 578.

[93] BVerwG, Urt. von 09.02.2017, 7 A 2/15, Rn. 578.

[94] BVerwG, Urt. von 02.11.2017 – 7 C 25.15, NVwZ 2018, S. 986.

[95] BVerwG, Urt. von 02.11.2017 – 7 C 25.15, NVwZ 2018, S. 986, 986.

[96] *Durner,* NuR 2019, S. 1, 1.

[97] *Durner,* NuR 2019, S. 1, 5; BVerwG, Urt. von 02.11.2017 – 7 C 25.15, NVwZ 2018, S. 986, 993.

5. Die Umsetzung des Verschlechterungsverbots und des Verbesserungsgebots in Griechenland

In Griechenland fehlt es weitgehend an einer Diskussion über die Auslegung und Implementierung des Verschlechterungsverbots und des Verbesserungsgebots. Das Verschlechterungsverbot und das Verbesserungsgebot wurden erst mit erheblicher Verspätung in die griechische Rechtsordnung übernommen. Das erste nationale Gesetz 3199/2003 zur Umsetzung der Wasserrahmenrichtlinie hat nur eine den Art. 4 der Wasserrahmenrichtlinie ergänzende Rechtsvorschrift umfasst. Nach Art. 5 Abs. 5 Satz a des Gesetzes 3199/2003 sind die Gewässerdirektionen der Dezentralen Verwaltung beauftragt, Maßnahmen zu ergreifen, die eine Verschlechterung der ober- und unterirdischen Gewässer vorbeugen, sowie deren Verbesserung und Sanierung weiter unterstützen.[98] Diese Rechtsvorschrift war mangelhaft und hat bei ihrer Umsetzung auch keine Effektivität entfaltet. Das Verschlechterungsverbot und das Verbesserungsgebot wurden später mit Art. 4 Abs. 1 Satz a lit. a.1) entsprechend lit. a.2) der Präsidialverordnung 51/2007 in Verbindung mit deren Anhang III in die griechische Rechtsordnung eingeführt, womit eine detaillierte Umsetzung der Umweltziele der Wasserrahmenrichtlinie erfolgte.[99]

III. Die Phasing-Out Verpflichtung

1. Art. 16 WRRL

Nach Art. 16 Abs. 1 WRRL verabschieden das Europäische Parlament und der Europäische Rat spezifische Maßnahmen zur Bekämpfung der Gewässerverschmutzung durch einzelne Schadstoffe bzw. Schadstoffgruppen, die ein erhebliches Risiko für bzw. durch die aquatische Umwelt darstellen. Die Wasserrahmenrichtlinie führt ein neues Verfahren ein, mit dem das Europäische Parlament und der Europäische Rat angewiesen wurden, Maßnahmen zur Bekämpfung der Wasserverschmutzung zu treffen.[100] Diese Maßnahmen sind nach einem Vorschlag, der durch die Kommission unterbreitet wird, zu treffen.[101] Die Kommis-

---

[98] Art. 5 Abs. 5 Satz a des Gesetzes 3199/2003.

[99] Art. 4 Abs. 1 Satz a der Präsidialverordnung 51/2007 für die Oberflächengewässer und Art. 4 Abs. 1 der Präsidialverordnung 51/2007 für das Grundwasser.

[100] Art. 16 Abs. 1 WRRL.

[101] Art. 16 Abs. 1 Satz 2 WRRL.

sion ist nach Art. 16 Abs. 2 Satz 1 WRRL zur Unterbreitung einer Liste mit Schadstoffen verpflichtet, die unter prioritären Stoffen[102] oder prioritären gefährlichen Stoffen[103] aufgelistet werden können.[104] Die Aufnahme der Stoffe in die Liste hängt davon ab, ob sie eine Gefahr für bzw. durch die aquatische Umwelt darstellen können.[105] Die Kommission berücksichtigt bei der Ausarbeitung ihres Vorschlags Informationen zu Gewässerangelegenheiten von externen Quellen.[106] Diese externen Quellen sind in Art. 16 Abs. 5 WRRL ausführlich, aber nicht abschließend aufgezählt.[107]

Die Europäische Kommission ist ferner berechtigt, Vorschläge zu Qualitätsnormen für Oberflächengewässer, Sedimente und Biota vorzulegen.[108] Die Vorschläge der Kommission haben eine doppelte Funktion: Sie können sowohl Emissionsbegrenzungen als auch Qualitätsbestimmungen enthalten.[109] Mit dieser Kombination von Ansätzen können die besten Ergebnisse sowohl bei der Reduktion von prioritären Stoffen, als auch bei der Beendigung bzw. der schrittweisen Einstellung der Einträge von prioritären gefährlichen Stoffen erzielt werden.[110] Nach den Angaben der Wasserrahmenrichtlinie sind die Mitgliedstaaten zu einer allmählichen Verringerung der prioritären Stoffe (*Reduktionsverpflichtung*)[111] und zu einer allmählichen Beseitigung der prioritären gefährlichen Stoffe (*Ausstiegsverpflichtung*)[112] verpflichtet.[113] Diese doppelte Verpflichtung der Mitgliedstaaten wird als *Phasing-Out Verpflichtung* bezeichnet.[114]

---

[102] Art. 16 Abs. 2 Satz 1 WRRL.

[103] Art 16 Abs. 3 Satz 1 WRRL.

[104] Art. 16 Abs. 6 WRRL.

[105] Art. 16 Abs. 6 Spiegelstrich 1 für prioritäre Stoffe und Spiegelstrich 2 für prioritäre gefährliche Stoffe WRRL.

[106] Art. 16 Abs. 5 WRRL.

[107] Art. 16 Abs. 5 WRRL.

[108] Art. 16 Abs. 7 WRRL.

[109] *Harald Ginzky*, Die Pflicht zur Minderung von Schadstoffeinträgen in Oberflächengewässer, ZUR 2009, S. 242, 244.

[110] *Ginzky*, ZUR 2009, S. 242, 244.

[111] *Rüdiger Breuer/ Klaus Ferdinand Gärditz*, Öffentliches und privates Wasserrecht, 4. Auflage, 2017, Rn. 166.

[112] *Breuer/ Gärditz*, Öffentliches und privates Wasserrecht, 4. Auflage, 2017, Rn. 166.

[113] *Harald Ginzky*, Die Pflicht zur Minderung von Schadstoffeinträgen in Oberflächengewässer – Vorgaben der Wasserrahmenrichtlinie und der Richtlinie Prioritäre Stoffe –, ZUR 2009, Heft 5, S. 242, 243.

[114] *Ginzky*, ZUR 2009, S. 242, 243.

2. Die Bedeutung der Phasing-Out Verpflichtung

a. Phasing-Out für prioritäre Stoffe

Nach dem Wortlaut des Art. 4 Abs. 1 lit. a) iv) WRRL ist als Ziel festgelegt, dass die Mitgliedstaaten die Verschmutzung der Oberflächengewässer durch *prioritäre Stoffe* schrittweise reduzieren müssen.

b. Phasing-Out für prioritäre gefährliche Stoffe

Nach dem Wortlaut des Art. 4 Abs. 1 lit. a) iv) ist zudem als Ziel festgelegt, dass die Mitgliedstaaten die Einleitungen, Emissionen und Verluste von *prioritären gefährlichen Stoffen* beenden oder schrittweise einstellen müssen. Durch dieses Ziel wird versucht die Einstellung der Verschmutzung der oberirdischen Gewässer mit Quecksilber durch anthropogene Faktoren zu erreichen.[115]

Mit den Begriffen *Einleitungen, Emissionen und Verluste* sind alle Formen von Einträgen gemeint.[116] Als *Einleitung* sind die geplanten Einträge, als *Emissionen* die nicht gewollten, aber kontrollierten Einträge und als *Verluste* die nicht gewollten, aber auch unkontrollierten Einträge gemeint.[117] In Art. 4 I lit. a iv WRRL ist im Fall des Phasing-Out Zieles für die prioritären gefährlichen Stoffe kein Bezug auf die Ausnahmetatbestände des Art. 4 Abs. 4 bis 7 WRRL vorgeschrieben.[118] Demzufolge ist die Einhaltung der Ziele für diese Stoffe obligatorisch.[119]

In der Rechtswissenschaft findet die Ansicht immer mehr Unterstützung, dass die Phasing-Out Verpflichtung der Mitgliedstaaten die schrittweise Aufhebung der Quecksilbereinträge in die Gewässer der Europäischen Union, die Wiederherstellung der natürlichen Konzentrationen der Oberflächengewässer sowie den Schutz vor anthropogenen Beeinträchtigungen umfasst.[120] Die Emission von Quecksilber hat gefährliche Auswirkungen auf den Menschen aber auch auf Flo-

---

[115] *Laskowski*, ZUR 2013, S. 131, 135.

[116] *Ginzky*, ZUR 2009, S. 242, 246.

[117] Dazu zum Ganzen: *Ginzky*, ZUR 2009, S. 242, 246.

[118] *Ginzky*, ZUR 2009, S. 242, 245; *Köck/Möckel*, NVwZ 2010, 1390, 1391.

[119] *Ginzky*, ZUR 2009, S. 242, 245.

[120] *Martin Gellermann*, Europäisches Wasserrecht und Kohlenutzung in der Perspektive des Primärrechts, NVwZ 2012, S. 850, 850.

ra und Fauna.[121] Aus diesem Grund ist die Kommission auf eine Politik ausgerichtet, die zu einer schrittweisen Verringerung der Emissionen von Quecksilber und seiner Verbindungen auffordert.[122]

Mit der Einführung des Art. 4 Abs. 1 lit. a) iv WRRL wurde eine emissionsbezogene Vorschrift aufgenommen.[123] Mit deren Einfügung in die Umweltziele der Wasserrahmenrichtlinie könnte sie auch als eine qualitätsbezogene Vorschrift angesehen werden. Somit weist die Phasing-Out Verpflichtung eine doppelte Funktion auf.[124]

3. Die Initiative der Europäischen Kommission

Die Kommission ist nach Art. 16 Abs. 8 Satz 1 WRRL verpflichtet, innerhalb von zwei Jahren nach der Aufnahme eines Schadstoffes in die Liste der prioritären oder prioritären gefährlichen Stoffe einen Vorschlag über seine Emissionsbegrenzung oder Qualitätsanforderungen zu unterbreiten, besonders für die durch Punktquellen verursachten Beeinträchtigungen.[125] Wenn die Kommission innerhalb von sechs Jahren keinen Gebrauch von dieser Ermächtigungsgrundlage macht, ergibt sich die Verpflichtung der Mitgliedstaaten, angemessene Maßnahmen innerhalb ihrer staatlichen Grenzen zu ergreifen.[126] Sie sind also verpflichtet, Qualitätsstandards und Emissions-begrenzungen festzulegen.[127] Ist von Stoffen die Rede, die später in die Liste von prioritären Stoffen aufgenommen wurden, dann kommt diese Verpflichtung der Mitgliedstaaten bereits innerhalb von fünf Jahren zur Geltung.[128]

Die Verpflichtung der Kommission, Vorschläge zur Einleitung von Maßnahmen durch das Europäische Parlament und den Europäischen Rat zu einer Beendigung oder schrittweisen Aufhebung der Emissionen, Einleitungen und Verlus-

---

[121] Die Auswirkungen von Quecksilber auf den Menschen, in: Mitteilung der Kommission an den Rat und das Europäische Parlament über die Gemeinschaftsstrategie für Quecksilber der Europäischen Kommission KOM (2005) 20 endg. vom 28.01.2005, S. 2.

[122] KOM (2005) 20 endg. vom 28.01.2005, S. 3 ff.

[123] *Ginzky*, ZUR 2009, S. 242, 244.

[124] *Ginzky*, ZUR 2009, S. 242, 244.

[125] Art. 16 Abs. 8 Satz 1 WRRL i. V. m. Art. 16 Abs. 6 und 7 WRRL.

[126] Art. 16 Abs. 8 Satz 2 WRRL.

[127] Art. 16 Abs. 8 Satz 2 WRRL; *Johannes Caspar,* Die EU-Wasserrahmenrichtlinie: Neue Herausforderungen an einen europäischen Gewässerschutz, DÖV 2001, S. 529, 534.

[128] Art. 16 Abs. 8 Satz 3 WRRL.

te von prioritären gefährlichen Stoffen zu unterbreiten, greift innerhalb von einer Frist von 20 Jahren.[129] Diese Frist kommt allerdings für die Festsetzung von Umweltqualitätsnormen nach den Maßgaben des Art. 16 Abs. 7 der WRRL nicht zur Anwendung.[130] Bis heute hat die Kommission nur von den Rechtsvorschriften des Art. 16 Abs. 7 und 8 Gebrauch gemacht.[131] Der Inhalt der Vorschläge ist in das Gewässerschutzrecht einzuordnen, aber ihr Wirkungsbereich erstreckt sich auch über andere Bereiche wie Produkt- und Verfahrensbeschränkungen sowie branchenbezogene Emissionsvorgaben. Die Kommission hat auch noch nicht ihre Möglichkeiten nach Art. 16 Abs. 6 Satz 2 WRRL ausgeübt und einen Vorschlag unterbreitet. Der Grund liegt darin, dass mehrere europäische Rechtsvorschriften mit emissionseinschränkenden Regelungen in anderen Bereichen bereits vorhanden sind.[132]

Nach Meinung von *Jekel/Munk* wurde die von der Wasserrahmenrichtlinie vorgesehene Frist von zwanzig Jahren zur Aktivierung der Phasing-Out Verpflichtung der Europäischen Kommission noch nicht in Gang gesetzt.[133] Denn die Einführung der Umweltqualitätsnormenrichtlinie reicht nicht aus, um die Aktivierung dieser Frist zu bewirken.[134] Nach Maßgabe der Umweltqualitätsnormenrichtlinie wird zur Begründung der Phasing-Out Verpflichtung ein Zeitplan für die Beendigung oder schrittweise Einstellung neben der Aufstellung einer Bestandsaufnahme durch die Mitgliedstaaten für jede Flussgebietseinheit vorausgesetzt.[135] Darüber hinaus vertreten *Jekel/Munk* auf der Rechtsgrundlage des Art. 4 Abs. 1 lit. a) iv i. V. m. Art. 16 Abs. 6 und 8 WRRL die Meinung, dass eine Phasing-Out Verpflichtung besteht aber weiter nicht konkretisiert wird und daher ihre Wirkung noch nicht entfaltet hat.[136] Schlussfolgernd hat die festgesetzte Frist von zwanzig Jahren noch nicht angefangen und die Mitgliedstaaten sind zum Ergreifen von angemessenen Maßnahmen nicht verpflichtet.[137]

---

[129] Art. 16 Abs. 6 Satz 1 Spiegelstrich 2 WRRL.

[130] *Heide Jekel/Hans-Hartmann Munk*, Phasing-Out für prioritäre gefährliche Stoffe – Was regelt die EG-Wasserrahmenrichtlinie wirklich? – Zugleich eine Erwiderung auf Laskowski, Kohlekraftwerke im Lichte der EU-Wasserrahmenrichtlinie, in ZUR 3/2013, ZUR 2013, S. 403, 405.

[131] *Jekel/Munk*, ZUR 2013, S. 403, 405.

[132] *Jekel/Munk*, ZUR 2013, S. 403, 404.

[133] Detailliert in *Jekel/Munk*, ZUR 2013, S. 403, 405.

[134] *Jekel/Munk*, ZUR 2013, S. 403, 405.

[135] Erwägungsgrund 20 i. V. m. Art. 5 UQN-RL.

[136] *Jekel/Munk*, ZUR 2013, S. 403, 407; *Durner,* NuR 2019, S. 1, 1.

[137] *Jekel/Munk*, ZUR 2013, S. 403, 407.

4. Die Umweltqualitätsnormen-Richtlinie

Die in der Wasserrahmenrichtlinie enthaltenen Vorschriften über die Verringerung von Schadstoffeinträgen in die Gewässer sind kompliziert gefasst.[138] Für jede Stoffkategorie bestehen unterschiedliche Vorschriften, welche zum Teil Überschneidungen beinhalten.[139] Die wichtigsten Anforderungen sind in Art. 4, 10 und 16 WRRL zu finden.[140] Die in Art. 16 enthaltenen Vorschriften über prioritäre und prioritäre gefährliche Stoffe sind komplex, weil sie gleichzeitig verfahrensrechtliche, zeitliche und materielle Anforderungen enthalten.[141]

Im Einklang mit den Zielen des Art. 4 der Wasserrahmenrichtlinie und im Zusammenhang mit Art. 16 derselben Richtlinie wurde die Richtlinie 2008/105/EG in Angriff genommen,[142] um Umweltqualitätsnormen für prioritäre Stoffe und andere spezifische Schadstoffe mit dem Ziel der Erreichung eines guten chemischen Zustands der Gewässer einzuführen.[143] In Anhang II Teil A sind Umweltqualitätsnormen festgelegt.[144] Quecksilber ist unter Nummer 21 eingeordnet und im Anhang I auch unter den prioritären gefährlichen Stoffen eingestuft. Die Mitgliedstaaten waren zur Aufnahme dieser Richtlinie in nationales Recht bis 15. September 2015 verpflichtet.[145]

Die Erreichung eines guten chemischen Zustands der Oberflächengewässer bis zum Jahr 2015 gehört zu den Zielen der Wasserrahmenrichtlinie.[146] Bei einem Versuch einer Definition des Begriffs *guter chemischer Zustand* ist eine Liste mit 33 prioritären und prioritären gefährlichen Stoffen herausgegeben worden, die in Anhang X der Wasserrahmenrichtlinie aufgenommen wurde.[147]

---

[138] *Ginzky*, ZUR 2009, S. 242, 243.

[139] *Ginzky*, ZUR 2009, S. 242, 243.

[140] *Ginzky*, ZUR 2009, S. 242, 243.

[141] *Ginzky*, ZUR 2009, S. 242, 246.

[142] Richtlinie 2008/105/EG des Europäischen Parlaments und des Rates vom 16.12.2008 über Umweltqualitätsnormen im Bereich der Wasserpolitik und zur Änderung und anschließenden Aufhebung der Richtlinien des Rates 82/176/EWG, 84/156/EWG, 84/491/EWG und 86/280/EWG sowie zur Änderung der Richtlinie 200/60/EG, veröffentlicht im ABl. EG, Nr. L 348 vom 24.12.2008, S. 84, im weiteren UQN-RL.

[143] Art. 4 UQN-RL.

[144] Richtlinie 2013/39/EU des Europäischen Parlaments und des Rates vom 12.08.2013 zur Änderung der Richtlinien 2000/60/EG und 2008/105/EG in Bezug auf prioritäre Stoffe im Bereich der Wasserpolitik, veröffentlicht im ABl. EG, Nr. L 226 vom 24.08.2013, S. 1.

[145] Art. 3 Abs. 1 Satz 1 der Richtlinie 2013/39/EU.

[146] Art. 4 Abs. 1 lit a) 3) WRRL.

[147] Art. 1 der Entscheidung Nr. 2455/2001/EG des Europäischen Parlaments und des Rates vom 20.11.2001 zur Festlegung der Liste prioritärer Stoffe im Bereich der Wasserpolitik und

Diese Schadstoffe oder Schadstoffgruppen stellen ein erhebliches Risiko für oder durch die aquatische Umwelt dar.[148] Diese Liste war erneut Schwerpunkt der im Jahre 2008 erlassenen UQN-RL und nach dem Einfügen von 14 weiteren, 8 *anderen Stoffen* in die Liste[149] wurde diese erneut in Anhang X der Wasserrahmenrichtlinie aufgenommen.[150] Eine Veränderungsrichtlinie in Bezug auf die prioritären und die prioritären gefährlichen Stoffe ist vor kurzem mit dem Erlass der Richtlinie 2013/39/EU erlassen worden.[151] Diese Richtlinie stellt mehrere neue Anforderungen an die chemische Qualität der Gewässer.[152] Die Veränderungsrichtlinie der UQN-RL hat die Ergänzung der in Anhang X der Wasserrahmenrichtlinie enthaltenen prioritären Stoffe um 12 neue Stoffe erweitert, die ein Risiko für die aquatische Umwelt oder durch die aquatische Umwelt darstellen.[153]

Der Erlass dieser Veränderungsrichtlinie stützt sich auf einen Vorschlag der Europäischen Kommission aus dem Jahr 2012,[154] der besagt, dass die Kommission nach Art. 16 Abs. 4 WRRL die angenommene Liste von prioritären Stoffen vier Jahre nach Inkrafttreten der Wasserrahmenrichtlinie überprüfen müsste und weitere, neue Vorschläge unterbreiten müsste. Dieser Richtlinien-vorschlag war sehr umstritten,[155] weil die Kommission in diesem Vorschlag die Aufnahme von Arzneistoffen gefordert hatte.[156] Dies stieß heftige Diskussionen an.[157] Trotzdem sind Pharmazeutika in der endgültigen Listung der prioritären und prioritären

---

zur Änderung der Richtlinie 2000/60/EG, veröffentlicht im ABl. EG Nr. L 331 vom 15.12.2001, S. 1.

[148] Art. 16 Abs. 1 Satz 1 WRRL.

[149] Ausführlich dazu *Katharina Kern*, Neue Anforderungen und Instrumente für die europäische Gewässerqualität. Novellierung der Liste der prioritären Stoffe durch die Richtlinie 2013/39/EU, NVwZ Heft 5, 2014, S. 256, 256.

[150] Art. 10 Richtlinie 2008/105/EG i. V. m. Anhang II, der als Anhang X der Wasserrahmenrichtlinie aufs Neue bearbeitet wurde; *Jekel/Munk*, ZUR 2013, 403, 404.

[151] Richtlinie 2013/39/EU des Europäischen Parlaments und des Rates vom 12.08.2013 zur Änderung der Richtlinien 2000/60/EG und 2008/105/EG in Bezug auf prioritäre Stoffe im Bereich der Wasserpolitik, veröffentlicht im ABl. EG, Nr. L 226 vom 24.08.2013, S. 1.

[152] *Kern*, NVwZ Heft 5, 2014, S. 256, 257.

[153] *Kern*, NVwZ Heft 5, 2014, S. 256, 257.

[154] Vorschlag COM (2011) 876 final, der Europäischen Kommission für eine Richtlinie des Europäischen Parlamentes und des Rates zur Änderung der Richtlinien 2000/60/EG und 2008/105/EG in Bezug auf prioritäre Stoffe im Bereich der Wasserpolitik vom 31.01.2012.

[155] *Kern*, NVwZ Heft 5, 2014, S. 256, 257.

[156] *Kern*, NVwZ Heft 5, 2014, S. 256, 257.

[157] *Kern*, NVwZ Heft 5, 2014, S. 256, 257.

gefährlichen Stoffen nicht aufgenommen,[158] weil eine derartige Aufnahme neue Verpflichtungen für die Industrie und die Mitgliedstaaten bedeutet und ihre Analyse mit Schwierigkeiten aber besonders mit zusätzlichen Kosten verbunden ist.[159]

Die neu eingefügten Stoffe sind in den Gewässerbewirtschaftungsplänen für die Zeitspanne 2015 bis 2021 zu berücksichtigen. Die Geltung der neuen prioritären Liste begann Ende Dezember 2018.[160] Die Erreichung eines guten chemischen Zustands unter Berücksichtigung der neu eingeführten prioritären Stoffe hat bis zum Jahr 2027 unter dem Vorbehalt zu erfolgen, dass die Ausnahmetatbestände des Art. 4 der Wasserrahmenrichtlinie nicht durch die Mitgliedstaaten genutzt werden.[161]

Die Veränderungsrichtlinie 2013/39/EG ist ein neuer Mechanismus, von *Kern* als *Beobachtungsliste* bezeichnet, womit die Kommission zur Bewertung der prioritären Stoffe beitragen wollte.[162] Mit diesem neuen Verfahren sind die Mitgliedstaaten angewiesen, Informationen über Konzentrationen von prioritären Stoffen zu sammeln und an die Kommission weiterzuleiten.[163]

5. Die griechische Realität

Die Phasing-Out Verpflichtung ist in der griechischen Rechtsordnung zum ersten Mal mit dem nationalen Gesetz 3199/2003 umgesetzt worden. Nach den Maßgaben des Art. 5 Abs. 5 lit. a Satz 3 des Gesetzes 3199/2003 ist der Nationale Gewässerausschuss verpflichtet, die notwendigen Maßnahmen zu ergreifen, um eine schrittweise Verringerung der Verschmutzung der Gewässer durch prioritäre Stoffe und eine Beendigung oder eine sukzessive Einstellung der Verschmutzung durch gefährliche prioritäre Stoffen zu erreichen. Die Veröffentlichung der Präsidialverordnung 51/2007 ergänzte diese Rechtsvorschrift, sodass eine bessere Umsetzung der Phasing-Out Verpflichtung erreicht werden konnte. Nach den Maßgaben des Art. 4 Abs.1 Satz a) lit. a. 4) der Präsidialverordnung 51/2007 müssen für eine effektivere Durchsetzung der Maßnahmenprogramme

---

[158] *Breuer/ Gärditz*, Öffentliches und privates Wasserrecht, 4. Auflage, 2017, Rn. 192.
[159] *Kern*, NVwZ Heft 5, 2014, S. 256, 257.
[160] Erwägungsgrund 9 der Veränderungsrichtlinie 2013/39/EU.
[161] *Kern*, NVwZ Heft 5, 2014, S. 256, 257.
[162] *Kern*, NVwZ Heft 5, 2014, S. 256, 259.
[163] *Kern*, NVwZ Heft 5, 2014, S. 256, 259.

derartige Maßnahmen ergriffen werden, die auf eine schrittweise Verringerung der Verschmutzung von Oberflächengewässern durch prioritäre Stoffe abzielen und außerdem eine Beendigung oder schrittweise Einstellung von Einleitungen, Emissionen und Verlusten durch prioritäre gefährliche Stoffe vorsehen.[164] Der Katalog mit prioritären Schadstoffen und prioritären gefährlichen Schadstoffen ist durch die Präsidialverordnung im Anhang IX nach den Anforderungen des Art. 16 der Wasserrahmenrichtlinie umgesetzt.[165] Für den Fall, dass kein Kompromiss auf europäischem Niveau erreicht werden kann, hat der Nationale Gewässerausschuss, nach einem Vorschlag der Zentralen Gewässerbehörde,[166] innerhalb des ersten Halbjahres 2007 eine Entscheidung über die Begrenzungen der aufgelisteten Schadstoffe zu erlassen.[167] Sobald keine Einigung auf europäischer Ebene erreicht worden ist, gilt für die Schadstoffe, die später in die Liste aufgenommen wurden, eine Frist von fünf Jahren seit Aufnahme, damit eine angemessene Entscheidung erlassen werden kann.[168] Ferner wurde eine Reihe von Durchführungsverordnungen erlassen, damit eine tatsächliche Umsetzung der Phasing-Out Verpflichtung vollgezogen werden konnte.[169] Im Jahr 2012 wurde vom Sondersekretariat für Gewässer des Umwelt- und Energieministeriums ein

---

[164] Art. 12 Nr. 4 lit. ia) der Präsidialverordnung 51/2007.

[165] Art. 13 Abs. 2 der Präsidialverordnung 51/2007.

[166] Diese wurde später als Sondersekretariat für Gewässer eingerichtet und im Jahr 2019 wurden ihre Zuständigkeiten zu einer neu geschaffenen Behörde im Umwelt- und Energieministerium, die als Generalsekretariat für natürliche Umwelt und Gewässer bezeichnet ist, übertragen.

[167] Art. 13 Abs. 4 der Präsidialverordnung 51/2007.

[168] Art. 13 Abs. 5 der Präsidialverordnung 51/2007.

[169] Für die oberirdischen Gewässer gilt die gemeinsame Ministerialentscheidung Nr. H. Π. 51354/2641/E103 über die Festsetzung höherer Konzentrationen von Schadstoffen in den oberirdischen Gewässern vom 24.11.2010, veröffentlicht in FEK Nr. B´ 1909 vom 08.12.2010, S. 2926, zuletzt geändert durch die gemeinsame Entscheidung Nr. 170766 über die Anpassung an die Richtlinie 2013/39/EU des Europäischen Parlaments und des Rates vom 12.08.2013 zur Änderung der Richtlinien 2000/60/EG und 2008/105/EG in Bezug auf prioritäre Stoffe im Bereich der Wasserpolitik von 19.01.2016 veröffentlicht in FEK Nr. B´ 69 von 22.01.2016. Im Anhang II dieser Entscheidung befindet sich eine Ergänzung des Katalogs mit prioritären Schadstoffen und prioritären gefährlichen Schadstoffen des Anhangs IX der Präsidialverordnung 51/2007. Für die unterirdischen Gewässer gilt die gemeinsame Ministerialentscheidung Nr. 39626/2208/E130 über die Festsetzung von Maßnahmen für den Schutz der unterirdischen Gewässer vor Verschmutzung und die Herunterstufung vom 25.09.2009, veröffentlicht in FEK Heft B, Nr. 2075 vom 25.09.2009, S. 25773 zur Umsetzung der Richtlinie 2006/118/EG des Europäischen Parlamentes und des Rates vom 12.12.2006 zum Schutz des Grundwassers vor Verschmutzung und Verschlechterung vom 27.12.2006, ABl. L 372 S. 19 in Verbindung mit der Entscheidung des Umwelt- und Energieministers Nr. 1811/2011 über die Festsetzung höherer Konzentrationen von Schadstoffen in den unterirdischen Gewässern vom 22.12.2011, veröffentlicht in FEK Heft B, Nr. 3322 vom 30.12.2011 S. 46701.

Bericht über den Stand der ober- und unterirdischen Gewässer für den Zeitraum von 2000 bis 2008 herausgegeben.[170] Dieser Bericht versucht den Zustand der ober- und unterirdischen Gewässer in Anlehnung an den griechischen Rechtsrahmen zur Umsetzung der Wasserrahmenrichtlinie zu bewerten.[171] Dem Bericht zufolge befanden sich im Jahr 2007 64 Prozent und im Jahr 2008 55 Prozent der Gewässerkörper in einem guten chemischen Zustand bzw. im Jahr 2007 36 Prozent und im Jahr 2008 45 Prozent in einen nicht guten chemischen Zustand. Der ökologische Zustand könnte im Jahr 2007 für 64 Prozent und im Jahr 2008 für 40 Prozent der Gewässer als guter Zustand und entsprechend im Jahr 2007 für 37 Prozent und im Jahr 2008 60 Prozent als schlechter Zustand bezeichnet werden. Eine Verschlechterung des Zustands der Gewässer im Jahr 2008 im Vergleich zum Jahr 2007 ist auf eine Verschärfung der Bewertungsparameter für den Gewässerzustand zurückzuführen. Das Grundwasser befindet sich in einem besseren Zustand, obwohl auch hier noch mehrere Probleme bestehen, wie zum Beispiel die Versalzung durch Meerwasser.[172]

IV. Die Kostendeckungsanalyse der Wasserdienstleistungen

1. Die Bedeutung des Artikels 9 der Wasserrahmenrichtlinie

a. Einleitung

Eine der wichtigsten Neuerungen der Wasserrahmenrichtlinie ist die Verankerung des Prinzips der Kostendeckung der Wasserdienstleistungen in Art. 9. Mit der Aufnahme dieses Artikels werden zum ersten Mal in einem rechtsverbindlichen Text auf europäischer Ebene ökonomische Prinzipien und ökonomische Instrumente[173] im Bereich der Wasserbewirtschaftung verwendet.[174]

---

[170] Der Bericht ist öffentlich abrufbar auf der Seite des Umwelt- und Energieministeriums, Qualität der oberirdischen und der unterirdischen Gewässer in dem Zeitraum ab 2000 bis 2008, 2. Auflage, Februar 2012. Stand der Abrufung: 20.10.2015 http://www.ypeka.gr/ LinkClick.aspx?fileticket=apxz9FdpLcE%3d&tabid=249&language=el-GR.

[171] Bericht über die Qualität der oberirdischen und der unterirdischen Gewässer in dem Zeitraum ab 2000 bis 2008, 2. Auflage, Februar 2012, S. 4.

[172] Zum Ganzen: Bericht über die Qualität der oberirdischen und der unterirdischen Gewässer in dem Zeitraum ab 2000 bis 2008, 2. Auflage, Februar 2012, S. 3.

[173] *Peter A.Chave,* The EU Water Framework Directive, An Introduction, 2001, S. 188; *Bernhard Michel/Arnold Quadflieg/Britta Rathje,* Praxis der Wirtschaftlichen Analyse, in:

b. Die Umwelt- und Ressourcenkosten

Gemäß Art. 9 Abs. 1 Satz 1 der Wasserrahmenrichtlinie sind die Mitgliedstaaten daran gebunden, bei der Deckung der Kosten für Gewässerdienstleistungen auch die Umwelt- und Ressourcenkosten zu *berücksichtigen*.[175] Diese Rechtsvorschrift der Wasserrahmenrichtlinie brachte zum ersten Mal auf europäischer Ebene die Absicht zum Ausdruck, dass bei der Ausgestaltung der Preise der Gewässernutzung nicht nur die finanziellen Kosten gedeckt werden sollten, sondern auch die Umwelt- und Ressourcenkosten zu berücksichtigen sind.[176] Die Implementierung der Kostendeckung der Umwelt- und Ressourcenkosten stößt auf mehrere Schwierigkeiten.[177]

Zunächst ist die Bedeutung der Begriffe Umwelt- und Ressourcenkosten zu klären. Die Wasserrahmenrichtlinie selbst enthält keine Begriffsbestimmung über den Inhalt der *Umwelt- und Ressourcenkosten*.[178] Die Europäische Kommission hat in ihrer Mitteilung aus dem Jahr 2000 versucht, den Inhalt dieser zwei Begriffe zu definieren.[179] Als *Umweltkosten* gelten die Schäden, die durch die Nutzung der Gewässer auf die Umwelt, die Ökosysteme und die Menschen verursacht werden.[180] Als *Ressourcenkosten* können die Kosten für die Nutzung der Gewässer in einem Rhythmus bezeichnet werden, die die Wiederherstellung und die Erholungsfähigkeit der Gewässer überschreitet.[181] Als Ressourcenkosten

---

Rumm/von Keitz/Schmalholz (Hrsg.), Handbuch der EU-Wasserrahmenrichtlinie, 2. Auflage, 2006, S. 361, 361.

[174] *Dimosthenis Voivontas/Dionysis Assimakopoulos,* Kostendeckung und Preisbildung des Wassers im Rahmen der Richtlinie 2000/60/EG, Tagung mit dem Thema „2000/60/EG Wasserrahmenrichtlinie – Harmonisierung mit der griechischen Realität", Nationale Technische Hochschule von Athen, Athen vom 22.05.2002, S. 2, Stand der Abrufung: 27.06.2014 http://environ.chemeng.ntua.gr/en/Uploads/Doc/Papers/Water/2002_Cost_Recovery_and_Water_Pricing.pdf.

[175] *Durner* (Fn. 5), S. 17, 32.

[176] *Chave* (Fn. 173), S. 193.

[177] *Chave* (Fn. 173), S. 193.

[178] *Herwig Unnerstall,* Kostendeckung für Wasserdienstleistungen nach Art. EWG RL 2000/60, Art. 9 EG-Wasserrahmenrichtlinie, ZUR 2009, S. 234, 238; zu einer Abgrenzung zwischen den Definitionen der *Umwelt- und Ressourcenkosten* siehe *Erik Gawel,* Umwelt- und Ressourcenkosten: Begriff und Stellung im Rahmen von Art. 9 WRRL, DÖV 2014, S. 330, 333; siehe auch *Erik Gawel,* Umwelt- und Ressourcenkosten nach Art. 9 WRRL als Herausforderung des Wasserrechts, in: *Ekkehard, Hofmann* (Hrsg.) Wasserrecht in Europa, 2015, S. 217, 219 f.

[179] Die Preisgestaltung als politisches Instrument zur Förderung eines nachhaltigen Umgangs mit Wasserressourcen, KOM (2000) 477 endgültig vom 26.07.2000, S. 10.

[180] KOM (2000) 477 endgültig vom 26.07.2000, S. 10.

[181] KOM (2000) 477 endgültig vom 26.07.2000, S. 10.

können zum Beispiel die übermäßige Entnahme von Grundwasser oder die Erwärmung der Gewässer durch die Wiedereinleitung von für die Industrie genutztem Kühlwasser angesehen werden.[182]

c. Die Verbindlichkeit des Artikels 9 der Wasserrahmenrichtlinie

Der Art. 9 Abs. 1 Satz 1 der Wasserrahmenrichtlinie enthält für die Mitgliedstaaten die Pflicht, das Prinzip der Kostendeckung der Wasserdienstleistungen in Verbindung mit den Umwelt- und Ressourcenkosten zu beachten. In diesem Satz 1 ist keine Umsetzungsfrist vorgesehen, daher ist von einem Geltungsbeginn des Kostendeckungsprinzips mit der Geltung der Wasserrahmenrichtlinie,[183] dem 22. Dezember 2003, auszugehen.[184] Außerdem lässt die Formulierung des Art. 9 Abs. 1 Satz 1 WRRL keine bestimmten Pflichten für die Mitgliedstaaten erkennen.[185] Dementsprechend kann eine vollständige Verwirklichung des Kostendeckungsprinzips nach den europäischen Rechtvorschriften nicht verlangt werden.[186] Infolgedessen kann die Kostendeckung nicht quantifiziert werden, so dass ein Verstoß gegen die Wasserrahmenrichtlinie nicht feststellbar ist. Ein Vertragsverletzungsverfahren gegen einen Mitgliedstaat kommt damit nicht in Betracht.[187]

Nach Art. 9 Abs. 1 Satz 2 Spiegelstrich 1 WRRL sind die Mitgliedstaaten verpflichtet dafür zu *sorgen*, dass bei der Wassergebührenpolitik Anreize für die Gewässernutzer gesetzt werden, die Gewässer effizient zu nutzen und auf diese Weise zur Erreichung der Ziele der Wasserrahmenrichtlinie beizutragen. Die Mitgliedstaaten haben nach Art. 9 Abs. 1 Satz 2 Spiegelstrich 2 WRRL außerdem die Pflicht dafür zu *sorgen*, dass die Nutzung der Gewässer durch die Landwirtschaft, die Industrie und die Haushalte unter Berücksichtigung der Anhang III der WRRL und des Verursacherprinzips dazu beitragen, dass die Kosten der Wasserdienstleistungen gedeckt werden. Diese Pflicht bedarf der Ver-

---

[182] *Michel/Quadflieg/Rathje* (Fn. 173), S. 361, 376.

[183] Dazu *Michael Reinhardt*, Kostendeckungs- und Verursacherprinzip nach Art. 9 der EG-Wasserrahmenrichtlinie, NuR 2006, S. 737, 740.

[184] Art. 24 Abs. 1 Satz 1 WRRL.

[185] *Reinhardt*, NuR 2006, S. 737, 740.

[186] *Reinhardt*, NuR 2006, S. 737, 740.

[187] *Reinhardt*, NuR 2006, S. 737, 740, wo *Reinhardt* die Meinung von *Unnerstall*, der eine Mindest-Erfüllungsquote von 70 Prozent festsetzt, für willkürlich hält, in: *Unnerstall*, NVwZ 2006, S. 528.

wirklichung bis zum Jahr 2010. Nach Meinung von *Reinhardt* stellt der Satz 2 von Art. 9 Abs. 1 WRRL im Vergleich zu der Pflicht zu *berücksichtigen* nach Art. 9 Abs. 2 WRRL eine *Verschärfung* dar.[188] In der deutschen Rechtswissenschaft wird bei der Verwendung des Begriffs *Berücksichtigung* ein Ermessens- und Abwägungsspielraum für den Gesetzesanwender eingeräumt.[189]

Gawel hat in der Beziehung zwischen Art. 9 Abs. 1 Unterabs. 1 und Unterabs. 2 WRRL zwei Interpretationsmöglichkeiten identifiziert, den Klammerungsansatz und den Separationsansatz.[190] Nach dem Klammerungsansatz wird eine einheitliche Auslegung der zwei Absätze angenommen.[191] Demgegenüber sieht der Separationsansatz zwei unterschiedliche Normen in Satz 1 und 2 des Art. 9 Abs. 1 WRRL, die jeweils einen unterschiedlichen Grad von Verbindlichkeit für die Mitgliedstaaten aufweisen.[192] Auch aus der Formulierung des Art. 9 Abs. 1 Satz 2 WRRL sind keine bestimmten Pflichten für die Mitgliedstaaten erkennbar und somit können keine bestimmten Umsetzungsanforderungen abgeleitet werden.[193]

d. Die Definition von Begriffen

Eine effektivere Umsetzung des Grundsatzes der Kostendeckung der Gewässerdienstleistungen nach der Wasserrahmenrichtlinie erfordert die Definition von mehreren Begriffen. Die Kommission hat in ihrer Mitteilung aus dem Jahr 2000 eine Begriffsbestimmung für den *Wasserpreis* herausgegeben. Danach können als *Wasserpreis* die Kosten für die Nutzung der Gewässer durch die Verbraucher für alle Wasserdienstleistungen unter Mitberechnung der ökologischen Kosten bezeichnet werden.[194] In dieser Rechnungsweise können auch die Gewässerqualität und die Umweltverschmutzung mitberücksichtigt werden.[195]

Ebenfalls wichtig bei der Implementierung der Wasserrahmenrichtlinie ist die Definition der *Wasserdienstleistungen*. Im Text der Wasserrahmenrichtlinie ist eine Definition für die *Wasserdienstleistungen* im Art. 2 Nr. 38 zu finden.

---

[188] *Reinhardt*, NuR 2006, S. 737, 739.
[189] *Reinhardt*, NuR 2006, S. 737, 740.
[190] Dazu *Gawel*, DÖV 2014, S. 330, 334.
[191] *Gawel*, DÖV 2014, S. 330, 334.
[192] *Gawel*, DÖV 2014, S. 330, 334.
[193] *Reinhardt*, NuR 2006, S. 737, 740.
[194] KOM (2000) 477 endgültig vom 26.07.2000, S. 9.
[195] KOM (2000) 477 endgültig vom 26.07.2000, S. 9.

Trotzdem hat der Inhalt auch dieses Begriffes viele Fragen aufgeworfen.[196] Es ist nämlich fraglich, ob außer den Wasserdienstleistungen für die Wasserversorgung und Wasserentsorgung auch die Wasserdienstleistungen für die Landwirtschaft und die Industrie mitberechnet werden.[197] Weiter ist aufzuklären, ob die Aufstauungen von Gewässern für die Schifffahrt, die Wasserkraftnutzungen, den Hochwasserschutz und für Entwässerungen in Landwirtschaft und Bergbau auch als Wasserdienstleistungen angesehen werden.[198]

Die Entscheidung des EuGH in der Rechtssache C-525/12 hat geklärt, dass die Mitgliedstaaten gemäß Art. 9 Abs. 4 WRRL nicht verpflichtet sind, das Kostendeckungsprinzip umzusetzen,[199] sofern die Tätigkeiten nach Art. 2 Nr. 38 WRRL, also die Entnahme, Aufstauung, Speicherung, Behandlung und Verteilung von Oberflächen- oder Grundwasser die Verwirklichung der Ziele der Wasserrahmenrichtlinie nicht gefährden.[200]

e. Zusammenfassung

Die letzten Jahre sind durch Bemühungen zu einer *Ökonomisierung* des Rechts gekennzeichnet;[201] unter diese Kategorie ist auch Art. 9 der Wasserrahmenrichtlinie einzuordnen. Auf Einführung des Kostendeckungs-prinzips werden große Erwartungen gesetzt. Ökonomische Instrumente in der Gewässerbewirtschaftung zielen auf eine nachhaltige Nutzung der Gewässer ab.[202] Auch die Wasserrahmenrichtlinie verwendet ökonomische Instrumente,[203] da sie im Vergleich zu der Nutzung von ordnungsrechtlichen Instrumenten und der staatlichen Kontrolle von Vorteil sind:[204] Die ökonomischen Instrumente können Anreize für die Verbraucher bieten, eine effizientere Nutzung der Wasserressourcen zu

---

[196] Dazu *Unnerstall*, ZUR 2009, S. 234, 235.
[197] *Unnerstall*, ZUR 2009, S. 234, 235.
[198] *Unnerstall*, ZUR 2009, S. 234, 235.
[199] Urteil des Europäischen Gerichtshofs, Rechtssache C-525/12 vom 11.09.2014, Rn. 57.
[200] Urteil des Europäischen Gerichtshofs, Rechtssache C-525/12 vom 11.09.2014, Rn. 56.
[201] *Joachim Sanden*, Ökonomisierung des Wasserrechts, ZfW 1999, S. 396, 396.
[202] *Michel/Quadflieg/Rathje* (Fn. 173), S. 361, 361.
[203] Über die benutzten Instrumente im Umweltrecht und im Besonderen auch über die ökonomischen Instrumente siehe *Gertrude Lübbe-Wolff*, Instrumente des Umweltrechts – Leistungsfähigkeit und Leistungsgrenzen, NVwZ 2001, S. 481, 485 ff.
[204] *Michel/Quadflieg/Rathje* (Fn. 173), S. 361, 361.

verfolgen,[205] was im Fall von Wasserknappheit gegenüber anderen Maßnahme vorteilhaft wäre.

Im Rahmen der Wasserrahmenrichtlinie sind zum ersten Mal die Nutzung von ökonomischen Instrumenten und die Politik der Preiserhöhung auf europäischem Niveau in Angriff genommen worden, um die Realisierung von umweltschützenden Zielen zu ermöglichen.[206] Für die Erreichung der Ziele sind allerdings zusätzliche Instrumente erforderlich.[207] Mit der Einführung von ökonomischen Aspekten ist noch kein bestimmtes, verbindliches, ökonomisches Konzept implementiert, sondern eines, das einer weiteren Auslegung bedarf.[208]

Nach Meinung der Kommission kann die Preisgestaltung der Wassernutzungen als Anreiz für eine Verringerung der Wasserverschmutzung und für eine effektivere Nutzung der Gewässer angesehen werden.[209] Eine derartige Betrachtungsweise könne zu einer Verringerung des Drucks auf die Umwelt und die Wasserressourcen führen und so eine Verbesserung der Wasserverteilung unter den unterschiedlichen Gewässernutzungen zur Folge haben.[210]

2. Die Aufnahme des Artikels 9 in die griechische Rechtsordnung

Die Umsetzung des Grundsatzes der Kostendeckung der Wasserdienstleistungen nach Art. 9 der Wasserrahmenrichtlinie in nationales Recht lässt den Mitgliedstaaten einen großen Spielraum zur Anpassung der Europäischen Rechtsvorschriften an die Besonderheiten nicht nur ihres Landes, sondern auch jeder Flussgebietseinheit, die zu ihrem Hoheitsgebiet gehört.[211] Hierdurch können nach Art. 9 Abs. 1 Satz 3 WRRL nicht nur die sozialen, ökologischen und wirtschaftlichen Auswirkungen der Kostendeckung, sondern auch die geographi-

---

[205] *Michel/Quadflieg/Rathje* (Fn. 173), S. 361, 361.

[206] *Vicki Karageorgou,* Der institutionelle Rahmen der Gewässerbewirtschaftung in Griechenland und die Beiträge der Europäischen Gesetzgebung: Defizite, Herausforderungen und Perspektiven, in: Giannakourou/Kremlis/Siouti, Die Durchsetzung des Umweltrechts der Gemeinschaft in Griechenland 1981-2006, Griechische Gesellschaft für Umweltrecht, 2007, S. 175, 184 ff.

[207] Assessment of cost recovery through water pricing, European Environment Agency, Technical Report, No 16, 2013, S. 7.

[208] *Gawel*, DÖV 2014, S. 330, 331.

[209] KOM (2000) 477 endgültig vom 26.07.2000, S. 8.

[210] KOM (2000) 477 endgültig vom 26.07.2000, S. 8.

[211] Art. 9 Abs. 1 Satz 3 WRRL.

schen und klimatischen Besonderheiten berücksichtigt werden.[212] Im Folgenden werden die Umsetzung der Rechtsvorschriften der Wasserrahmenrichtlinie zum Kostendeckungsprinzip in nationales Recht seitens Griechenlands sowie der Erfüllungsgrad des Staates hinsichtlich der Anforderungen der Wasserrahmenrichtlinie erörtert.

Die Umsetzung des Prinzips der Kostendeckung der Wasserdienstleistungen erfolgte graduell mit der Aufnahme von zwei Rechtsvorschriften: Art. 12 des Gesetzes 3199/2003 und Art. 8 der Präsidialverordnung 51/2007 in Verbindung mit Anhang IV der Präsidialverordnung 51/2007. Nach Art. 12 des Gesetzes 3199/2003 ist der Nationale Gewässerausschuss zum Erlass einer Entscheidung befugt, mit der das Verfahren, die Vorgehensweise und das Niveau der Kostendeckung der Wasserdienstleistungen in Anlehnung an die Gewässer-nutzungen festgesetzt werden.[213] Mit der Verpflichtung zum Erlass der genannten Entscheidung hat der griechische Gesetzgeber die Umsetzung und Vollziehung des Grundsatzes der Kostendeckung der Wasserdienstleistungen auf einen späteren Zeitpunkt verschoben.[214] Der Nationalen Gewässerausschuss ist erst im Jahr 2017 der Verpflichtung nachgekommen und hat eine Entscheidung erlassen, mit der sowohl die allgemeinen Regelungen für die Kostendeckung der Gewässerdienstleistungen als auch das Verfahren und die Vorgehensweise der Kostendeckung der Gewässerdienstleistungen festgesetzt wurden.[215]

Die Bemühungen des griechischen Gesetzgebers zur Einführung des Kostendeckungsprinzips zeigen sich weiter darin, dass laut dem einführenden Bericht für den Gesetzesentwurf zur Harmonisierung mit der Wasserrahmenrichtlinie auch zum ersten Mal die Begriffe der *Umwelt- und Ressourcenkosten* aufgenommen werden sollten.[216] Trotzdem ist eine Definition der zwei Begriffe *Um-*

---

[212] Urteil des Europäischen Gerichtshofs, Rechtssache C-525/12 vom 11.09.2014, Rn. 52.

[213] Art. 12 des Gesetzes 3199/2003.

[214] *Karageorgou* (Fn. 206), S. 175, 201 ff.

[215] Entscheidung Nr. 135275 von 19.05.2017 über die Billigung von allgemeinen Regelungen für die Kostendeckung der Gewässerdienstleistungen. Die Vorgehensweise und das Verfahren für die Kostendeckung der Gewässerdienstleistungen bei der vielfältigen Nutzungen veröffentlicht in FEK Heft B Nr. 1751 von 22.05.2017, zuletzt geändert durch die Entscheidung Nr. ΥΠΕΝ/ΔΣΔΥ'Υ/1029/3 von 07.01.2019 über die Änderung der Entscheidung Nr. 135275 von 19.05.2017 über die Billigung von allgemeinen Regelungen für die Kostendeckung der Gewässerdienstleistungen veröffentlicht in FEK Heft B Nr. 49 von 18.01.2019.

[216] Art. 12 des einführenden Berichtes für den Gesetzesentwurf „Gewässerschutz und Gewässerbewirtschaftung – Harmonisierung mit der Richtlinie KOM 2000/60/EU des Europäischen Parlaments und des Rates vom 23. Oktober 2000".

welt- und Ressourcenkosten, die von erheblicher Bedeutung für die Verwirklichung des Kostendeckungsprinzips nach den Anforderungen der Wasserrahmenrichtlinie sind, in dem eingeführten Art. 12 des Gesetzes 3199/2003 nicht zu finden.[217] Die Definition der zwei Begriffe *Umwelt- und Ressourcenkosten* sind im Folgenden mit der Entscheidung des Nationalen Gewässerausschusses Nr. 135275 von 19.05.2017 über die Billigung von allgemeinen Regelungen für die Kostendeckung der Gewässerdienstleistungen aufgenommen. Und zwar können nach Art. 3 Abs. 4 der genannten Entscheidung als *Umweltkosten* die Kosten, die durch das Nichterreichen eines guten Gewässerzustands entstanden sind und notwendig für eine nachhaltige Nutzung der Wasserressourcen in Anlehnung an den durch Art. 4 der Präsidialverordnung 51/2007 festgesetzten Zielen sind, bezeichnet werden. Des Weiteren können nach Art. 3 Abs. 5 der genannten Entscheidung als *Ressourcenkosten* die Kosten, die für eine alternative Nutzung der Gewässer und für das Gewässersystem angesichts der über die natürliche Wiederherstellung der Gewässer betriebenen Nutzung notwendig sind, bezeichnet werden.

In der Tat wurde das Prinzip der Kostendeckungsanalyse nach den Maßgaben der Wasserrahmenrichtlinie mit der Veröffentlichung des Art. 8 und in Verbindung mit dem Anhang IV der Präsidialverordnung 51/2007 umgesetzt.[218] Im Besonderen enthält der Anhang IV eine wörtliche[219] Übernahme der Bestimmungen des entsprechenden Anhangs III der Wasserrahmenrichtlinie. Doch können die Bestimmungen des Anhangs III der Wasserrahmenrichtlinie als nicht ausreichend bezeichnet werden,[220] weshalb der WATECO-Leitfaden eine weitere Konkretisierung des Anhangs III der Wasserrahmenrichtlinie enthält.[221] Die WATECO-Leitfäden stellen das Ergebnis der Bemühungen auf europäischem Niveau durch die Arbeitsgruppe WATECO (WATer and ECOnomics) dar, die im Rahmen der gemeinsamen Umsetzungsstrategie (Common Implementation

---

[217]*Apostolos Papatolias,* Der Europäische und der nationale Rechtsrahmen für kohärenten Gewässerschutz und Gewässerbewirtschaftung, Dikaiomata tou Anthropou, 2010, Heft 46, S. 375, 393.

[218] Art. 8 Abs. 2 der Präsidialverordnung 51/2007.

[219] Mit einer Ergänzung bei der Berechnung der Menge, der Preise und der Kosten in Verbindung mit den Wasserdienstleistungen mindestens für die Sektoren der Wasserversorgung, der Industrie und der Landwirtschaft.

[220] *Eduard Interwies/Britta Pielen/Benjamin Görlach/R. Andreas Krämer,* Ökonomische Aspekte der WRRL, in: Rumm/von Keitz/Schmalholz (Hrsg.), Handbuch der EU-Wasserrahmenrichtlinie, 2. Auflage, 2006, S. 381, 385.

[221] *Interwies/Pielen/Görlach/Krämer* (Fn. 220), S. 381, 386.

Strategy) entstanden sind,[222] um eine einheitliche Interpretation der wirtschaftlichen Aspekte der Wasserrahmenrichtlinie zu erreichen,[223] die als WATECO Guidance Dokumente bekannt sind.[224] Diese Dokumente sind im Juni 2002 durch die Wasserdirektoren der Mitgliedstaaten angenommen worden und haben einen empfehlenden Charakter für die Mitgliedstaaten bei der Umsetzung der Wasserrahmenrichtlinie.[225]

Nach dem Inhalt dieses Artikels werden die allgemeinen Regelungen zum Grundsatz der Kostendeckung der Gewässerdienstleistungen auf Vorschlag des Sondersekretariats für Gewässer[226] vom Nationalen Gewässerausschuss entschieden und mit der Stellungnahme des Zentralen Gutachtenausschusses für Gewässer festgesetzt.[227] Der Umfang, die Kontrolle, Bewertung und Koordination der Preisgestaltung für die Gewässerdienstleistungen sind mit einem Änderungsgesetz im Jahr 2013 auf das Sondersekretariat für Gewässer übertragen worden und im Jahr 2019 wurden ihre Zuständigkeiten zu einer neu geschaffenen Behörde im Umwelt- und Energieministerium, die als Generalsekretariat für natürliche Umwelt und Gewässer bezeichnet ist, übertragen.[228] Der Umweltminister ist in Zusammenarbeit mit den jeweils zuständigen Ministern mit dem Erlass von Entscheidungen zu Maßnahmen im Bereich der Gewässerschutzpolitik beauftragt.[229] Diese Übertragung der Verantwortung für die Gestaltung und Aufsichtskontrolle der Gewässerschutzpolitik an das Generalsekretariat für natürliche Umwelt und Gewässer gehört zu den Bemühungen um eine zentralistisch ausgerichtete Gewässerschutzpolitik des griechischen Gesetzgebers.

Des Weiteren müssen die Gewässerbewirtschaftungspläne die notwendigen Maßnahmen enthalten, damit die Ziele der Wasserrahmenrichtlinie und im Besonderen die Kostendeckung der Wasserdienstleistungen verwirklicht werden können. Die beiden Gesetze stellen die Versuche des nationalen Gesetzgebers

---

[222] *Interwies/Pielen/Görlach/Krämer* (Fn. 220), S. 381, 384.
[223] *Interwies/Pielen/Görlach/Krämer* (Fn. 220), S. 381, 382.
[224] *Interwies/Pielen/Görlach/Krämer* (Fn. 220), S. 381, 383.
[225] *Interwies/Pielen/Görlach/Krämer* (Fn. 220), S. 381, 384.
[226] Diese Behörde war am Anfang Zentrale Gewässerbehörde genannt.
[227] Art. 8 Abs. 2 der Präsidialverordnung 51/2007.
[228] Art. 8 Abs. 3 der Präsidialverordnung 51/2007 in Verbindung mit Art. 5 Abs. 2 des Änderungsgesetzes 4117/2013 i.V.m. Art. 9 Abs. 1 der Präsidialverordnung 84/2019 über die Gründung und Abschaffung von Generalsekretariate und Sondersekretariate/ Einheitliche Verwaltungsbereiche der Ministerien von 17.07.2019 veröffentlicht in FEK Heft A, Nr. 123, von 17.07.2019.
[229] Art. 8 Abs. 3 der Präsidialverordnung 51/2007.

dar, die durch die Wasserrahmenrichtlinie eingeführten ökonomischen Aspekte umzusetzen.[230] Allerdings enthalten die beiden nationalen Rechtsvorschriften lediglich allgemeine Formulierungen.[231]

3. Probleme bei der Implementierung des Artikels 9 der Wasserrahmenrichtlinie in Griechenland

Eine Implementierung des Grundsatzes der Kostendeckung würde für Griechenland außer seiner Umsetzung in materielles Recht auch seine tatsächliche Durchsetzung in der griechischen Gewässerschutzpolitik sowie der Gewässerbewirtschaftung bedeuten.

Für eine volle Umsetzung des Grundsatzes der Wasserdienstleistungen war zunächst eine wirtschaftliche Analyse jeder Wassernutzung nach den Maßgaben des Art. 5 Abs. 1 der Wasserrahmenrichtlinie notwendig. Gemäß diesem Artikel ist jeder Mitgliedstaat für jede in seinem Hoheitsbereich liegende Flussgebietseinheit verpflichtet, eine Analyse der Merkmale, eine Überprüfung der anthropogenen Aktivitäten hinsichtlich des Zustands der ober- und unterirdischen Gewässer und eine wirtschaftliche Analyse jeder Wassernutzung unter Berücksichtigung der Anhänge II und III der Wasserrahmenrichtlinie durchzuführen. Die genannten Analysen und die Überprüfung waren innerhalb von vier Jahren nach Beginn der Geltung der Wasserrahmenrichtlinie, also bis zum Jahr 2007, bereitzustellen.[232]

Die ökonomische Analyse jeder Nutzung kann entweder von den Grenzen der Flussgebietseinheiten oder von den geographischen Grenzen erfolgen.[233] Sie kann sich teilweise problematisch gestalten, wie am Beispiel Athen zu sehen ist,

---

[230] Art. 9 der WRRL.

[231] Siehe auch dazu *Karageorgou* (Fn. 206), S. 175, 201 ff.; *Dionysis Assimakopoulos*, Ökonomische Instrumente zur Gewässerbewirtschaftung – Die Richtlinie 2000/60 und die Kostendeckung in der griechischen Realität, Tagung der Bürgerinitiative „Griechische Wasserressourcen": eine realistische Anschauungsweise, Athen, Mai 2005, S.9f. http://environ. chemeng.ntua.gr/en/UserFiles/File/Economic%20Tools%20and%20WFD-%20Citizens%20 Movement.pdf, Stand der Abrufung 27.06.2014; *Papatolias*, Dikaiomata tou Anthropou, 2010, Heft 46, S. 375, 393.

[232] Eine Aktualisierung der vorgelegten Analysen und Überprüfungen ist bis zum Jahr 2016 zu erledigen und danach alle sechs Jahre erneut vorzulegen.

[233] *Voivontas/Assimakopoulos* (Fn. 174), S. 5.

wo das Wasser aus anderen Flussgebietseinheiten transportiert werden muss.[234] Es ist festzuhalten, dass im betrachteten Fall mehrere Schwierigkeiten bei der Bewertung der Kostendeckungs-Analysen innerhalb einer Flussgebietseinheit bestehen.[235]

Im Fall Griechenlands wurde Art. 5 der Wasserrahmenrichtlinie nicht rechtzeitig umgesetzt.[236] Als Konsequenz leitete die Europäische Kommission ein Vertragsverletzungsverfahren gegen die Griechische Republik ein.[237] Anfang des Jahres 2008 hat der EuGH zum ersten Mal über den Stand der Umsetzung der Europäischen Wasserrahmenrichtlinie in der griechischen Rechtsordnung entschieden.[238] Der EuGH stellte einen Verstoß gegen zwei Artikel der Wasserrahmenrichtlinie, nämlich Art. 5 Abs. 1 und Art. 15 Abs. 2 der Richtlinie 2000/60/EG, fest.[239] Griechenland ist mit der Veröffentlichung des Berichtes von März 2008 ihren Pflichten gemäß Art. 5 der Wasserrahmenrichtlinie nachgekommen.[240]

Während der Erstellung des Berichtes nach Maßgabe des Art. 5 der Wasserrahmenrichtlinie wurde die Notwendigkeit einer Datenbankerstellung mit den erforderlichen Informationen offensichtlich, um den Zustand der Kostendeckung der Gewässerdienstleistungen jeder Flussgebietseinheit zu dokumentieren sowie die notwendigen Entscheidungen und Maßnahmen nach den Maßgaben der Wasserrahmenrichtlinie treffen zu können.[241] Hier muss hervorgehoben werden, dass die Informationen der wirtschaftlichen Analyse in den meisten Mitgliedstaaten schon zur Verfügung standen.[242] Dies war auf die Bemühungen der Mitgliedstaaten zurückzuführen, Zeit und Kosten zu sparen.[243] Obwohl eine derartige Praxis der Mitgliedstaaten keinen Verstoß gegen die Anforderungen der Wasserrahmenrichtlinie darstellt, kann die spätere Nutzung dieser Informatio-

---

[234] *Voivontas/Assimakopoulos* (Fn. 174), S. 5.

[235] *Voivontas/Assimakopoulos* (Fn. 174), S. 5.

[236] Urteil des Europäischen Gerichtshofs, Rechtssache C-264/2007 vom 31.01.2008, Rn. 1.

[237] Urteil des Europäischen Gerichtshofs, Rechtssache C-264/2007 vom 31.01.2008, Rn. 1.

[238] Urteil des Europäischen Gerichtshofs, Rechtssache C-264/2007 vom 31.01.2008, Rn. 1.

[239] Urteil des Europäischen Gerichtshofs, Rechtssache C-264/2007 vom 31.01.2008, Rn. 1.

[240] Bericht des Ministeriums für Umwelt, Raumordnung und Öffentliche Projekte über die Implementation der ökonomischen Aspekte des Art. 5 der gemeinschaftlichen Richtlinie über die Gewässer 2000/60/EG in Griechenland. Der Bericht ist an der Universität von Athen, Wirtschaftsabteilung, von der wissenschaftlichen Arbeitsgruppe von Foivi Kountouri im März 2008 veröffentlicht worden.

[241] Bericht über die Implementation der ökonomischen Aspekte des Art. 5, 2008, S. 222.

[242] *Interwies/Pielen/Görlach/Krämer* (Fn. 220), S. 381, 388.

[243] *Interwies/Pielen/Görlach/Krämer* (Fn. 220), S. 381, 388 ff.

nen, die für andere Angelegenheiten gesammelt worden waren, bei der Erstellung der Maßnahmenprogramme problematisch werden, da die bereits vorhandenen Daten veraltet sein könnten.[244]

Die Verspätung des Berichtes und der Inhalt des veröffentlichten Berichtes machen klar, dass in dem Bereich der Kostendeckung der Wasserdienstleistungen Probleme liegen, die das Vollziehen der Anforderungen der Wasserrahmenrichtlinie erschweren. Zu diesen Problemen, die in Griechenland zu bewältigen sind, gehören die großen Unterschiede zwischen den jeweiligen Flussgebietseinheiten, das beschränkte Gewässerangebot in den touristischen Zielorten und die hohe Wassernachfrage für landwirtschaftliche Bedürfnisse.[245]

Die Kostendeckung der Wasserdienstleistungen nach den Maßgaben der Wasserrahmenrichtlinie wird durch die Zersplitterung der Aufgaben und Befugnisse zwischen den vielen Verwaltungsstellen für die Gewässer-angelegenheiten weiter erschwert.[246] Trotz des Erlasses des Gesetzes 3199/2003 und der Präsidialverordnung 51/2007 kommt es zu Überschneidungen zwischen verschiedenen Verwaltungsträgern.[247] Deshalb ist es von Bedeutung, dass alle unterschiedlichen Verwaltungsträger mit den neuen Anforderungen der Wasserrahmenrichtlinie vertraut werden, damit sie die ökonomischen Aspekte der Wasserrahmenrichtlinie rechtmäßig durchführen können.[248]

Allerdings sind noch große Schwierigkeiten hinsichtlich der Gewährleistung der erforderlichen finanziellen Mittel zur Umsetzung der Wasserrahmenrichtlinie zu bewältigen.[249] Die staatlichen Haushalte sind hoch belastet,[250] was die Europäische Kommission bei der Festsetzung der Fristen zur Erreichung der Zielvorgaben berücksichtigen muss.[251]

Durch den Bericht aus dem Jahr 2008 ist klar geworden, dass in keiner der 14 Flussgebietseinheiten Griechenlands von einer Kostendeckung der Gewässerdienstleistungen die Rede sein kann.[252] Im Gegenteil beträgt die durchschnittli-

---

[244] *Interwies/Pielen/Görlach/Krämer* (Fn. 220), S. 381, 389.

[245] *Voivontas/Assimakopoulos* (Fn. 174), S. 8.

[246] Bericht über die Implementation der ökonomischen Aspekte des Art. 5, 2008, S. 228 ff.

[247] Bericht über die Implementation der ökonomischen Aspekte des Art. 5, 2008, S. 222.

[248] Bericht über die Implementation der ökonomischen Aspekte des Art. 5, 2008, S. 228 ff.

[249] *Durner* (Fn. 5), S. 17, 37.

[250] *Durner* (Fn. 5), S. 17, 37.

[251] *Durner* (Fn. 5), S. 17, 37.

[252] Bericht über die Implementation der ökonomischen Aspekte des Art. 5, 2008, S. 221.

che Kostendeckungsquote zwischen 29,82 und 78,28 Prozent.[253] Eine Ausnahme stellt der Fall von Attika dar, wo die Kostendeckungsquote bei 106,13 Prozent liegt.[254] Das ist vermutlich darauf zurückzuführen, dass die Preise für die Gewässerdienstleistungen durch den Anbieter berechnet werden, der nur für Attika zuständig ist, und nicht an die durchschnittliche Preise des gesamtes Flusseinzugsgebiets gebunden ist, wie bei anderen Flusseinzugsgebieten.[255] Die Kostendeckung der Wasserdienstleistung für alle Flussgebietseinheiten beträgt durchschnittlich 59,18 Prozent.[256] Die wesentlichen Gewässernutzungen sind die Wasserversorgung und die Bewässerung.

a. Wasserversorgung

Das wichtigste Instrument der Kostendeckung für die Gewässerdienstleistungen in Griechenland stellt bei der Wasserversorgung die Preiserhöhung für die Nutzung dar.[257] Die Preisgestaltung in Anlehnung an die Gewässernutzung hat allerdings in den meisten Fällen nur die finanziellen Kosten und die Baukosten gedeckt.[258] Die Umwelt- und Ressourcenkosten waren in der Preisgestaltung der Gewässernutzungen überhaupt nicht mitgerechnet.[259]

In Griechenland wird die Kostendeckung für die Gewässerdienstleistungen im Bereich der Wasserversorgung über die Kosten für den Wasserverkauf und die Abwasserentsorgung, die festen Kosten für die Gewässernutzer und zu 80 Prozent über die Sonderkosten für den Aufbau und die Erweiterung der Gewässernetze gewährleistet.[260] Die Preisgestaltung für die Wassernutzung wird in den Städten sehr niedrig gehalten.[261] Das kann in den Fällen problematisch sein, in denen das Wasserangebot geringer ist als der Wasserverbrauch.[262]

Die Wasseranbieter sind in den Städten 193 regionale Unternehmen, die für die Wasserversorgung und Abwasserentsorgung von 40 Prozent der Einwohner

---

[253] Bericht über die Implementation der ökonomischen Aspekte des Art. 5, 2008, S. 221.
[254] Bericht über die Implementation der ökonomischen Aspekte des Art. 5, 2008, S. 221.
[255] Bericht über die Implementation der ökonomischen Aspekte des Art. 5, 2008, S. 21.
[256] Bericht über die Implementation der ökonomischen Aspekte des Art. 5, 2008, S. 11.
[257] Bericht über die Implementation der ökonomischen Aspekte des Art. 5, 2008, S. 11.
[258] *Voivontas/Assimakopoulos* (Fn. 174), S. 9.
[259] *Voivontas/Assimakopoulos* (Fn. 174), S. 9.
[260] Bericht über die Implementation der ökonomischen Aspekte des Art. 5, 2008, S. 21.
[261] *Voivontas/Assimakopoulos* (Fn. 174), S. 9.
[262] *Voivontas/Assimakopoulos* (Fn. 174), S. 9.

zuständig sind.[263] Zwei weitere Anbieter sind für die Großstädte Athen und Thessaloniki zuständig.[264] Die Datenerhebung von einer derartigen Vielzahl an zuständigen Stellen in den 14 Flussgebietseinheiten[265] stellt eine erhebliche Herausforderung dar.

b. Bewässerung

Die Kostendeckung der Wasserdienstleistungen für die Landwirtschaft ist in den südeuropäischen Mitgliedstaaten besonders problematisch.[266] In diesen Ländern stellt die Landwirtschaft den größten Wassernutzer und gleichzeitig den am wenigsten effizienten dar.[267] In der Regel richten sich die Wasserpreise nach dem Umfang der bewässerten Fläche und nicht nach der tatsächlich verbrauchten Wassermenge.[268] Nur die direkte Entnahme von Grundwasser wird abgerechnet und dem Wassernutzer zugeschrieben.[269] In diesen Fällen kommt nur der finanzielle Aufwand der Wasserdienstleistungen für die Kostendeckung in Betracht, während die Umwelt- und Ressourcenkosten nicht berücksichtigt werden.[270]

Griechenland muss die gleichen Probleme wie andere südeuropäische Mitgliedstaaten bewältigen. Die Landwirtschaft stellt mit 86 Prozent der gesamten Gewässernutzung den größten Wassernutzer dar.[271] Deshalb sind die Etablierung und Organisation der Kostendeckung der Gewässerdienstleistungen nach den Maßgaben der Wasserrahmenrichtlinie in diesem Bereich von erheblicher Bedeutung. Es muss betont werden, dass in den meisten Fällen im Bereich der Bewässerung die Wasserbelastung nicht gemäß dem Umfang der zur Bewässerung der Felder verbrauchten Wasserquantität berechnet wird. Diese Preispolitik bie-

---

[263] Bericht über die Implementation der ökonomischen Aspekte des Art. 5, 2008, S. 24.
[264] Bericht über die Implementation der ökonomischen Aspekte des Art. 5, 2008, S. 24.
[265] Bericht über die Implementation der ökonomischen Aspekte des Art. 5, 2008, S. 24.
[266] KOM (2000) 477 endgültig vom 26.07.2000, S. 3.
[267] KOM (2000) 477 endgültig vom 26.07.2000, S. 11.
[268] KOM (2000) 477 endgültig vom 26.07.2000, S. 3.
[269] KOM (2000) 477 endgültig vom 26.07.2000, S. 11.
[270] KOM (2000) 477 endgültig vom 26.07.2000, S. 11.
[271] Nach den Daten der National Data Bank of Hydrological and Meteorological Information: http://ndbhmi.chi.civil.ntua.gr/images/el/applications/greece/pic_2_5.html, Stand der Abrufung: 19.06.2014.

tet keine Anreize für die Gewässernutzer.[272]

Es ist notwendig, die Organisation der Wasserversorgung in der griechischen Landwirtschaft zu verstehen. Für den größten Teil der Wasserversorgung in der Landwirtschaft sind regionale Bodenverbesserungsorganisationen zuständig.[273] 404 regionale Bodenverbesserungsorganisationen[274] sind für 40 Prozent der gesamten Bewässerung des Landes verantwortlich.[275] Es gibt weitere 10 Hauptbodenverbesserungsorganisationen, die mit dem Aufbau von großen Bewässerungsprojekten beauftragt sind.[276] Es gibt aber auch einen großen Teil von Bewässerungen, die durch private Bohrungen und Brunnen gespeist werden. Dieser Teil beträgt 37,5 Prozent der gesamten landwirtschaftlichen Nutzung der Gewässer.[277]

Bei der Berechnung der Kostendeckung der landwirtschaftlichen Wasserdienstleistungen werden als Maßstab die Kubikmeter der genutzten Gewässer oder der Umfang des Bewässerungsgebietes herangezogen.[278] Die Anbausorte oder –methode werden bei der Kostendeckung nicht mitgerechnet.[279] Die Gebührenerhebung durch die regionale Bodenverbesserungsorganisation erfasst nur die Abdeckung eines Teils der Organisations- und Verwaltungskosten,[280] die sonst aufkommenden Kosten in Verbindung mit dem Bau von Gewässeranlagen werden vom Staat getragen.[281]

Die Bestimmung der Wasseranbieter spielt eine wichtige Rolle bei der Bewertung der Kosten für die Gewässernutzungen und der Bestimmung der Gewässernutzer.[282] Für die Bewertung der Kosten für Gewässernutzungen ist es prob-

---

[272] *Assimakopoulos* (Fn. 231), S. 9.
[273] Regionale Bodenverbesserungsorganisation, auf Griechisch *Topikos Organismos Eggeion Veltioseon* oder *TOEB*.
[274] Die Bodenverbesserungsorganisationen stehen auf der Rechtsgrundlange des Gesetzesdekretes 3881/1958 vom 25./30. 10.1958.
[275] Bericht über die Implementation der ökonomischen Aspekte des Art. 5, 2008, S. 25.
[276] Bericht über die Implementation der ökonomischen Aspekte des Art. 5, 2008, S. 25.
[277] Bericht über die Implementation der ökonomischen Aspekte des Art. 5, 2008, S. 25.
[278] Meinungsinitiative Nr. 292 vom 26.11.2013 des Wirtschafts- und Sozialausschusses von Griechenland, S. 12.
[279] Meinungsinitiative Nr. 292 vom 26.11.2013 des Wirtschafts- und Sozialausschusses von Griechenland, S. 12.
[280] Meinungsinitiative Nr. 292 vom 26.11.2013 des Wirtschafts- und Sozialausschusses von Griechenland, S. 12.
[281] Meinungsinitiative Nr. 292 vom 26.11.2013 des Wirtschafts- und Sozialausschusses von Griechenland, S. 12.
[282] *Voivontas/Assimakopoulos* (Fn. 174), S. 5.

lematisch, wenn der Gewässernutzer gleichzeitig als selbstständiger Gewässeranbieter dient. Das wichtigste Beispiel sind die privaten Bohrungen.[283] In der Landwirtschaft erweisen sich die mangelhaften Messungen des tatsächlichen Wasserverbrauchs in Verbindung mit den zahlreichen privaten Bohrungen als die wichtigsten Probleme.[284] Eine Einberechnung der Umwelt- und der Ressourcenkosten würde eine Preiserhöhung der Gewässerdienstleistungen in der Bewässerung hervorrufen. Diese Preiserhöhung der Gewässernutzung könnte den Bauern ein Anreiz sein, in den Anbau von Produkten mit weniger Wasserbedarf und in Systeme mit weniger Wasserverlusten zu investieren.[285] Ein weiterer Schritt zur Berechnung der Umwelt- und Ressourcenkosten wäre die Errichtung eines Nationalen Registers der Gewässerentnahmen.[286] In diesem Register müssten alle Gewässerentnahmen von jeder Flussgebietseinheit eingetragen werden, auch wenn diese Gewässerentnahmen im Moment nicht genutzt werden, denn sie könnten vielleicht später durch ihre Inhaber wieder aktiviert werden.[287] Außerdem wären in diesem Register die Informationen und Ergebnisse der Bestandsaufnahme und zudem eine Bewertung der Gewässernachfrage in jeder Flussgebietseinheit einzutragen.[288] Darauf aufbauend könnten die Maßnahmenprogramme aufgestellt werden, sodass die Ziele des Art. 4 der Präsidialverordnung 51/2007 und in der Folge des Art. 4 der Wasserrahmenrichtlinie verwirklicht werden können.[289]

Durch den Bericht aus dem Jahr 2008 über die Implementierung der ökonomischen Aspekte nach Maßgabe des Art. 5 der Wasserrahmenrichtlinie ist offenkundig geworden, dass die Kostendeckung bei der Bewässerung viel geringer ist als bei der Wasserversorgung.[290] Die Quote der Kostendeckung der landwirt-

---

[283] *Voivontas/Assimakopoulos* (Fn. 174), S. 5.

[284] *Voivontas/Assimakopoulos* (Fn. 174), S. 9.

[285] Siehe dazu *Voivontas/Assimakopoulos* (Fn. 174), S. 9.

[286] Gemeinsame Ministerialentscheidung Nr. 145026 vom 10.01.2014 über die Zusammensetzung, die Verwaltung und das Arbeiten des Nationalen Registers über Gewässerentnahme der oberirdischen und unterirdischen Gewässersysteme, veröffentlicht in FEK B, Nr. 31 vom 14.01.2014, S. 231.

[287] Art. 1 Abs. 1 der Gemeinsamen Ministerialentscheidung Nr. 145026 vom 10.01.2014, S. 231, 232.

[288] Art. 1 Abs. 2 der Gemeinsamen Ministerialentscheidung Nr. 145026 vom 10.01.2014, S. 231, 232.

[289] Art. 1 Abs. 2 der Gemeinsamen Ministerialentscheidung Nr. 145026 vom 10.01.2014, S. 231, 232.

[290] Bericht über die Implementation der ökonomischen Aspekte des Art. 5, 2008, S. 11.

schaftlichen Wasserdienstleistungen beträgt zwischen 1,78 und 56,25 Prozent.[291] Die Kosten der Wasserlieferung für Haushalte und Industrie decken die laufenden Kosten und teilweise die Bau- und Erhaltungskosten der Gewässerbauwerke.[292] Die Kostendeckung der industriellen Gewässer-dienstleistungen wird in Verbindung mit dem Bau von Anlagen für die Abwasserbehandlung mitgerechnet.[293]

Nach der Meinung des Wirtschafts- und Sozialausschusses von Griechenland aus dem Jahr 2013 bedarf es einer kohärenten Politik für die Bewässerung und die nachhaltige Gewässerbewirtschaftung.[294] Eine nachhaltige Gewässerbewirtschaftung soll auch in den Bereichen, in denen noch keine Gewässerdefizite eingetreten sind, durchgeführt werden, damit eine spätere Wasserknappheit vermieden werden kann.[295] Finanzierungen müssen für eine Verbesserung des Bewässerungsnetzes genutzt werden,[296] damit Wasserverluste so weit wie möglich verringert werden. Zwei Zielen im Bereich der Agrarpolitik kommt eine erhebliche Bedeutung zu: Notwendig sind die Festsetzung von höheren Qualitätszielen und Anreizen für die Nutzung eines Anbaus mit weniger Wasserbedarf sowie die Nutzung von modernen Methoden zur Bewässerung der Anbaugebiete.[297]

Bei der Gestaltung der Wasserpreise wird in jedem Mitgliedstaat die Berücksichtigung von wirtschaftlichen und ökologischen Zielen anders eingerechnet.[298] Oft sorgen die Mitgliedstaaten zwar für die Deckung der finanziellen Kosten, aber die Umwelt- und Ressourcenkosten werden nur selten berücksichtigt.[299] Im Übrigen sollten an der Preisgestaltung der Gewässernutzung die Gewässernutzer selbst beteiligt werden.[300] Ein *Bottom-up*-Ansatz kann eine bessere Implementie-

---

[291] Bericht über die Implementation der ökonomischen Aspekte des Art. 5, 2008, S. 221.

[292] KOM (2000) 477 endgültig vom 26.07.2000, S. 3.

[293] *Voivontas/Assimakopoulos* (Fn. 174), S. 9.

[294] Meinungsinitiative Nr. 292 vom 26.11.2013 des Wirtschafts- und Sozialausschusses von Griechenland, S. 18.

[295] Meinungsinitiative Nr. 292 vom 26.112013 des Wirtschafts- und Sozialausschusses von Griechenland, S. 18.

[296] Meinungsinitiative Nr. 292 vom 26.11.2013 des Wirtschafts- und Sozialausschusses von Griechenland, S. 18.

[297] Bericht über die Implementation der ökonomischen Aspekte des Art. 5, 2008, S. 221.

[298] KOM (2000) 477 endgültig vom 26.07.2000, S. 2.

[299] KOM (2000) 477 endgültig vom 26.07.2000, S. 2.

[300] KOM (2000) 477 endgültig vom 26.07.2000, S. 19.

rung der ökonomischen Maßnahmen fördern und ihre soziale und politische Akzeptanz steigern.[301]

Es kann nicht erwartet werden, dass allein die Einführung ökonomischer Instrumente eine Lösung der Probleme der Gewässerbewirtschaftung bringt.[302] Die Erreichung der ökologischen, wirtschaftlichen und sozialen Ziele der Wasserrahmenrichtlinie erfordert die Vollziehung der ökonomischen Maßnahmen in Verbindung mit anderen Maßnahmen, zum Beispiel im Zusammenhang mit den Bewirtschaftungsplänen.[303] Die Mitgliedstaaten sind verpflichtet über die ergriffenen ökonomischen Maßnahmen in jedem Einzugsgebiet zu berichten, um die Erreichung der Ziele der Wasserrahmenrichtlinie verwirklichen zu können und die Kostendeckung der Wasserdienstleistungen zustande zu bringen.[304]

4. Schlussfolgerung

Nach der Bewertung der Bewirtschaftungspläne durch die Europäische Kommission wurde klar, dass das Prinzip der Kostendeckungsanalyse in den Bewirtschaftungsplänen entweder gar nicht oder nur eingeschränkt umgesetzt wurde.[305] Im Fall der Landwirtschaft ist es in den Mitgliedstaaten gelungen, Gebühren für die Wassernutzung zu erheben.[306] Diese Feststellung der Europäischen Kommission lässt vermuten, dass noch viele Schritte unternommen werden müssen, damit von einer tatsächlichen Kostendeckung der Wasserdienstleistungen die Rede sein kann.[307] Bis heute hat nur ein kleiner Teil der Mitgliedstaaten in der Praxis erprobt, wie ökonomische Aspekte bei der Realisierung des Gewässerschutzes erfolgreich integriert werden können.[308]

Im Fall Griechenlands sieht die Situation noch schwieriger aus. Trotz der erfolgreichen Umsetzung des Art. 9 der Wasserrahmenrichtlinie in materielles Recht durch die griechische Rechtsordnung sind noch große Anstrengungen für

---

[301] KOM (2000) 477 endgültig vom 26.07.2000, S. 19.
[302] KOM (2000) 477 endgültig vom 26.07.2000, S. 4.
[303] KOM (2000) 477 endgültig vom 26.07.2000, S. 3.
[304] Art. 9 Abs. 2 WRRL.
[305] KOM (2012) 670 final Bericht der Kommission an das Europäische Parlament und den Rat über die Umsetzung der Wasserrahmenrichtlinie (2000/60/EG), Bewirtschaftungspläne für Flusseinzugsgebiete, vom 14.11.2012, S. 12.
[306] KOM (2012) 670 final Bericht vom 14.11.2012, S. 12.
[307] KOM (2012) 670 final Bericht vom 14.11.2012, S. 12.
[308] *Interwies/Pielen/Görlach/Krämer* (Fn. 220), S. 381, 382.

eine volle Implementierung des Grundsatzes der Kostendeckung der Gewässerdienstleistungen nötig. Es ist von erheblicher Bedeutung, dass die Definition der
Begriffe von *Umwelt- und Ressourcenkosten* in materielles Recht mit der Entscheidung des Nationalen Gewässerausschusses Nr. 135275 von 19.05.2017
über die Billigung von allgemeinen Regelungen für die Kostendeckung der Gewässerdienstleistungen aufgenommen wird. Ebenso ist es von gewichtiger Bedeutung, dass die Zuständigkeiten der entsprechenden Verwaltungsstellen geklärt werden und ein Informationsarchiv für die Sammlung von erforderlichen
Informationen eingerichtet wird. Ökonomische Instrumente allein sind für eine
effektivere Gewässerbewirtschaftung jedoch nicht ausreichend.[309]

V. Partizipation der Öffentlichkeit bei der Gewässerbewirtschaftung

1. Einleitung

In vier europäischen Richtlinien, nämlich der Richtlinie zum Gewässerschutz,
der Habitat-Richtlinie,[310] der Richtlinie für die Umweltverträglichkeitsprüfung,[311] sowie der Öffentlichkeitbeteiligungsrichtlinie[312] sind die Bemühungen
der Europäischen Union um eine Institutionalisierung der Teilnahme nicht nur
von staatlichen Trägern, sondern auch von privaten Trägern bei der Durchsetzung der Umweltpolitik zu erkennen.[313] Diese drei europäischen Richtlinien sind
auf die Einführung eines neuen Konzeptes bei der Durchführung der Umweltpolitik ausgerichtet.[314] So enthalten sie Grundsätze zur Vermittlung der divergie-

---

[309] *Aspasia Tsaousi-Chatzi*, Recht und Umwelt: Eine ökonomische Annäherung, Per Dik,
Heft 3 2005, S. 408, 413.

[310] Richtlinie 1992/43/EWG des Rates zur Erhaltung der natürlichen Lebensräume sowie
der wild lebenden Tiere und Pflanzen vom 21.05.1992, ABl. Nr. L 206, S. 7 vom 22.07.1992.

[311] Richtlinie 85/337/EWG des Rates über die Umweltverträglichkeitsprüfung bei bestimmten öffentlichen und privaten Projekten vom 27.06.1985, ABl. Nr. L 175, S. 40 vom
05.07.1985.

[312] Richtlinie 2003/35/EG des Europäischen Parlaments und des Rates über die Beteiligung
der Öffentlichkeit bei der Ausarbeitung bestimmter umweltbezogener Pläne und Programme
und zur Änderung der Richtlinien 85/337/EWG und 96/61/EG des Rates in Bezug auf die
Öffentlichkeitsbeteiligung und den Zugang zu Gerichten vom 26.05.2003, ABl. Nr. L 156,
S.17 vom 25.06.2003.

[313] *Charalampos Koutalakis*, „Wir sehen uns vor Gericht". Demokratische Rechenschaft
und Kontrolle der Umweltpolitik in Griechenland, Efim DD, Band 5, 2009, S. 686, 691.

[314] *Koutalakis*, Efim DD, Band 5, 2009, S. 686, 691.

renden Auffassungen zwischen den verschiedenen Interessengruppen.[315] Zu diesen Grundsätzen gehört auch die Teilnahme der Öffentlichkeit an den Entscheidungsverfahren.[316]

Die Wasserrahmenrichtlinie kann als eine Musterrichtlinie angesehen werden.[317] In ihrem Text wird das Umweltmanagement auf einem mehrstufigen System aufgebaut und die Einbeziehung der Öffentlichkeit in die Entscheidungsverfahren gestärkt.[318] Im Text der Wasserrahmenrichtlinie wird im Allgemeinen eine aktive Teilnahme aller interessierten Stellen bei der Durchsetzung der Wasserrahmenrichtlinie gefordert.[319] Eine konkrete Möglichkeit der Teilnahme der Öffentlichkeit bei der Ausübung der Gewässerbewirtschaftung ist deren Einbeziehung bei der Aufstellung der Gewässerbewirtschaftungspläne für die Flussgebietseinheiten.[320] Doch die Mitwirkung der Öffentlichkeit ist nicht nur auf die Aufstellung der Gewässerbewirtschaftungspläne begrenzt, sondern sie ist auch als eine aktive Teilnahme an der Umsetzung der europäischen Rechtsvorschriften vorgesehen.[321] In diesem Sinn ist die Öffentlichkeit berechtigt, auch zu einem späteren Zeitpunkt an der Aktualisierung der Gewässerbewirtschaftungspläne teilzunehmen.[322] Insgesamt ist die Öffentlichkeit drei Mal nach Art. 14 Abs. 1 WRRL berechtigt, eine Stellungnahme über die Gewässerbewirtschaftungspläne zu unterbreiten, bevor sie ihre finale Form erwerben.[323] Dieses Verfahren wird bei jeder Aktualisierung der Pläne wiederholt.[324]

---

[315] *Koutalakis*, Efim DD, Band 5, 2009, S. 686, 691.

[316] *Koutalakis*, Efim DD, Band 5, 2009, S. 686, 691.

[317] *William Howarth*, Aspirations and Realities under the Water Framework Directive: Proceduralisation, Participation and Practicalities, Journal of Environmental Law, 2009, Volume 21, Issue 3, p. 391, 393.

[318] *Howarth*, Journal of Environmental Law, 2009, Volume 21, Issue 3, p. 391, 393.

[319] Art. 14 Abs. 1 Satz 1 WRRL.

[320] Art. 14 Abs. 1 Satz 1 WRRL.

[321] Vgl. *Anette Guckelberger*, Die diversen Facetten der Öffentlichkeitsbeteiligung bei wasserrechtlichen Planungen, NuR 2010, S. 835, 839.

[322] *Guckelberger*, NuR 2010, S. 835, 839.

[323] *Guckelberger*, NuR 2010, S. 835, 839.

[324] *Guckelberger*, NuR 2010, S. 835, 839.

2. Funktion der Teilnahme der Öffentlichkeit bei der Gewässerbewirtschaftung

Die Nutzung des Modells der Flussgebietseinheit fordert nicht nur eine Dezentralisierung beim Vollzug der Gewässerbewirtschaftung, sondern bemüht sich auch darum, eine Förderung und Verstärkung der Öffentlichkeitsbeteiligung zu erzielen.[325] Eine derartige Beteiligung der Öffentlichkeit kann einfacher gewährleistet werden, wenn die Gewässerbewirtschaftung innerhalb der Grenzen einer Flussgebietseinheit geplant wird, sodass bei der Planung die Besonderheiten jeder Flussgebietseinheit berücksichtigt werden können. Bei einer aktiven Teilnahme der Öffentlichkeit während der Planung und Ausübung der Gewässerbewirtschaftung lassen sich zwei Vorteile erkennen:[326] So gibt es die Möglichkeit, einerseits einen Ausgleich zwischen den Interessen von mehreren kollidierenden Nutzern der Gewässer zu erzielen und andererseits einen effektiveren Vollzug der Gewässerbewirtschaftung durch eine Sicherstellung der Zustimmung der Öffentlichkeit zu erlangen.[327]

Im Falle Deutschlands haben die Teilnahmerechte der Öffentlichkeit bei der Aufstellung der Gewässerbewirtschaftungspläne zu einem gewissen Maß eine Verbesserung der Pläne, eine Steigerung ihrer Akzeptanz und eine Verstärkung der Legitimationskette bewirkt.[328] Trotzdem war der größte Anteil der Teilnehmer in den Anhörungen interessiert an lokalen Betroffenheiten im Gegensatz den Gemeinwohlinteressen, die eine weniger wichtige Rolle gespielt haben.[329] Der Grund dafür liegt im Mangel des erforderlichen technischen Wissens der Öffentlichkeit, das nötig wäre um eine entscheidende Rolle bei der Planung zu spielen.[330] Die Teilnahme der Öffentlichkeit kann gewährleisten, dass mehrere Ansichten, auch von Personen, die einen besseren Überblick der regionalen Angelegenheiten haben, gehört werden.[331]

---

[325] *Papatolias*, Dikaiomata tou Anthropou, 2010, Heft 46, S. 375, 384.
[326] *Papatolias*, Dikaiomata tou Anthropou, 2010, Heft 46, S. 375, 384.
[327] *Papatolias*, Dikaiomata tou Anthropou, 2010, Heft 46, S. 375, 384.
[328] *Durner* (Fn. 5), S. 17, 25.
[329] *Durner* (Fn. 5), S. 17, 25.
[330] *Durner* (Fn. 5), S. 17, 25.
[331] *Howarth*, Journal of Environmental Law, 2009, Volume 21, Issue 3, p. 391, 399; hier ausführlich über die Teilnahmerechte der Öffentlichkeit in Deutschland: *Sabine Schlacke/ Christian Schrader/Thomas Bunge*, Informationsrechte, Öffentlichkeitsbeteiligung und Rechtsschutz im Umweltrecht, Aarhus Handbuch, 2010, § 2 Rn. 428 ff.

Die Europäische Kommission hebt die Bedeutung der Transparenz bei der Gewässerbewirtschaftung für eine effiziente Durchsetzung der Wasserrahmenrichtlinie hervor.[332] In diesem Zusammenhang wird auch die Bedeutung der Konsultationsverfahren für das Entscheidungsverfahren betont.[333] Damit die Beteiligungsrechte der Öffentlichkeit bei der Aufstellung der Gewässerbewirtschaftungspläne tatsächlich in Anspruch genommen werden können, ist es erforderlich, dass die entsprechenden Informationen über die geplanten Maßnahmen vor den finalen Entscheidungen inklusive der Aktualisierung dieser Informationen in geeigneter Weise der Öffentlichkeit zur Verfügung gestellt werden.[334] Die Teilnahme der Öffentlichkeit hat einen freiwilligen Charakter, denn die Öffentlichkeit kann zur Teilnahme nicht gezwungen werden.[335] Andererseits sind die Mitgliedstaaten dazu verpflichtet, dass die Konsultationsverfahren innerhalb eines vernünftigen Zeitraums stattfinden.[336] Eine Verstärkung der Teilnahme der Gewässernutzer an der Implementierung einer effektiveren Gewässerbewirtschaftung erfordert eine geeignete Ausbildung.[337] Diese Notwendigkeit ergibt sich für die Gewässernutzer in der Landwirtschaft in höherem Maße wegen der hohen Anteile der Gewässernutzung in diesem Sektor.[338]

Einerseits kann die Gewährleistung der Teilnahmerechte der Öffentlichkeit beim „Decision-making" zu umweltrechtlichen Angelegenheiten dazu beitragen, dass die Entscheidungen demokratischer werden und dass die Akzeptanz dieser Entscheidungen gesteigert wird.[339] Andererseits ist nicht selten die Rede von einem hohen Kostenaufwand und einer verspäteten Beteiligung der Öffentlichkeit bei der Aufstellung der Gewässerbewirtschaftungspläne.[340]

---

[332] KOM (2012) 670 final Bericht vom 14.11.2012, S. 9.

[333] KOM (2012) 670 final Bericht vom 14.11.2012, S. 9.

[334] Erwägungsgrund 46 der WRRL.

[335] *Howarth*, Journal of Environmental Law, 2009, Volume 21, Issue 3, p. 391, 404.

[336] *Howarth*, Journal of Environmental Law, 2009, Volume 21, Issue 3, p. 391, 404.

[337] *K. Chartzoulakis/M. Mpertaki*, Rationale Gewässerbewirtschaftung für die Bewässerung: Notwendigkeit für eine nachhaltige landwirtschaftliche Entwicklung, Sitzungsbericht von der 23. Konferenz der Griechischen Gesellschaft der Wissenschaft für Gartenbauprodukte, Heft A 2009, S. 17, 23.

[338] *Chartzoulakis/Mpertaki* (Fn. 337), Heft A 2009, S. 17, 23.

[339] *Howarth*, Journal of Environmental Law, 2009, Volume 21, Issue 3, p. 391, 399.

[340] Siehe dazu *Wolfgang Durner*, Zehn Jahre Wasserrahmen-Richtlinie – Bilanz und Perspektiven, NuR 2010, S. 452, 456; *Guckelberger*, NuR 2010, S. 835, 840.

3. Die griechische Realität

Griechenland war bisher ein Land, das keine große Erfahrung mit Verwaltungsverfahren gemacht hat, bei denen die Teilnahme der Öffentlichkeit sichergestellt werden musste.[341] Solche Fälle kamen selten vor.[342] Im Fall der Umsetzung der Wasserrahmenrichtlinie sind von Seiten der griechischen Exekutive mehrere Schritte in Richtung Gewährleistung einer effektiveren Teilnahme der Öffentlichkeit bei der Durchführung der Gewässerbewirtschaftung unternommen worden.

Die Gewässerdirektionen der Dezentralen Verwaltung werden nach Maßgabe des nationalen Gesetzes 3199/2003[343] mit der Gewährleistung der Teilnahme aller interessierten Stellen an den Verfahren des Gewässerschutzes und der Gewässerbewirtschaftung beauftragt. Im Besonderen ist die Teilnahme der Öffentlichkeit an der Ausarbeitung und Aktualisierung der Gewässerbewirtschaftungspläne hervorzuheben.[344] Dieses Verfahren ist in der Präsidialverordnung 51/2007 ausführlich beschrieben. Danach sind die Gewässerdirektionen der Dezentralen Verwaltung verpflichtet, die Entwürfe der Gewässerbewirtschaftungspläne für einen Zeitraum von sechs Monaten öffentlich auszulegen, damit die Allgemeinheit ihren Inhalt zur Kenntnis nehmen und Anregungen einreichen kann.[345] Ferner ist die Öffentlichkeit berechtigt, alle notwendigen Informationen, die bei der Erstellung der Gewässerbewirtschaftungs-pläne von Bedeutung sind, von den Gewässerdirektionen der Dezentralen Verwaltung einzufordern.[346] Außerdem besteht schließlich eine wichtige Aufgabe an zentraler Stelle des Generalsekretariats für natürliche Umwelt und Gewässer durch die Direktion zum Schutz und zur Bewirtschaftung der Gewässer in der Unterstützung der Öffentlichkeit bei deren Teilnahme an der Ausgestaltung der Gewässerbewirtschaf-

---

[341] Meinung des Griechischen Wirtschafts- und Sozialausschusses, Nr. 213, vom 30.01.2009, Athen, S. 19.
[342] *Koutalakis*, Efim DD, Band 5, 2009, S. 686, 690.
[343] Art. 5 Abs. 5 Satz f des Gesetzes 3199/2003.
[344] Art. 5 Abs. 5 Satz f des Gesetzes 3199/2003.
[345] Art. 15 der Präsidialverordnung 51/2007.
[346] Art. 15 Abs. 3 der Präsidialverordnung 51/2007.

tung.[347] Diese Direktion ist verpflichtet, die Beteiligungsrechte zu gewährleisten.[348]

Ein wichtiges Verfahren bei der Teilnahme der Öffentlichkeit an der Gewässerbewirtschaftung ist das Gutachterverfahren auf zentraler Ebene durch den Nationalen Gewässerrat und auf dezentraler Ebene durch die Gewässerräte der Dezentralen Verwaltung.[349] Die Zusammensetzung dieser Organe aus Vertretern der regionalen Selbstverwaltung, dem Produktionsbereich, Wissenschaftlern und Bürgern sichert die Teilnahme zahlreicher Interessengruppen an den Gewässerangelegenheiten.[350] Wissenswert dazu ist, dass die Rolle dieser Räte nur einen beratenden Charakter hat.[351] Daher können wegen der Vielfalt der Entscheidungsthemen und des Mangels an Fachkenntnisse eines Teils der Teilnehmenden nicht immer die gewünschten Ergebnisse herbeigeführt werden.[352]

Von erheblicher Bedeutung ist die Gewährleistung der Teilnahme aller interessierten Stellen bei der Ausarbeitung der 14 Gewässerbewirtschaftungspläne für die festgelegten 14 Flussgebietseinheiten innerhalb des griechischen Hoheitsgebiets. Das Umwelt- und Energieministerium hat eine öffentliche Plattform bereitgestellt, über die sich die Öffentlichkeit über die Erstellung der Gewässerbewirtschaftungspläne rechtzeitig informieren und an den Plänen mitwirken kann.[353] Für die griechische Exekutive ist die geregelte Teilnahme der Öffentlichkeit und aller interessierten Stellen von großer Bedeutung, damit die finale Form der Gewässerbewirtschaftungspläne das Ergebnis eines Kompromisses von vielen divergierenden Meinungen darstellt.[354] Diese Kompromisse müs-

---

[347] Art. 2 Abs. 3 der Ministerialentscheidung Nr. 322 vom 21.03.2013 i.V.m Art. 54 Abs. 3 Satz dd der Präsidialverordnung Nr. 132/2017 über die Organisation des Umwelt- und Energieministeriums vom 23.10.2017, veröffentlicht in FEK A Nr. 160 vom 30.10.2017.

[348] Art. 2 Abs. 3 der Ministerialentscheidung Nr. 322 vom 21.03.2013 i.V.m Art. 54 Abs. 3 Untesabs. a Satz ik ik der Präsidialverordnung Nr. 132/2017.

[349] *Angeliki Charokopou*, Die letzten Regelungen für die Gewässerbewirtschaftung und die Rechtsprechung des Staatsrats, in: Giotopoulou-Maragkopoulou/Mpredimas/Sisilianos (Hrsg.) Der Umweltschutz in Recht und Praxis, Institution von Maragkopoulou, 2008, S. 204, 218.

[350] *Charokopou* (Fn. 349), S. 204, 218.

[351] *Koutalakis*, Efim DD, Band 5, 2009, S. 686, 692.

[352] *Koutalakis*, Efim DD, Band 5, 2009, S. 686, 693.

[353] Abrufbar von der Seite des Umwelt- und Energieministeriums: http://wfd.ypeka.gr/ index.php?option=com_frontpage&Itemid=9, Stand der Abrufung: 13.10.2015.

[354] Abrufbar von der Seite des Umwelt- und Energieministeriums: http://wfd.ypeka.gr/ index.php?option=com_frontpage&Itemid=9, Stand der Abrufung: 13.10.2015.

sen allerdings immer im Einklang mit den Zielen der Wasserrahmenrichtlinie stehen.[355]

VI. Fazit

Die Einführung der Wasserrahmenrichtlinie auf europäischer Ebene hat verschiedene neuartige Instrumente mit sich gebracht. Die wichtigsten davon sind die Einführung des Verschlechterungsverbotes und des Verbesserungsgebotes des Gewässerzustands, die Etablierung der Phasing-Out Verpflichtung bei Einleitungen von Schadstoffen in die Gewässer, die Einführung der Kostendeckungsanalyse für Wasserdienstleistungen und die weitere Verstärkung der Teilnahmerechte der Öffentlichkeit in den Entscheidungsverfahren, insbesondere bei der Planung der Gewässerbewirtschaftung. Ihre Umsetzung in nationales Recht und ihre einheitliche Durchführung erfordern allerdings noch weitere Schritte.

---

[355] Abrufbar von der Seite des Umwelt- und Energieministeriums: http://wfd.ypeka.gr/ index.php?option=com_frontpage&Itemid=9, Stand der Abrufung: 13.10.2015.

Fünftes Kapitel

Die Gesetze zur Umsetzung der Wasserrahmenrichtlinie 2000/60/EG in die griechische Rechtsordnung

I. Das nationale Gesetz 3199/2003 zur Umsetzung der Wasserrahmenrichtlinie in die griechische Rechtsordnung

1. Die Einführung des Gesetzes 3199/2003

Mit der Veröffentlichung der Wasserrahmenrichtlinie war die Verpflichtung zu ihrer Umsetzung in nationales Recht auf den 22. Dezember 2003 festgesetzt worden.[1] In Griechenland stellt die richtige Umsetzung und Vollziehung der Wasserrahmenrichtlinie eine große Herausforderung dar, weil eine Reihe von neue Prinzipien und Zielvorgaben eingeführt wurden, die in dem alten System der Gewässerbewirtschaftung in Griechenland nicht existierten.[2] Damit Griechenland seinen Verpflichtungen nachkommen konnte, wurde einige Tage vor Ablauf der Umsetzungsfrist, am 09.12.2003, das nationale Gesetz 3199/2003[3] erlassen.[4] Der nationale Gesetzgeber hat für die Umsetzung der Wasserrahmenrichtlinie den Erlass eines nationalen Gesetzes gewählt,[5] obwohl die Aufnahme der Europäischen Rechtsvorschriften normalerweise durch Präsidialverordnungen oder durch Ministerialentscheidungen erfolgt.[6] Mit dieser Wahl will der Gesetzgeber die Bedeutung der Wasserrahmenrichtlinie hervorheben.[7]

---

[1] Art. 24 Abs. 1 WRRL.

[2] *Dimosthenis Voivontas/Dionysis Assimakopoulos,* Kostendeckung und Preisbildung des Wassers unter dem Rahmen der Richtlinie 2000/60/EG, Tagung mit dem Thema „2000/60/EG Wasserrahmenrichtlinie – Harmonisierung mit der griechischen Realität", Nationale Technische Hochschule von Athen, Athen vom 22.05.2002, S. 8, Stand der Abrufung: 27.06.2014: http://environ.chemeng.ntua.gr/en/Uploads/Doc/Papers/Water/2002_Cost_Recovery_and_Water_Pricing.pdf.

[3] Nationales Gesetz für den Gewässerschutz und die Gewässerbewirtschaftung. Harmonisierung mit der Wasserrahmenrichtlinie 2000/60/EG vom 09.12.2003, veröffentlicht in FEK Heft A, Nr. 280 von 09.12.2003.

[4] *Angeliki Charokopou,* Die letzten Regelungen für die Gewässerbewirtschaftung und die Rechtsprechung des Staatsrates, in: Giotopoulou-Maragkopoulou/ Mpredimas/ Sisilianos (Hrsg.) Der Umweltschutz in Recht und Praxis, Institution von Maragkopoulou, 2008, S. 204, 209.

[5] *Athanasios Kougkolos*, Eine kritische Betrachtung der Europäischen Richtlinie 2000/60/EG und des Gesetzes 3199/2003, Per Dik, Heft 1, 2004, S. 17, 21.

[6] *Kougkolos*, Per Dik, Heft 1, 2004, S. 17, 21.

[7] *Kougkolos*, Per Dik, Heft 1, 2004, S. 17, 21.

2. Die Ziele des Gesetzes 3199/2003

Das nationale Gesetz 3199/2003 sieht als hauptsächliches Ziel die Umsetzung der Wasserrahmenrichtlinie in die griechische Rechtsordnung vor, sodass Griechenland seinen Verpflichtungen auf europäischer Ebene erfüllen kann.[8] Insbesondere bezweckt es die Entwicklung eines modernen und effizienten Rechtsrahmens zur Bewirtschaftung der Gewässer.[9] Aus diesem Grund besteht das Ziel der Durchführung der Gewässerbewirtschaftung darin, eine langfristige Planung zu ermöglichen. Darüber hinaus soll eine Dezentralisierung der Verwaltungsaufgaben versucht werden, so dass die regionalen Verwaltungen eine wichtigere Rolle bei der Gewässerbewirtschaftung annehmen können.[10] In diesem Gesetz sind die wesentlichen Grundsätze zum Schutz und zur Bewirtschaftung der Gewässer enthalten.[11] So wurden auch die mit den Gewässerangelegenheiten beauftragten Verwaltungsstellen und die allgemeinen Regeln über die Gewässernutzung festgelegt.[12] Letztlich ist das wesentliche Ziel des neuen Gesetzes die Verwirklichung der durch die Wasserrahmenrichtlinie festgesetzten Ziele.[13]

3. Die Neuerungen des Gesetzes 3199/2003 im Vergleich zu den früheren Rechtsvorschriften

Das Gesetz 3199/2003 hat im Vergleich zu dem früheren nationalen Gesetz 1739/1987 mehrere Neuerungen in die griechische Rechtsordnung gebracht.[14] Auf der Grundlage der Art. 3 bis 6 des Gesetzes 3199/2003 ist eine Reorganisation der Gewässerbehörden sowohl auf zentraler als auch auf dezentraler Ebene

---

[8] Art. 1 des Einführungsberichtes des Gesetzes 3199/2003.

[9] *Lazaros Tatsis*, Gewässerbewirtschaftung unter dem Rahmen der Wasserrahmenrichtlinie 2000/60/EG und des Gesetzes 3199/2003. Probleme und Perspektiven, Abschnitt IV, Nomos kai Physis, 2007.

[10] *Tatsis*, Gewässerbewirtschaftung im Rahmen der Wasserrahmenrichtlinie 2000/60/EG und des Gesetzes 3199/2003. Probleme und Perspektiven, Abschnitt IV, Nomos kai Physis, 2007.

[11] Art. 1 des Einführungsberichtes des Gesetzes 3199/2003.

[12] Art. 1 des Einführungsberichtes des Gesetzes 3199/2003.

[13] *Tatsis*, Gewässerbewirtschaftung im Rahmen der Wasserrahmenrichtlinie 2000/60/EG und des Gesetzes 3199/2003. Probleme und Perspektiven, Abschnitt IV, Nomos kai Physis, 2007.

[14] Nationales Gesetz 1739/1987 über Bewirtschaftung der Wasserressourcen und andere Rechtsvorschriften vom 18.11.1987, veröffentlicht in FEK Heft A, Nr. 201 vom 20.11.1987, S. 2017.

vorgenommen worden.[15] In Bezug auf die zentrale Ebene der Gewässerbewirtschaftung wurde ein Ministerium und zwar das Umwelt- und Energieministerium mit der Organisation und der Durchführung der Gewässerbewirtschaftung beauftragt.[16] Die Hoffnung war, dass auf diese Weise der zersplitterte Charakter und die Überschneidungen sowie die Unklarheiten zwischen den Zuständigkeiten und die Aufgaben der jeweiligen Verwaltungsstellen bewältigt werden können.[17]

Als Rahmen für die Planung der Gewässerbewirtschaftung wurden die Flussgebietseinheiten nach den Anforderungen der Wasserrahmenrichtlinie festgelegt.[18] Im Gegensatz dazu hatte das frühere Gesetz bei der Gewässerbewirtschaftung eine unterschiedliche Gewässereinheit als Maßstab festgesetzt, die auf Griechisch als *ydatiko diamerisma* bezeichnet wurde.[19] Allerdings betrifft diese Neuerung nur die Definition und hat keine Neubestimmung der Grenzen zwischen den Einheiten der Gewässerbewirtschaftung verursacht.[20] In mehreren Gesetzestexten wird der alte Begriff noch weiter benutzt oder zumindest neben dem neuen Begriff der Flussgebietseinheit eingeklammert, so dass auch Missverständnisse bei Interessierten und Vollziehenden des Gesetzes vermieden werden können. Weiter kann die Genehmigung von Vorhaben ohne das vorherige Vorliegen von Gewässerbewirtschaftungsplänen nicht bis zur Erstellung dieser Pläne nach den Maßgaben der Art. 7 des Gesetzes 3199/2003 und nach den Anforderungen der Wasserrahmenrichtlinie verschoben werden. Der Grund liegt darin, dass, solange diese Gewässerbewirtschaftungspläne noch nicht erlassen waren, die Planung nach den Maßgaben des früheren Gesetzes wahrgenommen

---

[15] *Vicki Karageorgou,* Der institutionelle Rahmen der Gewässerbewirtschaftung in Griechenland und die Beitrage der Europäischen Gesetzgebung: Defizite, Herausforderungen und Perspektiven, in: Giannakourou/Kremlis/Siouti, Die Durchsetzung des Umweltrechts der Gemeinschaft in Griechenland 1981-2006, Griechische Gesellschaft für Umweltrecht, 2007, S. 175, 194.

[16] *Tatsis,* Gewässerbewirtschaftung im Rahmen der Wasserrahmenrichtlinie 2000/60/EG und des Gesetzes 3199/2003. Probleme und Perspektiven, Abschnitt IV, Nomos kai Physis, 2007.

[17] *Tatsis,* Gewässerbewirtschaftung im Rahmen der Wasserrahmenrichtlinie 2000/60/EG und des Gesetzes 3199/2003. Probleme und Perspektiven, Abschnitt IV, Nomos kai Physis, 2007.

[18] Art. 7 des Gesetzes 3199/2003.

[19] Art. 1 Abs. 4 des Gesetzes 1739/1987.

[20] *Tatsis,* Gewässerbewirtschaftung im Rahmen der Wasserrahmenrichtlinie 2000/60/EG und des Gesetzes 3199/2003. Probleme und Perspektiven, Abschnitt IV, Nomos kai Physis, 2007.

wurde.[21] Das hat zur Folge, dass die Planung auf jeden Fall eine Voraussetzung bei der Gewässerbewirtschaftung darstellt.[22] Obwohl die Gewässerbewirtschaftungspläne schon seit dem Gesetz 1739/1987 bekannt waren,[23] sind die Maßnahmenprogramme und die Kontrolle ihrer Durchsetzung zum ersten Mal im Gesetz 3199/2003[24] zu finden.[25]

Eine weitere Einführung in die griechische Rechtsordnung durch das Gesetz zur Umsetzung der Wasserrahmenrichtlinie ist die Gewährleistung der Teilnahme der Öffentlichkeit bei der Planung der Gewässerbewirtschaftung.[26] Darüber hinaus ist in Art. 12 das Kostendeckungsprinzip nach Art. 9 WRRL geregelt. Letztlich lassen sich nach dem Gesetz 3199/2003 die Wassernutzungen in fünf Kategorien einteilen und zwar in Wasserversorgung, Bewässerung, Industrienutzung, Energieerzeugung und touristische Zwecke.[27] Die Gewässernutzung zur Erfüllung der Wasserversorgung hat Vorrang vor den sonstigen Nutzungen.[28]

4. Abweichungen des Gesetzes 3199/2003 von der Wasserrahmenrichtlinie

Nach den Anforderungen der Wasserrahmenrichtlinie sind die Einzugsgebiete von den Mitgliedstaaten in eine größere Flussgebietseinheit einzuordnen, damit die Gewässerbewirtschaftung auf diesem eingegrenzten Bereich mit möglichst gemeinsamen Merkmalen organisiert und durchgeführt werden kann.[29] Im Falle Griechenlands bestanden nach den Angaben des ersten Gesetzes über die Gewässerbewirtschaftung bereits 14 Wassergebiete.[30] Diese Gewässereinheiten waren nach den verwaltungsrechtlichen Grenzen gebildet worden.[31] Nach dem

---

[21] *Katerina Sakellaropoulou/Nikos Sekeroglou*, Die nachhaltige Bewirtschaftung von Gewässerressourcen, Abschnitt III, Nomos kai Physis, 2006. Abrufbar im Internet: http://www. nomosphysis.org.gr/articles.php?artid=2601&lang=1&catpid=1.

[22] *Sakellaropoulou/Sekeroglou*, Die nachhaltige Bewirtschaftung von Gewässerressourcen, Abschnitt III, Nomos kai Physis, 2006.

[23] Art. 4 des Gesetzes 1739/1987.

[24] Art. 4 Abs. 1 Unterabs. a des Gesetzes 3199/2003.

[25] *Charokopou* (Fn. 4), S. 204, 214.

[26] Art. 7 Nr. 2.2 des Gesetzes 3199/2003.

[27] Art. 10 des Gesetzes 3199/2003.

[28] Art. 10 Abs. 1 Satz 2 des Gesetzes 3199/2003.

[29] Art. 3 Abs. 1 der Richtlinie 2000/60/EK.

[30] Art. 1 Abs. 4 des Gesetzes 1739/1987.

[31] *Kougkolos*, Per Dik, Heft 1, 2004, S. 17, 22.

neuen nationalen Gesetz sind sie übernommen und als Flussgebietseinheiten nach den Angaben der Wasserrahmenrichtlinie eingeordnet worden.[32] Griechenland verfügt im Vergleich zu anderen Ländern über eine besondere Geomorphologie:[33] Obwohl es einen beschränkten Umfang in seiner Gesamtheit und ein relativ kleines Festland besitzt,[34] weist es eine umfangreiche Küstenlinie, eine intensiv ausgeprägte Tektonik und eine große Anzahl von wasserarmen oder trockenen Inseln auf.[35] Daher konnten keine großen Flüsse in Griechenland entstehen[36] und ferner auch keine ausgedehnten Flussgebietseinheiten.[37] Inwieweit aber die früher festgestellten Gewässereinheiten auf die neu gestellten Anforderungen der Wasserrahmenrichtlinie exakt zu übertragen sind, ist noch zu klären.[38]

Darüber hinaus ist anzumerken, dass die Erreichung einer *guten ökologischen Gewässerqualität* eine große Bedeutung in der Wasserrahmenrichtlinie hat, weshalb dieser Begriff in mehreren Vorschriften und Anhängen der Wasserrahmenrichtlinie zu finden ist.[39] Im Gegensatz dazu ist in dem nationalen Gesetz Nr. 3199/2003 zur Umsetzung der Wasserrahmenrichtlinie dieser Begriff nicht zu finden.[40] Der Begriff der guten ökologischen Gewässerqualität ist demnach in das Gesetz zur Umsetzung der Wasserrahmenrichtlinie nicht übernommen worden.[41] Darüber hinaus ist in der Wasserrahmenrichtlinie die Rede vom Schutz

---

[32] Entwurf des Gewässerbewirtschaftungsplans des Landes, Entwicklungsministerium, Athen 2003, S. 6; *Tatsis,* Gewässerbewirtschaftung im Rahmen der Wasserrahmenrichtlinie 2000/60/EG und des Gesetzes 3199/2003. Probleme und Perspektiven, Abschnitt IV, Nomos kai Physis, 2007.

[33] Entwurf des Gewässerbewirtschaftungsplans des Landes, 2003, S. 6.

[34] Sein Umfang beträgt 132.000 km²; Entwurf des Gewässerbewirtschaftungsplans des Landes, 2003, S. 6.

[35] Entwurf des Gewässerbewirtschaftungsplans des Landes, 2003, S. 6.

[36] *Karageorgou* (Fn. 15), S. 175, 190.

[37] Entwurf des Gewässerbewirtschaftungsplans des Landes, 2003, S. 6.

[38] *Tatsis,* Gewässerbewirtschaftung im Rahmen der Wasserrahmenrichtlinie 2000/60/EG und des Gesetzes 3199/2003. Probleme und Perspektiven, Abschnitt IV, Nomos kai Physis, 2007. Es lag ein Vorschlag einer Gruppe von Forschern der Nationalen Technischen Hochschule „Metsovio" vor, der die Herausbildung von nur 7 Flussgebietseinheiten thematisiert hat. Dieser Vorschlag baute auf der Idee auf, dass die Grenzen der Verwaltungsgebiete nicht mit den Grenzen der Flussgebietseinheit vermischt würden. So könnte eine Kooperation der Verwaltungseinheiten auf dem Gebiet der Gewässerbewirtschaftung vereinfacht und verbessert werden.

[39] *Kougkolos,* Per Dik, Heft 1, 2004, S. 17, 22.

[40] *Kougkolos,* Per Dik, Heft 1, 2004, S. 17, 22.

[41] *Euaggelia Koutoupa-Regkakou,* Umweltrecht, 2008, Gewässerschutzrecht, S. 234.

der Binnenoberflächen-, Übergangs-, Küstengewässer und des Grundwassers.[42] Bei der Umsetzung dieser Vorschrift hat der griechische Gesetzgeber den Schutz nur auf die ober- und unterirdischen Gewässer erstreckt.[43]

Außerdem haben sich in den letzten Jahren zwei Grundsätze entwickelt, die einen wichtigen Einfluss auf die Regelung von umweltbezogenen Rechtsvorschriften haben.[44] Erstens sind Umweltgüter, die unersetzlich, wertvoll und unentbehrlich für das Leben sind, als ein gemeinsames, natürliches Erbe anzusehen und zweitens sind Umweltgüter unter Berücksichtigung der nachhaltigen Entwicklung zu bewirtschaften. Diese zwei Grundsätze finden sich auch in der Wasserrahmenrichtlinie. Der erste besagt, dass das Wasser als ein gemeinsames Erbe anzusehen ist und der zweite, dass die Wasserbewirtschaftung nachhaltig sein soll, wie es in den Erwägungsgründen der Wasserrahmenrichtlinie gefordert wird.[45] Beide Prinzipien sind nicht im neuen Gesetz 3199/2003 zu finden. So ist es offensichtlich, dass der griechische Gesetzgeber das neue Gesetz erlassen hat, ohne die Entwicklungen auf der internationalen und europäischen Ebene zu beachten.[46] Der nationale Gesetzgeber hat die Aufnahme dieser Prinzipien auf eine spätere Zeit durch den Erlass von Ermächtigungsvorschriften verschoben.[47]

Eine weitere mangelhafte Umsetzung betrifft die Gewährleistung der Teilnahme der Öffentlichkeit an der Bewirtschaftung der Gewässer.[48] In Art. 14 WRRL ist die Teilnahme der Öffentlichkeit bei der Durchführung der Gewässerbewirtschaftung und besonders bei der Ausarbeitung der Gewässerbewirtschaftungspläne und der Maßnahmenprogramme vorgesehen.[49] Das Gesetz

---

[42] Art. 1 Abs. 1 der Wasserrahmenrichtlinie.

[43] *Tatsis,* Gewässerbewirtschaftung im Rahmen der Wasserrahmenrichtlinie 2000/60/EG und des Gesetzes 3199/2003. Probleme und Perspektiven, Abschnitt IV, Nomos kai Physis, 2007; Art. 2 Abs. 1 des Gesetzes 3199/2003.

[44] *Marios Chaintarlis,* Die heutige Gesetzgebung über den Wasserschutz und die Wasserbewirtschaftung, in: Papadimitriou (Hrsg.), Nachhaltige Gewässerbewirtschaftung, Grundsätze, Prinzipien und Implementation, Sitzungsprotokoll, 2006, S. 33, 35 ff.

[45] Nr. 18 Erwägungsgründen WRRL.

[46] Zum Ganzen: *Chaintarlis,*(Fn. 44), S. 33, 38.

[47] *Chaintarlis,*(Fn. 44), S. 33, 38.

[48] *Tatsis,* Gewässerbewirtschaftung im Rahmen der Wasserrahmenrichtlinie 2000/60/EG und des Gesetzes 3199/2003. Probleme und Perspektiven, Abschnitt IV, Nomos kai Physis, 2007.

[49] *Charokopou* (Fn. 4), S. 204, 217.

3199/2003 sieht das Recht auf Teilnahme der Öffentlichkeit bei der Gewässerbewirtschaftung vor, ohne die Art und Weise dieser Teilnahme zu bestimmen.[50]

5. Durchführungsschwierigkeiten des Gesetzes 3199/2003

Die Umsetzung der Wasserrahmenrichtlinie in nationales Recht ist von erheblicher Bedeutung, um eine erfolgreiche Gewässerbewirtschaftung in Griechenland durchzuführen.[51] Die lückenhafte Umsetzung der Wasserrahmenrichtlinie
in das griechische Recht verursacht notwendig Probleme bei ihrer Durchführung.[52] Dies liegt an der Divergenz zwischen den Rechtsvorschriften der Wasserrahmenrichtlinie und ihrer Umsetzung in die griechische Rechtsordnung.[53]
Die vom Gesetzgeber gewählten Rechtsvorschriften des Gesetzes 3199/2003 zur
Umsetzung der Wasserrahmenrichtlinie können eine Vollziehung der europäischen Anforderungen voraussichtlich nicht gewährleisten.[54] Einige der Rechtsvorschriften weisen einen zu allgemeinen Charakter auf und erteilen dem Gesetzgeber die Ermächtigung zu einem späteren Erlass von Rechtvorschriften zur
Vervollständigung.[55]

a. Unvollständiger Erlass der notwendigen Rechtsvorschriften

Das Gesetz zur Umsetzung der Wasserrahmenrichtlinie 3199/2000 enthält eine Reihe von Ermächtigungsvorschriften;[56] zu nennen vor allem ist Art. 15 des
Gesetzes 3199/2003. Allerdings sind noch an weiteren Stellen des Gesetzes Ermächtigungsvorschriften zu finden.[57] Diese Rechtsvorschriften erteilen den zuständigen Ministern die Ermächtigung, geeignete Vorschriften zu erarbeiten, die

---

[50] *Charokopou* (Fn. 4), S. 204, 217.
[51] *Voivontas/Assimakopoulos* (Fn. 2).
[52] *Charokopou* (Fn. 4), S. 204, 209.
[53] *Voivontas/Assimakopoulos* (Fn. 2).
[54] *Georgios Papadimitriou*, Kommentierung von PE 338/2006 des Staatsrats, Nomos kai
Physis, 2007, abrufbar im Internet: http://www.nomosphysis.org.gr/articles.php?artid=2734&
lang=1&catpid=98.
[55] *Papadimitriou*, Kommentierung von PE 338/2006 des Staatsrats, Nomos kai Physis,
2007.
[56] *Georgios Papadimitriou*, La nave va … in der Gewässerbewirtschaftung, in: ders.
(Hrsg.), Nachhaltige Gewässerbewirtschaftung, Grundsätze, Prinzipien und Implementation,
Sitzungsprotokoll, 2006, S. 63, 64.
[57] *Karageorgou* (Fn. 15), S. 175, 206.

für die Ergänzung und Vollziehung des nationalen Gesetzes notwendig sind.[58] Nach Meinung von *Papadimitriou* stellt diese Gesetzgebungstechnik den Versuch des Gesetzgebers dar, die Geltung des Gesetzes und auch der Wasserrahmenrichtlinie auf einen späteren Zeitpunkt zu verschieben.[59]

Die Behörden sind auf den Grundlagen der Ermächtigungsvorschriften zum Erlass der jeweiligen Rechtsvorschriften zur Vollendung des Gesetzes 3199/2003 verpflichtet.[60] Ein Unterlassen dieser Verpflichtung verhindert die tatsächliche Umsetzung der Wasserrahmenrichtlinie.[61] Der Erlass eines Gesetzes ist mit einer bestimmten Politik des Staates verbunden; wenn aber die Durchsetzung dieses Gesetzes nicht durch den Erlass der notwendigen Durchführungsakte ermöglicht wird, kann diese Politik nicht realisiert werden.[62] Der Fall wird noch komplizierter, wenn diese Politik eine europäische Richtlinie darstellt und der Staat zu ihrer Umsetzung in nationales Recht verpflichtet ist.[63]

b. Die parallele Durchführung der Rechtsvorschriften

Die Übergangsrechtsvorschriften des Gesetzes 3199/2003[64] lassen Unklarheiten bei der Durchsetzung des Gesetzes erkennen.[65] Denn das Gesetz fordert die Vollziehung seiner Rechtsvorschriften auch dann, wenn sie im Gegensatz zu den früher geltenden Vorschriften stehen;[66] sonst könnte in Fällen, in welchen die erforderlichen Durchführungsakte noch nicht erlassen wurden, die alten Rechtsvorschriften zur Anwendung kommen.[67] Auf diese Weise ist es kompliziert geworden, die für den jeweiligen Fall anwendbare Rechtsvorschrift zu bestimmen.[68] Diese Unklarheit wird noch durch den unterschiedlichen Verwaltungs-

---

[58] *Papadimitriou* (Fn. 56), 2006, S. 63, 64.

[59] *Papadimitriou* (Fn. 56), 2006, S. 63, 64.

[60] *Papadimitriou* (Fn. 56), 2006, S. 63, 64.

[61] *Papadimitriou* (Fn. 56), 2006, S. 63, 64.

[62] *Papadimitriou* (Fn. 56), 2006, S. 63, 64.

[63] *Papadimitriou* (Fn. 56), 2006, S. 63, 64.

[64] Art. 16 des Gesetzes 3199/2003.

[65] *Papadimitriou* (Fn. 56), 2006, S. 63, 65.

[66] Art. 16 Abs. 1 Satz 1 des Gesetzes 3199/2003.

[67] Art. 16 Abs. 1 Satz 2 des Gesetzes 3199/2003.

[68] *Tatsis,* Gewässerbewirtschaftung im Rahmen der Wasserrahmenrichtlinie 2000/60/EG und des Gesetzes 3199/2003. Probleme und Perspektiven, Abschnitt IV, Nomos kai Physis, 2007.

aufbau erschwert, den die beiden Gesetze vorsehen.[69] Es ist zu unterstreichen, dass beide Gesetze auch einen unterschiedlichen Bezugsrahmen für die Bewirtschaftung der Gewässer anlegen, nämlich die Flussgebietseinheit nach Gesetz 3199/2003 im Vergleich mit der Gewässereinheit[70] nach den Maßgaben des alten Gesetzes von 1739/1987.[71] Obwohl es keine wesentliche Unterschieden zwischen den beiden Begriffen gibt, kann die weitere Nutzung der alten Begriffen zu Unklarheiten führen.[72]

Dies hat ein „Rechtsvorschriftenchaos" zur Folge, bei dem die Verwaltung, die diese Rechtsvorschriften vollziehen soll, und die Betroffenen, die der Durchführung dieser Rechtsvorschriften unterliegen, nicht wissen, welche Rechtsvorschrift in den jeweiligen Fällen anzuwenden ist. Die Aufnahme von derartigen Übergangsrechtsvorschriften stellt ein Beispiel von unvernünftiger Gesetzgebung dar.[73] Das Problem ist noch größer, wenn diese Rechtsvorschriften zur Umsetzung von europäischen Rechtsvorschriften eingeführt werden, besonderes in Fällen wie der Wasserrahmenrichtlinie, die eine Rahmenrichtlinie ist und deren Rechtsvorschriften einer weiteren Regelung bedürfen, um sie vollständig zu vollziehen.[74]

Das Gesetz zur Umsetzung der Wasserrahmenrichtlinie in nationales Recht[75] beinhaltet die Bestimmung der Verwaltungsstelle zur Wahrnehmung der Gewässerbewirtschaftung und deren Zuständigkeitsbereich, die Beschreibung der wesentlichen Prinzipien in Bezug auf die Aufstellung von Gewässerbewirtschaftungsplänen und Maßnahmenprogrammen sowie die Bestimmung der Gewässernutzungen.[76] Zur Ergänzung der Lücken des Gesetzes 3199/2003 wurde auf der Rechtsgrundlage des Art. 15 Abs. 1 des Gesetzes 3199/2003 die Präsidial-

---

[69] *Tatsis,* Gewässerbewirtschaftung im Rahmen der Wasserrahmenrichtlinie 2000/60/EG und des Gesetzes 3199/2003. Probleme und Perspektiven, Abschnitt IV, Nomos kai Physis, 2007.

[70] Auf Griechisch als *ydatiko diamerisma* bezeichnet.

[71] *Papadimitriou* (Fn. 56), 2006, S. 63, 65.

[72] Siehe auch *Tatsis,* Gewässerbewirtschaftung im Rahmen der Wasserrahmenrichtlinie 2000/60/EG und des Gesetzes 3199/2003. Probleme und Perspektiven, Abschnitt IV, Nomos kai Physis, 2007; *Sakellaropoulou/Sekeroglou,* Die nachhaltige Bewirtschaftung von Gewässerressourcen, Abschnitt III, Nomos kai Physis, 2006.

[73] *Papadimitriou* (Fn. 56), 2006, S. 63, 63.

[74] *Papadimitriou* (Fn. 56), 2006, S. 63, 64.

[75] Gesetz 3199/2003.

[76] *Andreas Andreadakis,* Wasserrahmenrichtlinie 2000/60 für die Gewässerbewirtschaftung, Institut der Regionalen Selbstverwaltung, 2008, Abschnitt 3, abrufbar im Internet: http://courses.arch.ntua.gr/.

verordnung 51/2007[77] erlassen.[78] Mit dieser Präsidialverordnung ist eine Ergänzung der Umsetzung der Wasserrahmenrichtlinie in nationales Recht versucht worden, sodass eine kohärente Gewässerbewirtschaftung nach den Maßgaben der Wasserrahmenrichtlinie weiter vollzogen werden kann.[79]

II. Die Einführung der Präsidialverordnung 51/2007 zur vollständigen Umsetzung der Wasserrahmenrichtlinie

Das Gesetz 3199/2003 hat die Europäische Wasserrahmenrichtlinie nur teilweise in nationales Recht umgesetzt, weshalb der Erlass von mehreren Durchführungsvorschriften notwendig war.[80] Die Europäische Kommission hat im Übrigen eine mangelnde Umsetzung der Wasserrahmenrichtlinie in die griechische Rechtsordnung durch das Gesetz 3199/2003 festgestellt und deswegen am 18.10.2006 vor dem EuGH ein Vertragsverletzungsverfahren eingeleitet.[81] Auf der Ermächtigungsgrundlage des Gesetzes 3199/2003[82] wurde daher im Jahr 2007 die Präsidialverordnung Nr. 51 erlassen.[83] Die Einführung dieser Präsidialverordnung hatte den Zweck, die Wasserrahmenrichtlinie vollständig in die griechische Rechtsordnung umzusetzen.[84] Der Entwurf der Präsidialverordnung ist mit einer Verspätung von 2 Jahren und 8 Monaten zur Begutachtung vor den Staatsrat gebracht worden.[85] Die verspätete Vorlage des Gesetzesentwurfs zeigt ein zögerlich durchgeführtes Verfahren mit der Folge einer verspäteten Umset-

---

[77] Präsidialverordnung für die Festsetzung von Maßnahmen und Verfahren für einen einheitlichen Gewässerschutz und die Gewässerbewirtschaftung nach den Maßgaben der Richtlinie 2000/60/EK vom 02.03.2007, veröffentlicht in FEK Heft A, Nr. 54 vom 08.03.2007.

[78] *Andreadakis* (Fn. 76), Abschnitt 3; *Apostolos I. Papatolias*, Der europäische und der nationale Rechtsrahmen für einen kohärenten Gewässerschutz und die Gewässerbewirtschaftung, Dikaiomata tou Anthropou, 2010, Heft 46, S. 375, 388.

[79] *Andreadakis* (Fn. 76), Abschnitt 3.

[80] *Ioannis Diamantis/FotisPliakas/Christos Petalas/Andreas Kallioras*, Die Harmonisierung des nationalen Rechts mit der Richtlinie 2000/60/EG über den Schutz und die Bewirtschaftung der Wasserressourcen, Per Dik, Heft 4, 2004, S. 480, 487.

[81] *Charokopou* (Fn. 4), S. 204, 210.

[82] Art. 15 Abs. 1 des Gesetzes 3199/2003.

[83] Präsidialverordnung Nr. 51/2007 für die Festsetzung von Maßnahmen und Verfahren für einen einheitlichen Gewässerschutz und die Gewässerbewirtschaftung nach den Maßgaben der Richtlinie 2000/60/EK vom 02.03.2007, veröffentlicht in FEK Heft A, Nr. 54 vom 08.03.2007.

[84] *Stauros Tasiopoulos*, Gewässerbewirtschaftung im europäischen Raum – Richtlinie 2000/60/EG, Per Dik 2014, S. 439, 442.

[85] PE 338/2006 des Staatsrats über den Entwurf der Präsidialverordnung 51/2007, Rn. 1.

zung der Rechtsvorschriften der Wasserrahmenrichtlinie in nationales Recht.[86] Die Entwürfe der Präsidialverordnungen, die sich auf die Umsetzung von europäischen Rechtsvorschriften beziehen, sollten vor dem Fristablauf der Umsetzungspflicht dem Staatsrat vorliegen, sodass der Staatsrat seine Befugnis zur Begutachtung der Präsidialverordnungen durchführen kann.[87] Das ermöglicht der Exekutive die erforderlichen Veränderungen nach der Begutachtung noch vorzunehmen.[88] Im Jahr 2008 wurde die Entscheidung des EuGH über die mangelnde Umsetzung der Wasserrahmenrichtlinie in die griechische Rechtsordnung veröffentlicht.[89] Die verspätete Einführung der Präsidialverordnung 51/2007 zur vollen Umsetzung der Wasserrahmenrichtlinie in die griechische Rechtsordnung hat eine Abweichung vom Zeitplan der Wasserrahmenrichtlinie verursacht.[90]

Mit der Präsidialverordnung Nr. 51/2007 sind mehrere Defizite des Gesetzes 3199/2003 beseitigt worden. Es wurden zum ersten Mal die Ziele der Wasserrahmenrichtlinie[91] in Art. 1 und 4 der Präsidialverordnung Nr. 51/2007 vollständig aufgeführt. Das Gesetz 3199/2003 fordert in Art. 2 Abs. 1 zum Schutz und Bewirtschaftung der ober- und unterirdischen Gewässer auf.[92] Die Zwecke gemäß Art. 4 der Wasserrahmenrichtlinie sind detaillierter umgesetzt als vorher. Sie enthalten nicht nur das Verschlechterungsverbot, sondern auch das Verbesserungs- und Sanierungsgebot. Mit Art. 1 der Präsidialverordnung Nr. 51/2007 wurde der Schutz der Gewässer über die ober- und unterirdischen Gewässer, hinaus auf die Übergangs- und Küstengewässer ausgedehnt. Außerdem enthält die Präsidialverordnung Maßnahmen zur Verwirklichung der Ziele der Wasserrahmenrichtlinie.[93]

---

[86] PE 338/2006 des Staatsrats über den Entwurf der Präsidialverordnung 51/2007, Rn. 1.
[87] Art. 95 Abs. 1 Unterabs. d der griechischen Verfassung.
[88] PE 338/2006 des Staatsrats über den Entwurf der Präsidialverordnung 51/2007, Rn. 1.
[89] Urteil des Europäischen Gerichtshofs, Rechtssache C-264/2007 vom 31.01.2008.
[90] *Tasiopoulos*, Per Dik 2014, S. 439, 442.
[91] Art. 4 WRRL.
[92] *Tatsis*, Gewässerbewirtschaftung im Rahmen der Wasserrahmenrichtlinie 2000/60/EG und des Gesetzes 3199/2003. Probleme und Perspektiven, Abschnitt IV, Nomos kai Physis, 2007; *Karageorgou* (Fn. 15), S. 175, 206.
[93] Siehe auch *Ilias Dandolos/Kostas Papathanasiou/Giotakis Konstantinos/Panagiotis Sampatakakis/Kostas Papastergiou*, Die Rolle und die Aufgaben der Selbstverwaltung bei der Bewirtschaftung und dem Schutz der Wasserressourcen, Institut der Regionalen Selbstverwaltung, 2008, Athen 2008 S. 8, abrufbar im Internet: http://www.ita.org.gr/default.aspx?lang=gr. Stand der Abrufung:15.02.2015.

Weiter enthält die Präsidialverordnung Nr. 51/2007 die Festlegung und Beschreibung der innerstaatlichen Flussgebietseinheiten und jener mit grenzüberschreitendem Charakter.[94] Jede Flussgebietseinheit liegt innerhalb der Grenzen einer administrativen Region, welche zu der Bewirtschaftung dieser Flussgebietseinheit verpflichtet ist. Für die Flussgebietseinheiten, die zu mehreren administrativen Regionen gehören, sind beide bzw. alle betroffenen Regionen für die Bewirtschaftung der Flussgebietseinheit zuständig.[95]

Die Einführung der Präsidialverordnung hat eine vollständigere Umsetzung des Kostendeckungsprinzips zur Folge.[96] Die Wasserrahmenrichtlinie erfordert, eine wirtschaftliche Analyse jeder Wassernutzung unter Berücksichtigung der Anhänge II und III bereitzustellen.[97] Ferner fordert sie die Deckung der Kosten der Wasserdienstleistungen einschließlich der Umwelt- und Ressourcenkosten.[98] In Art. 8 der Präsidialverordnung wurde die Pflicht zur Deckung der Kosten der Wasserdienstleistungen einschließlich der Umwelt- und Ressourcenkosten in die griechische Rechtsordnung umgesetzt.[99] Außerdem wurde der Anhang IV eingefügt, damit die Implementierung des Kostendeckungsprinzips unter Berücksichtigung des Verursacherprinzips ergänzt werden konnte.[100] Schließlich wurden auch die zuständigen Verwaltungsstellen und ihre Aufgabenbereiche festgesetzt, um die Durchführung des Kostendeckungsprinzips nach den Maßgaben des Anhangs IV der Präsidialverordnung Nr. 51/2007[101] zu realisieren.[102]

Darüber hinaus ist nach der Präsidialverordnung Nr. 51/2007 die Verschmutzung der Gewässer durch Schadstoffeinleitungen zu vermeiden.[103] Eine Liste mit 33 prioritären gefährlichen Schadstoffen soll dazu verpflichten, dass deren Einleitungen in die Gewässer reduziert, beendet oder schrittweise eingestellt werden.[104] Ferner wurden mit den Art. 10 und 11 der Präsidialverordnung Nr. 51/2007 der Inhalt, die Verfahren und die zuständigen Verwaltungsstellen für

---

[94] Art. 3 der Präsidialverordnung Nr. 51/2007.

[95] Art. 3 Abs. A Nr. 5 des Präsidialverordnung 51/2007.

[96] Art. 5 und 8 der Präsidialverordnung Nr. 51/2007.

[97] Art. 5 Abs. 1 der WRRL.

[98] Art. 9 Abs. 1 der WRRL.

[99] *Dandolos/Papathanasiou/Giotakis/Sampatakakis/Papastergiou* (Fn. 93), S. 22 ff.

[100] Art. 8 Abs. 1 der Präsidialverordnung Nr. 51/2007.

[101] Siehe auch *Papatolias*, Dikaiomata tou Anthropou, 2010, Heft 46, S. 375, 393.

[102] Art. 8 Abs. 1 der Präsidialverordnung Nr. 51/2007.

[103] Art. 13 Abs. 1 der Präsidialverordnung Nr. 51/2007.

[104] Art. 13 Abs. 2 i. V. m. dem Anhang IX der Präsidialverordnung Nr. 51/2007; *Dandolos/ Papathanasiou/Giotakis/Sampatakakis/Papastergiou* (Fn. 93), S. 18.

die Ausarbeitung der Gewässerbewirtschaftungspläne und Maßnahmenprogramme detaillierter festgelegt.[105]

Einen weiteren Schritt zur Bewältigung der diffusen Gewässerverschmutzung stellt die Einrichtung des Nationalen Registers über die Gewässerentnahme dar.[106] In diesem Register müssen alle Gewässerentnahmestellen jeder Flussgebietseinheit eingetragen werden, auch wenn sie derzeit deaktiviert sind.[107] Außerdem sind in diesem Register die Informationen und Ergebnisse der Bestandsaufnahme und zudem einer Bewertung der Gewässernachfrage in jeder Flussgebietseinheit einzutragen.[108] Nach diesen Maßgaben können die Maßnahmenprogramme aufgestellt werden, sodass die Ziele des Art. 4 der Präsidialverordnung Nr. 51/2007 und somit des Art. 4 der Wasserrahmenrichtlinie erreicht werden können.[109]

III. Die Teilung des Landes in Flussgebietseinheiten

Die Umsetzung der Wasserrahmenrichtlinie in nationales Recht fordert zum Aufbau eines neuen Systems in der Gewässerbewirtschaftung auf, welches auf den Grundlagen der Flussgebietseinheiten zu organisieren ist.[110] Daraus folgt, dass die erste Aufgabe bei der Umsetzung der Wasserrahmenrichtlinie in nationales Recht die Abgrenzung der Flussgebietseinheiten ist.[111] Im Text der Wasserrahmenrichtlinie ist eine Definition für die Flussgebietseinheiten zu finden. Eine Flussgebietseinheit ist gemäß Art. 2 Abs. 1 Nr. 15 WRRL ein als *Haupteinheit für die Bewirtschaftung von Einzugsgebieten festgelegtes Land- oder*

---

[105] *Papatolias*, Dikaiomata tou Anthropou, 2010, Heft 46, S. 375, 392.

[106] Die Gemeinsame Ministerialentscheidung Nr. 145026 vom 10.01.2014 über die Zusammensetzung, die Verwaltung und das Arbeiten des Nationalen Registers über die Gewässerentnahme aus oberirdischen und unterirdischen Gewässersystemen, veröffentlicht in FEK B, Nr. 31 vom 14.01.2014, S. 231.

[107] Art. 1 Abs. 1 der Gemeinsamen Ministerialentscheidung Nr. 145026 vom 10.01.2014, S. 231, 232.

[108] Art. 1 Abs. 2 der Gemeinsamen Ministerialentscheidung Nr. 145026 vom 10.01.2014, S. 231, 232.

[109] Art. 1 Abs. 2 der Gemeinsamen Ministerialentscheidung Nr. 145026 vom 10.01.2014, S. 231, 232.

[110] *Johannes Caspar*, Die EU-Wasserrahmenrichtlinie: Neue Herausforderungen an einen europäischen Gewässerschutz, DÖV, Heft 13, 2001, S. 529, 531 ff.

[111] *Peter A. Chave*, The EU Water Framework Directive, An Introduction, 2001, S. 30.

Meeresgebiet, das aus einem oder mehreren benachbarten Einzugsgebieten und den ihnen zugeordneten Grundwässern und Küstengewässern besteht.

Es stellt sich die Frage, wer für die Abgrenzung der Flüsse zuständig sein soll.[112] Einerseits kann sie als Aufgabe der Regierung angesehen werden,[113] andererseits wird ein hohes Maß an Fachkenntnissen gefordert.[114] Nach Art. 3 WRRL soll als Kriterium für die Organisation der Flussgebietseinheiten eine geographische und keine verwaltungsrechtliche Sicht zugrunde liegen.[115]

Die Bewirtschaftung der Gewässer nach dem neuen System der Flussgebietseinheit kann als vorteilhaft beurteilt werden, da die Bewirtschaftung entsprechend den natürlichen Gegebenheiten jedes Gebietes und nicht gemäß den administrativen Abgrenzungen durchzuführen ist.[116] Trotz der hohen Erwartungen der Wasserrahmenrichtlinie hat der Gesetzgeber in Griechenland mit der Einführung dieses Systems weiterhin die Abgrenzung der Flussgebietseinheiten nach den verwaltungsrechtlichen Grenzen behalten,[117] obwohl die Gewässerressourcen natürliche und lokale Beschränkungen aufweisen, die nicht mit den festgesetzten politischen oder verwaltungsrechtlichen Grenzen identisch sind.[118]

Griechenland hat die Vorgaben des Art. 3 der Wasserrahmenrichtlinie insofern eingehalten, da es schon Flussgebietseinheiten bestimmt und die Zuordnung der Einzugsgebiete zu diesen Flussgebietseinheiten festgesetzt hatte.[119] Dabei sollte die Bestimmung der Einzugsgebiete durch eine Entscheidung des Nationalen Gewässerausschusses getroffen werden.[120] Mit einer Entscheidung des Nationalen Gewässerausschusses[121] sind *45 Einzugsgebiete* gebildet und mit dersel-

---

[112] *Chave* (Fn. 111), S. 30.

[113] *Chave* (Fn. 111), S. 30.

[114] *Chave* (Fn. 111), S. 30.

[115] *Caspar*, DÖV, Heft 13, 2001, S. 529, 531 ff.

[116] *Koutoupa-Regkakou* (Fn. 41), S. 227.

[117] *Koutoupa-Regkakou* (Fn. 41), S. 234.

[118] *Maria A. Mimikou,* Die Implementation der Wasserrahmenrichtlinie 2000/60 auf der Ebene der Flussgebietseinheit. Perspektive unter Berücksichtigung der griechischen Realität. Ingenieurskammer Griechenlands, 2002.

[119] *Andreadakis* (Fn. 76), Abschnitt 3.

[120] Art. 5 Abs. 2 des Gesetzes Nr. 3199/2003 in Verbindung mit Art. 3 Abs. A Nr. 1 der Präsidialverordnung 51/2007.

[121] Entscheidung Nr. 706/2010 des Nationalen Gewässerausschusses für die Festsetzung der Flussgebietseinheiten von Griechenland und die Bestimmung der zuständigen Direktionen für ihren Schutz und ihre Bewirtschaftung vom 16.07.2010, veröffentlicht in FEK Heft B, Nr. 1383 vom 02.10.2010, S. 18943, mit zwei Anhängen; zum Korrigieren des 2. Anhangs durch

ben Entscheidung *14 Flussgebietseinheiten* zugeordnet worden.[122] In der Präsidialverordnung Nr. 51/2007 wurde beim Titel des Art. 3 zur Bestimmung der Einzugsgebiete und Flussgebietseinheiten weiter der frühere Begriff *ydatika diamerismata*[123] in Klammern gesetzt.[124] Die Nutzung dieses veralteten Begriffs zeigt den Versuch einer Angleichung des neuen Begriffes an den alten Begriff. Trotz der Angleichung könnte die Nutzung dieses Begriffes weiter zu Missverständnissen führen und eine Rückkoppelung an das alte System verursachen.[125]

Für die Einordnung der Einzugsgebiete in die richtigen und geeigneten Flussgebietseinheiten und dadurch in die passenden Verwaltungsgebiete wurde eine Reihe von Kriterien nach Art. 5 WRRL herangezogen.[126] Dabei wurde die Einordnung der Einzugsgebiete nach klimatologischen (Temperatur, Feuchtigkeit, Sonnenlicht usw.), umweltbezogenen (bio-geographische Bereiche, Faunaverteilung, geologische Zustände usw.), sozioökonomischen (Bevölkerungsdichte, herrschende Wirtschaftstätigkeit, sprachliche und kulturelle Abweichungen usw.) und schließlich verwaltungsrechtlichen Merkmalen (nationale Grenzen, verwaltungsrechtliche Abgrenzungen, vorherrschende Verwaltungsstelle usw.) durchgeführt.[127]

---

den Sondersekretär für Gewässer vom 09.10.2010, FEK Heft B, Nr. 1572 vom 28.09.2010 S. 24885, 24891.

[122] Bei dem Erlass dieser Ministerialentscheidung hat eine Reihe von Ministern teilgenommen. Dadurch ist der Querschnittcharakter der gewässerbezogenen Angelegenheiten noch mal zum Vorschein gekommen.

[123] Der Maßstab zur Vollziehung der Gewässerbewirtschaftung waren die Maßgaben des vorläufigen Gesetzes für die Gewässerbewirtschaftung Nr. 1739/1987.

[124] Mit der weiteren Einklammerung und Beibehaltung dieses Begriffs wurde offenbar der Zweck des Gesetzgebers zur Aufklärung des Begriffs Flussgebietseinheit und zur Angleichung an die vorhergehenden Regime bei der Gewässerbewirtschaftung verfolgt.

[125] Siehe auch *Tatsis,* Gewässerbewirtschaftung im Rahmen der Wasserrahmenrichtlinie 2000/60/EG und des Gesetzes 3199/2003. Probleme und Perspektiven, Abschnitt IV, Nomos kai Physis, 2007; *Sakellaropoulou/Sekeroglou,* Die nachhaltige Bewirtschaftung von Gewässerressourcen, Abschnitt III, Nomos kai Physis, 2006.

[126] *Andreadakis* (Fn. 76), Abschnitt 2.3.1.

[127] *Andreas, Andreadakis,* Die Notwendigkeit für koordinierte Tätigkeit zur Unterstützung der Implementation der Wasserrahmenrichtlinie 2000/60, Hausmitteilung der Ingenieurskammer Griechenlands vom 08.07.2002, S. 39, 42; *Andreadakis* (Fn. 76), Abschnitt 2.3.1.

IV. Die Gewässerbewirtschaftungspläne und Maßnahmenprogramme

1. Die Gewässerbewirtschaftungspläne

Nach den Maßgaben des Art. 13 Abs. 1 WRRL waren die Mitgliedstaaten bis zum Jahr 2009 verpflichtet, für jede Flussgebietseinheit Gewässerbewirtschaftungspläne aufzustellen.[128] Diese Gewässerbewirtschaftungspläne sollten nach einem Zeitraum von sechs Jahren, und zwar zum ersten Mal im Jahr 2015, geprüft und gegebenenfalls aktualisiert werden.[129] Der Inhalt der Gewässerbewirtschaftungspläne wurde in Art. 13 der WRRL in Verbindung mit Anhang VII geregelt. Die Gewässerbewirtschaftungspläne stellen einerseits das Hauptinstrument bei der Planung einer gewässerschützenden Politik dar. Andererseits sind sie aber auch das Hauptinstrument zur Berichterstattung an die Europäische Kommission für den Fortgang der Umsetzungsschritte der Wasserrahmenrichtlinie in den jeweiligen Mitgliedstaaten.[130]

Die Kommission führt anhand der Kopien der Gewässerbewirtschaftungspläne, Berichterstattungen seitens der Mitgliedstaaten nach Art. 15 WRRL, darunter auch die elektronischen Berichterstattungen, die durch das Wasserinformationssystem für Europa (WISE) vorgelegt werden, eine Bewertung durch.[131] Infolgedessen hat die Kommission nach Art. 18 Abs. 1 WRRL eine Berichtpflicht über den Stand der Umsetzung der Wasserrahmenrichtlinie. Der erste Bericht sollte zwölf Jahre nach dem Inkrafttreten der Wasserrahmenrichtlinie veröffentlicht werden und danach alle sechs Jahre ein weiterer Bericht.[132] Zusätzlich sollte die Kommission nach Art. 18 Abs. 4 WRRL alle drei Jahre nach der Veröffentlichung der genannten Berichte einen Zwischenbericht auf der Grundlage der Zwischenberichte der Mitgliedstaaten nach Art. 15 Abs. 3 WRRL veröffentlichen.[133] Die Gewässerbewirtschaftungs-pläne sind nicht nur Grundla-

---

[128] Art. 13 Abs. 6 WRRL.

[129] Art. 13 Abs. 7 WRRL.

[130] Zum Ganzen: Entwurf des Gewässerbewirtschaftungsplans für die Flussgebietseinheit der Inseln der Ägäis (GR 14) – Bericht über die ergriffenen Maßnahmen für die Öffentliche Konsultation des Gewässerbewirtschaftungsplans vom Mai 2014, S. 3, abrufbar von der Seite des Umwelt- und Energieministeriums: http://wfd.opengov.gr/.

[131] KOM (2012) 670 final Bericht der Kommission vom 14.11.2012, S. 4.

[132] Der erste Bericht ist der KOM (2012) 670 final Bericht der Kommission an das Europäische Parlament und den Rat über die Umsetzung der Wasserrahmenrichtlinie (2000/60/EG). Bewirtschaftungspläne für Flusseinzugsgebiete, vom 14.11.2012.

[133] Nach den Anforderungen des Art. 18 Abs. 4 WRRL zur Veröffentlichung eines Zwischenberichts ist der KOM (2015) 120 final Mitteilung der Kommission an das Europäische

ge für die Bewirtschaftung der Wasserressourcen innerhalb der Europäischen Union,[134] sondern dienen auch der Kontrolle durch die Europäische Kommission. Sie stellen daher gleichzeitig das Instrument zur Kontrolle der Umsetzung der Wasserrahmenrichtlinie und zum Vergleich des Durchsetzungszustands zwischen den Mitgliedstaaten dar.[135]

2. Die Maßnahmenprogramme

Die Maßnahmenprogramme stellen ein weiteres Hauptinstrument der Wasserrahmenrichtlinie von herausragender Bedeutung bei der Durchführung der Gewässerbewirtschaftung dar.[136] Die Maßnahmenprogramme sollen der Erreichung der Umweltziele des Art. 4 WRRL dienen.[137] Die Mitgliedstaaten sind zur Aufstellung von Maßnahmenprogrammen für jede in ihrem Hoheitsgebiet liegende Flussgebietseinheit verpflichtet.[138] Diese Maßnahmenprogramme können auf Maßnahmen verweisen, die auf der nationalen Ebene nach den nationalen Rechtvorschriften getroffen sind und sich auf das ganze Hoheitsgebiet des Mitgliedstaates erstrecken.[139] Jedes Maßnahmenprogramm enthält sowohl *grundlegende* als auch *ergänzende Maßnahmen*.[140] Die *grundlegenden Maßnahmen* sind Maßnahmen, die sich auf die Erreichung der Mindestanforderungen der WRRL beziehen.[141] Und zwar sind das zum Beispiel Maßnahmen, die eine effiziente und nachhaltige Nutzung der Gewässer fördern, so dass nicht eine Gefährdung der Erreichung der Ziele des Art. 4 WRRL besteht.[142] Sie sind Maßnahmen, die

---

Parlament und den Rat über Wasserrahmenrichtlinie und Hochwasserrichtlinie – Maßnahmen zum Erreichen eines guten Gewässerzustands in der EU und zur Verringerung der Hochwasserrisiken vom 09.03.2015 veröffentlicht.

[134] *M.Gkini/G. Gkioni/K. Papadopoulos/P. Tsoumanis,* Richtlinie 2000/60 des Europäischen Parlamentes und des Rates für die Festsetzung eines Ordnungsrahmens der Gemeinschaftsaktion in dem Bereich der Gewässerpolitik, in: Soulios (Hrsg.), Hydrogeologie und Umwelt, Sitzungsprotokolle – Organisation, Griechischer Ausschuss für Hydrologie, 2001, S. 187, 196.

[135] *Gkini/Gkioni/Papadopoulos/Tsoumanis* (Fn. 134), S. 187, 196.

[136] *Gkini/Gkioni/Papadopoulos/Tsoumanis* (Fn. 134), S. 187, 196.

[137] *Michael Reinhardt,* Reform der Wasserrahmenrichtlinie – Anmerkungen zum Evaluationsverfahren gemäß Art. 19 Abs. 2 WRRL – NuR 2018, S. 289, 294.

[138] Art. 11 Abs. 1 WRRL.

[139] Art. 11 Abs. 1 Satz 1 WRRL.

[140] Art. 11 Abs. 2 WRRL.

[141] Art. 11 Abs. 3 WRRL.

[142] Art. 11 Abs. 3 Unterabs. c WRRL.

zu der Erreichung der Ziele des Art. 9 WRRL beitragen.[143] Art. 11 WRRL enthält weitere Verpflichtungen und Unterlassungen für die Mitgliedstaaten, die durch die Maßnahmenprogramme eingehalten werden müssen.[144] Die *ergänzenden Maßnahmen* sind zusätzliche Maßnahmen, die neben den grundlegenden Maßnahmen getroffen sind, so dass die Ziele des Art. 4 WRRL erreicht werden können.[145]

Es ist außerdem von Bedeutung zu untersuchen, welche Beziehung zwischen den Bewirtschaftungsplänen und den Maßnahmenprogrammen besteht.[146] Sind sie selbstständig oder fungieren die Bewirtschaftungspläne als Grundlage zur Aufstellung der Maßnahmenprogramme?[147] Nach Meinung von *Oldiges* sind beide miteinander verknüpft, obwohl keine *Planungshierarchie* zwischen den beiden Planungsinstrumenten nachzuweisen ist, allerdings kann nicht das eine von anderen unabhängig aufgestellt werden, da sie aufeinander Bezug nehmen.[148] Die Maßnahmenprogramme sind an die jeweiligen Gewässertypen oder an die entsprechenden Gewässerzustände anzupassen, die sie betreffen.[149] Allerdings enthalten die Bewirtschaftungspläne selbst keine Handlungsformen,[150] vielmehr enthalten sie Informationen, an denen sich die Maßnahmenprogramme nach Art. 13 Abs. 4 WRRL zu orientieren haben.[151] Deshalb werden sie auch als Dokumentationsinstrument bezeichnet.[152] Die Bewirtschaftungspläne fungieren als *Orientierungs- und Handlungsrahmen* bei der Wahrnehmung der Gewässerbewirtschaftung.[153] Zusätzlich müssen die Gewässer-bewirtschaftungspläne und Maßnahmenprogramme in einem engen Zusammenhang stehen, sodass sie vollzogen werden können.[154] Nach Meinung von *Charokopou* stellen die Gewässer-

---

[143] Art. 11 Abs. 3 Unterabs. b WRRL.

[144] *Martin Oldiges,* Zur Entwicklung des Gewässerqualitätsrechts – Wasserwirtschaftliche Planung als Instrument zur Erzielung von Gewässerqualität, in: ders. (Hrsg.), Umweltqualität durch Planung, Dokumentation des 10. Leipziger Umweltrechts-Symposions des Instituts für Umwelt- und Planungsrecht der Universität Leipzig am 21. und 22. April 2005, Baden-Baden 2006, S. 115, 122.

[145] Art. 11 Abs. 4 WRRL.

[146] *Oldiges* (Fn. 144), S. 115, 122 ff.

[147] *Oldiges* (Fn. 144), S. 115, 122.

[148] *Oldiges* (Fn. 144), S. 115, 122.

[149] *Oldiges* (Fn. 144), S. 115, 122.

[150] *Oldiges* (Fn. 144), S. 115, 123.

[151] *Oldiges* (Fn. 144), S. 115, 123.

[152] *Reinhardt,* NuR 2018, S. 289, 294.

[153] *Oldiges* (Fn. 144), S. 115, 123.

[154] KOM (2012) 670 final Bericht der Kommission vom 14.11.2012, S. 9.

bewirtschaftungspläne und die Maßnahmenprogramme Vorschriften mit rechtssetzendem Charakter dar.[155] Sie wurden in Griechenland auch wie Gesetze veröffentlicht.[156]

3. Die Ausarbeitung der Gewässerbewirtschaftungspläne und der Maßnahmenprogramme in Griechenland

Die geographische Ausdehnung von Griechenland beträgt 132.000 km². In Verbindung mit dem Faktor, dass das Land über eine sehr lange Küstenlinie und eine vielfältige Geländegestaltung verfügt, haben sich mehrere im Umfang begrenzte Einzugsgebiete herausgebildet.[157] Weiter wurden mehrere Einzugsgebiete mit grenzüberschreitendem Charakter gebildet.[158] Die vielen Probleme bei der Gewässerbewirtschaftung in Griechenland benötigen zu ihrer Bewältigung auch die Berücksichtigung einer Vielfalt von gewässerbezogenen Politikbereichen.[159] Aus diesem Grund kommt der Planung der Gewässerbewirtschaftung eine erhebliche Bedeutung zu. Das Erfordernis der vorhergehenden Planung bei der Gewässerbewirtschaftung war in die griechische Rechtsordnung mit dem Gesetz 1739/1987 eingeführt worden.[160] Nach der Rechtsprechung des Staatsrates ist die Planung als Bestandteil der nachhaltigen Entwicklung anzusehen.[161] Deshalb ist die Vollziehung eines Vorhabens mit Auswirkungen auf die Gewässer ohne vorherige Planung der Gewässerbewirtschaftung als verfassungswidrig anzusehen.[162]

Die Gewässerbewirtschaftungspläne werden in Griechenland von den Gewässerdirektionen der Dezentralen Verwaltung aufgestellt.[163] Anschließend sind sie

---

[155] *Charokopou* (Fn. 4), S. 204, 214.

[156] *Charokopou* (Fn. 4), S. 204, 214.

[157] Zum Ganzen: *E. A. Baltas/Maria A. Mimikou*, The Water Framework Directive-Reassessment of new Hydrological entities, Hydrotechnika, Heft 15, 2005, S. 41, 42.

[158] *Baltas/Mimikou*, Hydrotechnika, Heft 15, 2005, S. 41, 42.

[159] *Baltas/Mimikou*, Hydrotechnika, Heft 15, 2005, S. 41, 42.

[160] Art. 4 Abs. 1 des Gesetzes 1739/1987.

[161] *Sakellaropoulou/Sekeroglou*, Die nachhaltige Bewirtschaftung von Gewässerressourcen, Abschnitt II, Nomos kai Physis, 2006.

[162] *Sakellaropoulou/Sekeroglou*, Die nachhaltige Bewirtschaftung von Gewässerressourcen, Abschnitt II, Nomos kai Physis, 2006.

[163] Art. 7 Abs. 1 des Gesetzes 3199/2003 geändert durch Art. 24 Abs. 3 des Gesetzes 4315/2014 vom 24.12.2014 veröffentlicht in FEK A Nr. 269 vom 24.12.2014.

von dem Koordinator der Dezentralen Verwaltung[164] zu bestätigen und von dem Gewässerrat der Dezentralen Verwaltung und dem Generalsekretariat für natürliche Umwelt und Gewässer zu begutachten.[165] Außerdem gibt es die Möglichkeit nach einer Forderung des Koordinators der Dezentralen Verwaltung, dass die Gewässerbewirtschaftungspläne von dem Generalsekretariat für natürliche Umwelt und Gewässer aufgestellt und aktualisiert werden.[166] In diesem Fall sind die Pläne von dem Nationalen Gewässerausschuss zu begutachten.[167]

Bei der Ausarbeitung der Gewässerbewirtschaftungspläne sind die Entwicklungsprogramme und Bedürfnisse der Schutzgebiete zu beachten.[168] Dass die Entwicklungsprogramme und Bedürfnisse der Schutzgebiete bei der Ausarbeitung der Gewässerbewirtschaftungspläne berücksichtigt werden, ist von herausragender Bedeutung.[169] Dadurch ist bei der Ausarbeitung der Entwicklungspläne möglich, eine Verknüpfung zwischen dem Gewässerschutz und der Gewässerbewirtschaftung herzustellen.[170] Auf diese Weise kann die Entwicklungspolitik unter Berücksichtigung der nachhaltigen Entwicklung weiter ausgestaltet werden.[171] Ferner erfordert eine integrierte Gewässerbewirtschaftung eine sektorübergreifende Zusammenarbeit der für die Gewässerangelegenheiten zuständigen Verwaltungsstellen[172] und für eine erfolgreiche Umsetzung der Europäischen Wasserrahmenrichtlinie eine enge Zusammenarbeit zwischen den zuständigen Wissenschaftlern.[173]

Mit dem gleichen Verfahren wie die Gewässerbewirtschaftungspläne werden auch die Maßnahmenprogramme mit Bezug auf den Schutz der unterirdischen

---

[164] Art. 53 Abs. a des Gesetzes 4423/2016 vom 27.09.2016 veröffentlicht in FEK Heft A, Nr. 182, vom 27.09.2016.

[165] Art. 7 Abs. 2 des Gesetzes 3199/2003 geändert durch Art. 5 Abs. 1 Unterabs. g Satz 2 des Gesetzes 4117/2013 vom 04.02.2013 veröffentlicht in FEK A Nr. 29 vom 05.02.2013.

[166] Art. 7 Abs. 2.1 Satz 1 des Gesetzes 3199/2003 geändert durch Art. 5 Abs. 1 Unterabs. g Satz 2.1 des Gesetzes 4117/2013 vom 04.02.2013 veröffentlicht in FEK A Nr. 29 vom 05.02.2013 i.V.m. Art. 54 Abs. 3 Unterabs. a Satz bb der Präsidialverordnung Nr. 132/2017 über die Organisation des Umwelt- und Energieministeriums vom 23.10.2017, veröffentlicht in FEK A Nr. 160 vom 30.10.2017.

[167] Art. 7 Abs. 2.1 Satz 2 des Gesetzes 3199/2003 geändert durch Art. 5 Abs. 1 Unterabs. g Satz 2.1 des Gesetzes 4117/2013 vom 04.02.2013, veröffentlicht in FEK A Nr. 29 vom 05.02.2013.

[168] Art. 7 Abs. 3 des Gesetzes 3199/2003.

[169] *Karageorgou* (Fn. 15), S. 175, 200.

[170] *Karageorgou* (Fn. 15), S. 175, 200.

[171] *Karageorgou* (Fn. 15), S. 175, 200.

[172] KOM (2015) 120 final Mitteilung der Kommission vom 09.03.2015, S. 15.

[173] *Gkini/Gkioni/Papadopoulos/Tsoumanis* (Fn. 134), S. 187, 196.

Gewässer aufgestellt und bestätigt.[174] Der Schutz des Grundwassers in Griechenland erfolgt mit der Aufstellung von speziellen Maßnahmenprogrammen gegen die Verschmutzung der unterirdischen Gewässer.[175] Die Ausarbeitung dieser speziellen Maßnahmenprogramme wurde durch die gemeinsame Ministerialentscheidung Nr. 39626/2208/E130/2009 vom 25.9.2009[176] zur Umsetzung der Grundwasser-Tochterrichtlinie 2006/118/EG [177] durchgeführt.[178] Diese speziellen Maßnahmenprogramme und das Register der Schutzgebiete sind als Teil der Gewässerbewirtschaftungspläne anzusehen, aber sie sind gleichzeitig sowohl unabhängig von ihnen als auch unabhängig voneinander.[179]

Nach einem Bericht der Europäischen Kommission aus dem Jahr 2012[180] in Bezug auf die Umsetzung der Wasserrahmenrichtlinie gehört Griechenland zu den Mitgliedstaaten, die ihre Pflicht zur Vorlage der Gewässerbewirtschaftungspläne nach den Vorgaben der Wasserrahmenrichtlinie bis zum Jahr 2012 noch nicht erfüllt haben.[181] Von Seiten Griechenlands sollten die öffentlichen Konsultationen für die 10 Gewässerbewirtschaftungspläne der insgesamt 14 Flussgebietseinheiten bis Oktober 2012 und ihre Genehmigung bis November fertiggestellt werden.[182] Die öffentlichen Konsultationen für das westliche und zentrale Makedonien sollten bis Juli 2012 dauern, für Kreta sollten sie im Juli 2013 und für die Inseln der Ägäis im Mai 2014 anfangen.[183] Die Gewässerbewirtschaf-

---

[174] Art. 8 Abs. 4 und Art. 9 des Gesetzes 3199/2003.

[175] Art. 9 Abs. 3 des Gesetzes 3199/2003.

[176] Veröffentlicht in FEK B, Nr. 2075 vom 29.9.2009.

[177] durch die Grundwasser-Tochterrichtlinie 2006/118/EG des Europäischen Parlaments und des Rates zum Schutz des Grundwassers vor Verschmutzung und Verschlechterung vom 12.12.2006, ABl. EG, Nr. L 139, S. 39 von 31.05.2007.

[178] SWD (2015) 54 final Commission Staff Working Document, 09.03.2015, S. 63.

[179] *Diamantis/Pliakas/Petalas/Kallioras*, Per Dik, Heft 4, 2004, S. 480, 484.

[180] Nach Angaben des Berichts haben bis dem Jahr 2012 schon 23 Mitgliedstaaten ihre Bewirtschaftungspläne fertiggestellt und an die Kommission weitergeschickt und nur 4 Mitgliedstaaten (Belgien, Griechenland, Spanien und Portugal) sind ihren angemessenen Verpflichtungen nicht nachgekommen. Die betreffenden Beurteilungsentscheidungen sind: C-297/2011 gegen Griechenland, C-366/2011 gegen Belgien, C-223/2011 gegen Portugal, KOM (2012) 670 final Bericht der Kommission vom 14.11.2012, S. 5.

[181] Commission Staff Working Document (SWD) (2012) 379 final 11/30 vom 14.11.2012, S. 3.

[182] Commission Staff Working Document (SWD) (2012) 379 final 11/30 vom 14.11.2012, S. 3.

[183] Dazu siehe ausführlich Tabelle 3 Anhang III am Ende, abrufbar von der Seite des Umwelt- und Energieministeriums: http://wfd.opengov.gr/, und zwar vor der Seite: http://wfd.opengov.gr/index.php?option=com_content&task=view&id=4&Itemid=11, Stand der Abrufung: 11.06.2014

tungspläne waren bis Ende des Jahres 2014 noch nicht für alle 14 Flussgebietseinheiten Griechenlands fertig aufgestellt. So lagen bis zum Ende des Jahres
2014 noch nicht die Gewässerbewirtschaftungspläne der Flussgebietseinheit der
Inseln der Ägäis[184] und der Insel Kreta[185] vor.

Daher hat die Europäische Kommission zum zweiten Mal ein Vertragsverletzungsverfahren gegen Griechenland eingeleitet. In diesem Fall wird Griechenland ein Verstoß gegen Art. 13 Abs. 1, 2 und 6, Art. 14 Abs. 1 Buchst. c und
Art. 15 Abs. 1 der Wasserrahmenrichtlinie vorgeworfen.[186] Denn Griechenland
hatte bis zum Stichtag des 22. Dezember 2009 die Bewirtschaftungspläne für
keines der Einzugsgebiete[187] aufgestellt und auch nicht bis zum 22. März 2010
bei der Europäischen Kommission eingereicht.[188] Auf diese Weise hat sie zugleich einen Verstoß gegen die Vorschrift des Art. 14 Abs. 1 Buchst. c der
WRRL begangen, wonach sie bis zum 22. Dezember 2008 die Teilnahme und
Anhörung der Öffentlichkeit bei der Bereitstellung der Gewässerbewirtschaftungspläne für die Einzugsgebiete eingeleitet haben müsste.[189]

Außerdem waren mit dem Bericht über die ergriffenen Maßnahmen für die
öffentliche Konsultation des Gewässerbewirtschaftungsplans der Inseln der
Ägäis im Mai 2014 die Interessierten zu bestimmen, die bei der Aufstellung der
Gewässerbewirtschaftungspläne mitwirken sollten.[190] Denn die Gewässerbewirt-

---

[184] Für die Flussgebietseinheit der Inseln der Ägäis ist der Entwurf des Gewässerbewirtschaftungsplans im Mai 2014 aufgestellt worden. Seitdem hat auch die öffentliche Beratung
angefangen und wird 6 Monate dauern. Und dann kann der Gewässerbewirtschaftungsplan
gebilligt werden. http://wfd.opengov.gr/index.php?option=com_content&task=view&id=150
&Itemid=12, Stand der Abrufung: 10.06.2014.

[185] Für die Flussgebietseinheit der Insel Kreta ist der Entwurf des Gewässerbewirt-
tungsplans im Juli 2013 aufgestellt worden und die öffentliche Beratung ist noch nicht abgeschlossen, um den Gewässerbewirtschaftungsplan billigen zu können. http://wfd.opengov.
gr/index.php?option=com_content&task=view&id=141&Itemid=12, Stand der Abrufung:
10.06.2014; Für die anderen Gewässerbewirtschaftungspläne hat die öffentliche Beratung
entweder Ende des Jahres 2011 oder im Jahr 2012 angefangen. Dazu ausführliches Programm
für die Fristen der öffentlichen Beratung für jeden Gewässerbewirtschaftungsplan: http://wfd.
opengov.gr/index.php?option=com_content&task=view&id=4&Itemid=11, Stand der Abrufung: 10.06.2014.

[186] Rechtssache C-297/2011.

[187] Sowohl die Einzugsgebiete, die in ihrem Hoheitsgebiet vorliegen, als auch die internationalen Einzugsgebieten, die mit benachbarten Staaten geteilt werden.

[188] Rechtssache C-297/2011.

[189] Rechtssache C-297/2011.

[190] Entwurf des Gewässerbewirtschaftungsplans für die Flussgebietseinheit der Inseln in
der Ägäis (GR14)-Bericht über die ergriffenen Maßnahmen für die Öffentliche Konsultation
des Gewässerbewirtschaftungsplans von Mai 2014, S. 6.

schaftungspläne werden durch das parallele Zusammenwirken von Vorschlägen seitens der Entscheidungsträger des öffentlichen Bereichs, wie zum Beispiel Ministerien oder Regionaldirektionen, Experten, die ein Bildungsinstitut, eine NRO oder einen Träger des öffentlichen Bereichs vertreten, Nutzer der Gewässer, wie zum Beispiel Bauern oder andere Gewässernutzer, und Direktoren aller Träger, die eine Rolle bei der Gewässerbewirtschaftung spielen könnten, bestimmt.[191] Als Interessierter kann jeder bezeichnet werden, der einen guten Gewässerzustand beeinflussen kann oder der durch einen guten Gewässerzustand beeinflusst werden kann.[192] Es ist offensichtlich, dass die Gewässerbewirtschaftungspläne ein demokratisches Entscheidungsverfahren darstellen, in welchem die Öffentlichkeitsteilnahme eine beachtliche Rolle spielt.[193]

Wie schon erwähnt, ist Griechenland in 14 Flusseinheitsgebiete aufgeteilt.[194] Wenn man diese Einteilung mit anderen Europäischen Staaten vergleicht, so erscheint die Zahl der Flussgebietseinheiten im Vergleich zur Ausdehnung des Landes hoch.[195] So ist zum Beispiel Deutschland in 8 Flussgebietseinheiten eingeteilt, Frankreich in 4 und Spanien in 9.[196] Diese Einteilung des Landes lässt erahnen, dass die Kosten für die Bereitstellung von getrennten Bewirtschaftungsplänen und Maßnahmenprogrammen für jede der 14 Flussgebietseinheiten wesentlich höher sind und eine längere Zeit beanspruchen werden. Dementsprechend könnte diese Einteilung einen Grund darstellen, weshalb Griechenland bis Dezember 2009 die Gewässerbewirtschaftungspläne nicht abgeschlossen hat.[197] Es wurde schon im Jahre 2005 die Notwendigkeit geäußert,[198] dass eine Einteilung des Landes in weniger Flussgebietseinheiten erfolgen sollte.[199] Auf diese

---

[191] Entwurf des Gewässerbewirtschaftungsplans für die Flussgebietseinheit der Inseln in der Ägäis (GR14)-Bericht über die ergriffenen Maßnahmen für die öffentliche Konsultation des Gewässerbewirtschaftungsplans von Mai 2014, S. 6.

[192] Entwurf des Gewässerbewirtschaftungsplans für die Flussgebietseinheit der Inseln in der Ägäis (GR14)-Bericht über die ergriffenen Maßnahmen für die öffentliche Konsultation des Gewässerbewirtschaftungsplans von Mai 2014, S. 6.

[193] *Georgios Tsakiris*, Gewässerschutz und Gewässerbewirtschaftung in Griechenland, in: Papadimitriou (Hrsg.), Nachhaltige Gewässerbewirtschaftung, Grundsätze, Prinzipien und Implementation, Sitzungsprotokoll, 2006, S. 17, 23.

[194] *Baltas/Mimikou*, Hydrotechnika, Heft 15, 2005, S. 41, 42.

[195] *Baltas/Mimikou*, Hydrotechnika, Heft 15, 2005, S. 41, 42.

[196] *Baltas/Mimikou*, Hydrotechnika, Heft 15, 2005, S. 41, 42.

[197] Art. 13 Abs. 6 der WRRL.

[198] Ein Vorschlag über die Teilung des Landes in insgesamt 7 Flussgebietseinheiten ist zu finden in: *Baltas/Mimikou*, Hydrotechnika, Heft 15, 2005, S. 41,44 ff.

[199] *Baltas/Mimikou*, Hydrotechnika, Heft 15, 2005, S. 41,43.

Weise könnte die Untersuchung einer geringeren Anzahl von Flussgebietseinheiten, ihre Kontrolle und die von der Wasserrahmenrichtlinie geforderte Daten-
aktualisierung einfacher durchgeführt werden.[200]

Die Mitgliedstaaten sollten bis Ende 2015 die zweiten Gewässerbewirtschaftungspläne verabschiedet haben.[201] Im Jahr 2012 waren die ersten
Gewässerbewirtschaftungspläne Griechenlands von der Europäischen Kommission noch nicht angenommen und aus diesem Grund hat die Kommission erst im
Jahr 2015 eine Bewertung dieser Bewirtschaftungspläne veröffentlicht.[202] Bei
dieser Bewertung standen der Kommission 12 der insgesamt 14 Bewirtschaftungspläne zur Verfügung.[203] Die Gründe, warum die Gewässerbewirtschaftungspläne mit einer Verspätung abgegeben wurden, sind in technischen Problemen, legislativen und administrativen Hindernissen und sozialen und ökonomischen Einschränkungen zu finden.[204] Ein wichtiges Problem stellt der Mangel
an Daten dar, die erforderlich wären, um die Anforderungen der Wasserrahmenrichtlinie zu erfüllen.[205] Das Monitoring-System war veraltet und konnte aus
diesem Grund die Ausarbeitung der Gewässerbewirtschaftungspläne nicht unterstützen.[206] Griechenland sollte bis zu dem Jahr 2015 den ersten Zyklus der Gewässerbewirtschaftungspläne vollendet haben, sodass der zweite Zyklus hätte
beginnen können.[207] Aber die Zeit für die Implementierung der ersten Bewirtschaftungspläne war sehr knapp, und bis die zweiten Bewirtschaftungspläne hätten ausgearbeitet werden können, hätten erst die Ergebnisse der ersten Bewirtschaftungspläne vorliegen müssen.[208] Als Ergebnis sind die Bewirtschaftungspläne und die Managementpläne für die zweite Bewirtschaftungszyklus, und
zwar von 2015 bis 2021, nach dem Bericht aus dem Jahr 2019 über den Stand
der Umsetzung der Wasserrahmenrichtlinie zu spät an WISE übermittelt und aus

---

[200] *Baltas/Mimikou*, Hydrotechnika, Heft 15, 2005, S. 41,43.
[201] KOM (2015) 120 final Mitteilung der Kommission vom 09.03.2015, S. 2.
[202] SWD (2015) 54 final Commission Staff Working Document, Report on the implementation of the Water Framework Directive River Basin Management Plans, Member State:
Greece 9.3.2015.
[203] SWD (2015) 54 final Commission Staff Working Document, 09.03.2015, S. 7.
[204] SWD (2015) 54 final Commission Staff Working Document, 09.03.2015, S. 7.
[205] SWD (2015) 54 final Commission Staff Working Document, 09.03.2015, S. 7.
[206] SWD (2015) 54 final Commission Staff Working Document, 09.03.2015, S. 7.
[207] SWD (2015) 54 final Commission Staff Working Document, 09.03.2015, S. 7.
[208] SWD (2015) 54 final Commission Staff Working Document, 09.03.2015, S. 7.

diesem Grund von der Bewertung der Europäischen Kommission nicht berücksichtigt.[209]

V. Die Einrichtung neuer Behörden

1. Der Verwaltungsaufbau vor und nach der Umsetzung der Wasserrahmenrichtlinie in nationales Recht

Nicht nur die Übernahme der von der Wasserrahmenrichtlinie festgesetzten Rechtsvorschriften über die Gewässerbewirtschaftung, sondern auch eine neue Organisation der Gewässerbehörde sind für eine integrierte Gewässerbewirtschaftung erforderlich.[210] Nach den Anforderungen der Wasserrahmenrichtlinie sind die Mitgliedstaaten dazu angehalten, die zuständigen Verwaltungsstellen zu bestimmen, damit sie ihren Pflichten nachkommen können.[211] Die Mitgliedstaaten sind zur Bestimmung der Anzahl der zuständigen Behörden zur Bewirtschaftung der Gewässer in jeder Flussgebietseinheit verpflichtet.[212] Die Gewässerbehörden müssen nach Art. 3 WRRL in der Lage sein, die Wasserrahmenrichtlinie innerhalb ihrer Flussgebietseinheit zu vollziehen.[213] Sie müssen außerdem nach den Vorschriften der Wasserrahmenrichtlinie in Fällen von grenzüberschreitenden Gewässern die internationalen Anforderungen erfüllen können.[214]

2. Die griechische Realität

Eine erfolgreiche Umsetzung der Wasserrahmenrichtlinie in die nationale Realität erfordert folglich nicht nur eine materielle Aufnahme der in der europäischen Richtlinie enthaltenen Rechtsvorschriften in das nationale Recht, sondern auch den Aufbau geeigneter Verwaltungsstellen zur Wahrnehmung und Durch-

---

[209] COM (2019) 95 final Bericht von 26.02.2019 der Europäischen Kommission an das Europäischen Parlament und den Rat über die Umsetzung der Wasserrahmenrichtlinie (2000/60/EG) und der Hochwasserrichtlinie (2007/60/EG) – Zweite Bewirtschaftungspläne für die Einzugsgebiete – Erste Hochwasserrisikomanagementpläne, S. 3.

[210] KOM (2012) 670 final Bericht der Kommission vom 14.11.2012, S. 8.

[211] Art. 3 Abs. 7 WRRL.

[212] *Andreadakis* (Fn. 127), S. 39, 42.

[213] *Chave* (Fn. 111), S. 30.

[214] *Chave* (Fn. 111), S. 30.

führung dieser nationalen Rechtsvorschriften. In der griechischen Rechtsordnung herrschte vor der Einführung des nationalen Gesetzes 3199/2003 zur Umsetzung der Wasserrahmenrichtlinie eine unklare Rechtslage.[215] Der Grund lag darin, dass in den letzten dreißig Jahren eine Vielzahl von Rechtsvorschriften über die Gewässerbewirtschaftung erlassen wurde, welche viele Veränderungen im Aufbau und den Zuständigkeiten der jeweiligen Verwaltungsträger gebracht hatten. Außerdem gehörten die zuständigen Verwaltungsstellen zu verschiedenen Ministerien, weshalb die Wahrnehmung ihrer Aufgaben noch weiter zersplittert und erschwert worden war.[216]

Das Gesetz Nr. 3199/2003 spielt eine ausschlaggebende Rolle für die Neuorganisation der für die Gewässerbewirtschaftung zuständigen Verwaltungsstruktur.[217] Bei der Umsetzung der Wasserrahmenrichtlinie durch das nationale Gesetz 3199/2003 stellte die Anpassung der bereits nach dem alten Rechtsrahmen vorhandenen Behörden an die Schaffung der neuen gewässerbezogenen Verwaltungsträger eine Herausforderung dar.[218] Die neuen Vorschriften zielten auf eine klare Regelung der Aufgaben und Befugnisse der Gewässerbehörden ab.[219] So sah das neue Gesetz den Aufbau von neuen Gewässerbehörden sowohl auf regionaler als auch auf zentraler Ebene vor. Darüber hinaus hat es die Aufgaben und Befugnisse jeder Behörde festgeschrieben, damit sie voneinander abgegrenzt werden können und die Zusammenarbeit von mehreren Behörden erleichtert werden kann.[220] Allerdings wurde in einigen Fällen auch die Erhaltung und -Nutzung von schon bereits existierenden Gewässerbehörden, die bei der Gewässerbewirtschaftung eine ausschlaggebende und effiziente Rolle gespielt hatten, als zweckgemäß betrachtet.[221]

---

[215] *Crysanthi Maniati-Siatou*, Konferenz „Der Rechtsrahmen zur Bewirtschaftung von Gewässerressourcen", Direktion für das Gewässerpotenzial und für die Gewässerressourcen, Entwicklungsministerium, 2004. Abrufbar im Internet: http://www.erga.biz/modules.php?name=News&file=article&sid=254.

[216] *Maniati-Siatou* (Fn. 215).

[217] *Papatolias*, Dikaiomata tou Anthropou, 2010, Heft 46, S. 375, 388 ff.

[218] *Dionysis Assimakopoulos*, Ökonomische Instrumente zur Gewässerbewirtschaftung – Die Richtlinie 2000/60 und die Kostendeckung in der griechischen Realität, Tagung der Bürgerinitiative: „Griechische Wasserressourcen: eine realistische Anschauungsweise, Athen, Mai 2005, S. 9 f., Stand der Abrufung: 27.06.2014. http://environ.chemeng.ntua.gr/en/UserFiles/File/Economic%20Tools%20and%20WFD-%20Citizens%20Movement.pdf.

[219] *Assimakopoulos* (Fn. 218), 2005, S. 9.

[220] *Karageorgou* (Fn. 15), S. 175, 194.

[221] *Andreadakis* (Fn. 127), S. 39, 42.

Das neue Gesetz über die Verwaltungsorganisation verlangt, dass eine zentrale Verwaltung mit der Ausarbeitung der Gewässerschutz- und Gewässerbewirtschaftungspolitik beauftragt werden soll.[222] Die dezentralen, regionalen Verwaltungen sind dafür zuständig, die Gewässer-bewirtschaftungspolitik innerhalb ihres Wirkungsbereichs durchzuführen.[223] Laut des neuen Gesetzes *Kallikratis* zur Neuorganisation der Verwaltung, nämlich nach Art. 3 des Gesetzes 3852/2010, wurde Griechenland in 13 Verwaltungsregionen und nach Art. 6 des gleichen Gesetztes in sieben Dezentrale Verwaltungen geteilt.[224] Die Verwaltungsregionen sind sich selbstverwaltende juristische Personen des öffentlichen Rechts.[225] Die Dezentrale Verwaltung ist für die Kontrolle der regionalen Verwaltungsstellen bei der Ausübung ihrer Aufgaben und Befugnisse zuständig.[226] Zugleich ist sie aber auch verpflichtet, die regionalen Verwaltungsstellen bei der Wahrnehmung ihrer Aufgaben zu unterstützen,[227] indem sie Leitlinien und Hinweise für die Realisierung einer kohärenten Gewässerbewirtschaftung erteilt.[228] Andererseits untersteht aber auch die Dezentrale Verwaltung selbst der Aufsichtskontrolle des Generalsekretariats für natürliche Umwelt und Gewässer und empfängt von diesen Anweisungen bei der Wahrnehmung ihrer Aufgaben.[229] Das Generalsekretariat für natürliche Umwelt und Gewässer beschäftigt sich mit der Realisierung der Politik zum Gewässerschutz und zur Gewässerbewirtschaf-

---

[222] Durchführungsakt Nr. 150673/13.07.2011 zur Vollziehung des Gesetzes 3852/2010.

[223] Durchführungsakt Nr. 150673/13.07.2011 zur Vollziehung des Gesetzes 3852/2010.

[224] Art. 3 des Gesetzes 3852/2010 über die neue Gestaltung der Selbstverwaltung und der Dezentralen Verwaltung. Programm Kallikratis vom 04.06.2010, veröffentlicht in FEK Heft A, Nr. 87, vom 07.06.2010 geändert durch das Gesetz „Kleisthenis I" Nr. 4555/2018 vom 19.7.2018, veröffentlicht in FEK Heft A, Nr. 133, vom 19.7.2018, das mehrere Vereinfachungen bei der Ausübung der Aufgaben der Verwaltungsträger hervorgebracht hat; siehe auch dazu SWD (2015) 54 final Commission Staff Working Document, 09.03.2015, S. 9.

[225] Art. 3 des Gesetzes 3852/2010. Siehe auch dazu *Lampros P, Mpampalioutas*, Der heutige Rechtsrahmen der griechischen Öffentlichen Verwaltung, 2013.

[226] Durchführungsakt Nummer 150673/13.07.2011 zur Vollziehung des Gesetzes 3852/2010.

[227] Durchführungsakt Nummer 150673/13.07.2011 zur Vollziehung des Gesetzes 3852/2010.

[228] Durchführungsakt Nummer 150673/13.07.2011 zur Vollziehung des Gesetzes 3852/2010.

[229] Durchführungsakt Nummer 150673/13.07.2011 zur Vollziehung des Gesetzes 3852/2010.

tung und wie diese Politik durch den Nationalen Gewässerausschuss ausgestaltet wird.[230]

Die Wasserrahmenrichtlinie verlangt eine Verstärkung der Koordination und des Informationsaustausches zwischen den beteiligen Ländern.[231] Die Verstärkung betrifft nicht nur die Beziehungen zwischen den Mitgliedstaaten, sondern auch innerstaatliche Beziehungen. Mit dem Gesetz zur Neubestimmung der Verwaltungsorganisation wurde die maßgebliche Bedeutung des Aufbaus einer ständigen Kommunikation und einer effizienten Zusammenarbeit zwischen den verschiedenen Verwaltungsinstanzen, zu deren Aufgaben und Befugnissen die Gewässerangelegenheiten gehören, unterstrichen.[232] Die Wahrnehmung ihrer Aufgaben und Befugnisse muss mit Blick auf eine erfolgreiche Realisierung des festgesetzten Gewässerschutzes und der Gewässerbewirtschaftungszwecke durchgeführt werden.[233] Dabei geht es um eine horizontale und vertikale Zusammenarbeit der zuständigen Verwaltungsinstanzen.[234]

3. Die Aufgliederung der Gewässerbehörden in Griechenland

a. Der Nationale Gewässerausschuss

Eine der ersten neu eingerichteten Behörden nach den Anforderungen des nationalen Gesetzes 3199/2003 zur Umsetzung der Wasserrahmenrichtlinie war der Nationale Gewässerausschuss.[235] Dieser Ausschuss stellt das Hauptorgan für die Umsetzung der Gewässerschutz- und Gewässerbewirtschaftungspolitik in Griechenland dar.[236] Zu den Zuständigkeiten dieses Ausschusses gehören die Aufsicht und Kontrolle der Implementierung der Gewässerschutzpolitik und

---

[230] Durchführungsakt Nummer 150673/13.07.2011 zur Vollziehung des Gesetzes 3852/2010.

[231] KOM (2012) 670 final Bericht der Kommission vom 14.11.2012, S. 9.

[232] Durchführungsakt Nummer 150673/13.07.2011 zur Vollziehung des Gesetzes 3852/2010.

[233] Durchführungsakt Nummer 150673/13.07.2011 zur Vollziehung des Gesetzes 3852/2010.

[234] Über die Zusammenarbeit siehe *Eberhard Schmidt-Aßmann*, Strukturen des Europäischen Verwaltungsrechts: Einleitende Problemskizze, in: ders./Hoffmann-Riem (Hrsg.), Strukturen des Europäischen Verwaltungsrechts, 1999, S. 31.

[235] Der Nationale Gewässerausschuss wird auf Griechisch *Ethniki Epitropi Ydaton* genannt.

[236] Art. 3 Abs. 1 des Gesetzes 3199/2003 zuletzt geändert durch Art. 29 Abs. 1 des Gesetzes 4519/2018 vom 20.02.2018 veröffentlicht in FEK A Nr. 25 vom 20.02.2018.

die Bewilligung der Gewässerbewirtschaftungspläne für die Flussgebietseinheiten.[237] Er ist außerdem verpflichtet, dem Griechischen Parlament und dem Nationalen Gewässerrat einen Bericht über den Stand der Gewässerressourcen, den Fortschritt der Durchführung der Gewässerbewirtschaftung und schließlich den Stand der Umsetzung der europäischen Rechtsvorschriften in nationales Recht vorzulegen.[238]

Die bedeutungsvolle Rolle des Nationalen Gewässerausschusses ergibt sich aus seiner Zusammensetzung. Er besteht aus den Ministern einer Reihe von Ministerien, dem Umwelt- und Energieministerium, Innenministerium, Ökonomie- und Entwicklungsministerium, Wirtschaftsministerium, Gesundheitsministerium, Verwaltungswiederaufbauministerium, Infrastruktur- und Verkehrsministerium, Agrar- und Nahrungsmittelministerium und Arbeits- und Sozialversicherungsministerium sowie dem Sozialen Solidaritäts-ministerium.[239] Der erstgenannte Minister tritt wegen der großen Bedeutung des Umweltschutzes im Rahmen der Gewässerbewirtschaftung als Vorsitzender des Nationalen Gewässerausschusses auf.[240] Darüber hinaus nimmt der Außenminister teil, wenn es um grenzüberschreitende Gewässer geht.[241] Die Beteiligung von mehreren Ministern lässt erkennen, dass die Gewässerbewirtschaftung einen Querschnittscharakter hat.[242] Deshalb lässt sich ein horizontaler Zuschnitt dieses Organs erkennen.[243] Eine weitere wichtige Funktion des Nationalen Gewässerausschusses stellt die Kompetenz zur Einberufung von Ausschüssen mit beratender Rolle dar, damit der Nationale Gewässerausschuss in der Lage ist, sein breites Aufgabenfeld auszufüllen.[244]

---

[237] Art. 3 Abs. 1 des Gesetzes 3199/2003 zuletzt geändert durch Art. 29 Abs. 1 des Gesetzes 4519/2018 vom 20.02.2018 veröffentlicht in FEK A Nr. 25 vom 20.02.2018; mit der Entscheidung Nummer 391 des Nationalen Gewässerausschusses vom 08.04.2013, FEK Heft B, Nr. 1004 vom 24.04.2013 sind die Gewässerbewirtschaftungspläne der Flusseinzugsgebiete von Attika, östliche Sterea Ellada, nördliche Peloponnes, östliche Peloponnes und westliche Peloponnes bewilligt worden.

[238] Art. 3 Abs. 3 des Gesetzes 3199/2003.

[239] Art. 3 Abs. 1 Satz 2 des Gesetzes 3199/2003 zuletzt geändert durch Art. 29 Abs. 1 des Gesetzes 4519/2018 vom 20.02.2018 veröffentlicht in FEK A Nr. 25 vom 20.02.2018.

[240] *Vicki Karageorgou*, Das Schutzrecht der Gewässerressourcen. Internationale und Europäische Einflüsse und ihre Durchsetzung auf nationaler Ebene, EDDDD, Heft 2, 2004, S. 272, 281.

[241] Art. 3 Abs. 1 des Gesetzes 3199/2003.

[242] *Karageorgou* (Fn. 15), S. 175, 195.

[243] *Koutoupa-Regkakou* (Fn. 41), S. 233.

[244] Art. 3 Abs. 1 Satz 5 des Gesetzes 3199/2003.

Die Zusammensetzung des Nationalen Gewässerausschusses wurde im Jahr 2003 festgelegt, und zwar mit der Umsetzung der Wasserrahmenrichtlinie in nationales Recht mit dem Gesetz 3199/2003. Die erste Sitzung des Nationalen Gewässerausschusses wurde auf den 16.07.2010 einberufen,[245] um mit seiner Entscheidung Nr. 706/2010 die Flussgebietseinheiten festzulegen.[246] Trotz des verspäteten Beginns der Tätigkeiten dieses wichtigen Ausschusses, nämlich sieben Jahre nach seiner Zusammensetzung, spielte dieser Ausschuss eine wichtige Rolle bei der Implementierung der Wasserrahmenrichtlinie, indem er die Bestimmung und Abgrenzung der Flussgebietseinheiten in Griechenland sowie die Aufstellung der vorgeschriebenen Gewässerbewirtschaftungspläne und der Maßnahmenprogramme genehmigt hat.

b. Der Nationale Gewässerrat

Die zweite Behörde nach Maßgabe des Gesetzes 3199/2003 ist der Nationale Gewässerrat.[247] Der Rat ist aus Teilnehmern zusammengesetzt, die sowohl zu öffentlichen als auch zu privaten Trägern und im Allgemeinen zu vielen Akteuren im Umweltschutzbereich gehören.[248] Unter diesen Teilnehmern sind Vertreter der politischen Parteien, Vertreter von verschiedenen Institutionen zum Beispiel der Verband griechischer Regionen, der Zentralverband griechischer Städte und Gemeinden, der Wasserversorgungs- und Abwasserentsorgungsunternehmen von Athen, von Thessaloniki und der Verband der sonstigen Ständen und Gemeinden von Griechenland usw., Vertreter von verschiedenen wissenschaftlichen Institutionen zum Beispiel des griechischen Meeresforschungszentrums, des griechischen Habitats- und Feuchtgebietszentrums, des griechischen Instituts

---

[245] Nach den Maßgaben des Umwelt- und Energieministeriums, die der Öffentlichkeit auf der Internetseite des genannten Ministeriums zugänglich gemacht wurden: http://www.ypeka. gr/Default.aspx?tabid=247&language=el-GR, Stand der Abrufung: 08.12.2014.

[246] Entscheidung Nr. 706/2010 des Nationalen Gewässerausschusses für die Festsetzung der Flussgebietseinheiten von Griechenland und die Bestimmung der zuständigen Direktionen für ihren Schutz und ihre Bewirtschaftung vom 16.07.2010, veröffentlicht in FEK Heft B, Nr. 1383 vom 02.10.2010, S. 18943, mit zwei Anhängen; zum Korrigieren des 2. Anhangs durch den Sondersekretär für Gewässer vom 09.10.2010, FEK Heft B, Nr. 1572 vom 28.09.2010, S. 24885, 24891.

[247] Der Nationale Gewässerrat wird auf Griechisch *Ethniko Symvoulio Ydaton* genannt; Art. 3 Abs. 2 des Gesetzes 3199/2003.

[248] Nach den Maßgaben des Umwelt- und Energieministeriums, die auf der Internetseite des genannten Ministeriums der Öffentlichkeit zugänglich gemacht wurden: http://www. ypeka.gr/Default.aspx?tabid=247&language=el-GR, Stand der Abrufung: 10.12.2014.

für geologische und bergbauliche Studien usw., Umweltnichtregierungsorganisationen und soziale Nichtregierungsorganisationen zu finden.[249]

Die vielseitige Beteiligung, besonders durch verschiedene politische Akteure des Landes, lässt darauf schließen, dass diesem Organ hauptsächlich eine begutachtende und beratende Funktion zukommt.[250] Außerdem kann eine solche Vielfalt von Akteuren auch dazu führen, dass wichtige Entscheidungen und die Einführung von Neuerungen, tatsächlich und schnell gewährleistet werden können, weil alle Parteien schon an dem Entscheidungsverfahren teilgenommen haben und ihre Einwände gegen die eingeführten Entscheidungen schon geäußert haben.[251]

Damit die Arbeitsweise und das Aufgabenspektrums des Nationalen Gewässerrates bestimmt werden kann, war ein weiterer Erlass einer Entscheidung des Ministers des Umwelt- und Energieministeriums auf der Grundlage von Art. 3 Abs. 5 Satz 2 des Gesetzes 3199/2003 notwendig. Deshalb waren seine Aufgaben in den ersten beiden Jahren zunächst unbestimmt. Im Jahr 2005 erging aber eine Ministerialentscheidung über die Zusammensetzung dieses Rates und seinen Aufgabenbereich.[252]

Unter die Aufgaben des Nationalen Gewässerrates fällt die Erstellung von Gutachten für die Gewässerbewirtschaftungspläne, die an den Nationalen Gewässerausschuss gerichtet sind und für dessen jährlichen Bericht zur Kenntnis genommen werden.[253] Die Einberufung einer Sitzung[254] erfolgt auf Verlangen des Vorsitzenden, also des Ministers für Umwelt und Energie,[255] der gleichzeitig auch als Vorsitzender der Nationale Gewässerausschuss auftritt.[256] Sie ist min-

---

[249] Art. 3 Abs. 2 des Gesetzes 3199/2003, geändert durch Art. 29 Abs. 1 des Gesetzes 4519/2018 vom 20.02.2018, veröffentlicht in FEK Heft A, Nr. 25 vom 20.02.2018.

[250] *Karageorgou* (Fn. 15), S. 175, 195; Art. 3 des einführenden Berichtes zum Gesetzentwurf „Gewässerschutz und Gewässerbewirtschaftung-Harmonisierung mit der Richtlinie KOM 2000/60/EU des Europäischen Parlaments und des Rates vom 23. Oktober 2000".

[251] *Karageorgou* (Fn. 15), S. 175, 195 ff.

[252] Ministerialentscheidung Nr. 34685 über die Zusammensetzung und den Aufgabenbereich des Nationalen Gewässerrates vom 06.12.2005, FEK Heft B, Nr. 1736 vom 09.12.2005.

[253] Art. 1 Abs. 1 Satz a der Ministerialentscheidung Nr. 34685 vom 06.12.2005, FEK Heft B, Nr. 1736 vom 09.12.2005.

[254] Art. 3 Abs. 4 des Gesetzes 3199/2003.

[255] Art. 3 Abs. 2 i.V.m. Art. 3 Abs. 5 des Gesetzes 3199/2003.

[256] Art. 3 Abs. 1 des Gesetzes 3199/2003, geändert durch Art. 29 Abs. 1 des Gesetzes 4519/2018 vom 20.02.2018, veröffentlicht in FEK Heft A, Nr. 25 vom 20.02.2018.

destens zweimal pro Jahr einzuberufen.[257] Die erste Sitzung des Nationalen Gewässerrates war auf den 11.02.2013[258] datiert, mit dem Zweck der Information über den Stand der Bearbeitung und der Aufstellung der Gewässerbewirtschaftungspläne.[259] Letztlich kann der Nationale Gewässerrat trotz seiner eingeschränkten Aufgaben wegen seiner vielfältigen Zusammensetzung eine wichtige beratende und unterstützende Rolle bei der Implementierung der Wasserrahmenrichtlinie spielen.

c. Das Generalsekretariat für natürliche Umwelt und Gewässer

Die dritte auf zentraler Ebene organisierte Behörde ist nach den Anforderungen des Art. 4 des Gesetzes 3199/2003 die Zentrale Gewässerbehörde.[260] Diese Behörde wurde Ende des Jahres 2005 ins Leben gerufen[261] und gehört zum Umwelt- und Energieministerium.[262] Sie ist später in das Sondersekretariat für Gewässer[263] umbenannt worden.[264] Im Folgenden sind im Jahr 2019 die Zuständigkeiten des Sondersekretariats für Gewässer zu einer neu geschaffenen Behörde im Umwelt- und Energieministerium, die als Generalsekretariat für natürliche

---

[257] Art. 3 Abs. 4 des Gesetzes 3199/2003, geändert durch Art. 29 Abs. 1 des Gesetzes 4519/2018 vom 20.02.2018, veröffentlicht in FEK Heft A, Nr. 25 vom 20.02.2018; mit der Ministerialentscheidung Nr. 26798 vom 22.06.2005, FEK Heft B, Nr. 895 vom 01.07.2005 wurde die Arbeitsweise des Nationalen Gewässerrats festgeschrieben; Art. 1 Abs. 1 der vorgenannten Ministerialentscheidung.

[258] Neuerdings ist der Nationale Gewässerrat gemäß der Entscheidung des Umwelt- und Energieministeriums Nr. 155126 vom 08.02.2013 zusammengesetzt.

[259] Nach den Maßgaben des Umwelt- und Energieministeriums, die der Öffentlichkeit auf der Internetseite des genannten Ministeriums zugänglich gemacht werden: http://www.ypeka.gr/Default.aspx?tabid=247&language=el-GR, Stand der Abrufung: 10.12.2014.

[260] Die Zentrale Gewässerbehörde wird auf Griechisch *Kentriki Ypiresia Ydaton* bezeichnet.

[261] Die Zentrale Gewässerbehörde wurde durch die Gemeinsame Ministerialentscheidung Nummer 49139 vom 24.11.2005, FEK Nr. 1695, Heft B von 02.12.2005 geschaffen und später durch die Gemeinsame Ministerialentscheidung 7575 vom 24.02.2010, FEK Nummer 183, Heft B vom 25.02.2010 verändert.

[262] Das ehemalige Ministerium für Umwelt, Raumordnung und Öffentliche Bauprojekte.

[263] Das Sondersekretariat für Gewässer wird auf Griechisch *Eidiki Grammateia Ydaton* genannt. Die Zentrale Wasserbehörde ist durch Art. 2 Abs. 4 der Präsidialverordnung Nr. 24 vom 14.04.2010, FEK Heft A, Nr. 56, vom 15.04.2010 zum Sondersekretariat für Gewässer umbenannt worden.

[264] Art. 2 Abs. 4 der Präsidialverordnung Nr. 24/2010 über die Wiederbestimmung von Zuständigkeiten der Ministerien und Änderung der Präsidialverordnung 189/2009 vom 14.04.2010 veröffentlicht in FEK Heft A, Nr. 56, vom 15.04.2010.

Umwelt und Gewässer[265] bezeichnet ist, übertragen worden,[266] welche nicht nur für die Gewässerbewirtschaftung konzipiert ist, aber sich im Allgemeinen an dem Schutz der natürlichen Umwelt und den Gewässern orientiert.

Die Zentrale Gewässerbehörde wurde zu dem Zweck eingerichtet, die Aufgaben einer zentralen Gewässerbehörde wahrzunehmen. Es wurde mit der Ausübung der Gewässerbewirtschaftung und mit der Verwirklichung des Gewässerschutzes beauftragt. Aus diesem Grund ist dem Generalsekretariat für natürliche Umwelt und Gewässer eine vielfältige und lange Reihe von Zuständigkeiten und Befugnissen übertragen worden.[267]

Diese neue Behörde trägt die finale Verantwortung für die Ausarbeitung und die Veröffentlichung der Gewässerbewirtschaftungspläne zur Verwirklichung des Gewässerschutzes und zur Ausübung der Gewässerbewirtschaftung.[268] Ihr sind ferner die Umsetzung des Inhalts der Gewässerbewirtschaftungspläne und die Bewertung dieser Implementierung zugewiesen.[269] Darüber hinaus ist sie mit der Koordination und Aufsichtskontrolle der Durchführung der Gewässerschutzpolitik in Bezug auf die bereits genannten Pläne befasst.[270]

Des Weiteren ist das Generalsekretariat für natürliche Umwelt und Gewässer für die Koordination der vielfältigen Verwaltungsstellen zuständig, die sich mit Wasserangelegenheiten beschäftigen.[271] Der Aufbau und die Verstärkung der Zusammenarbeit zwischen den Verwaltungsstellen, die Aufgaben in Bezug auf Gewässerthemen wahrnehmen, sind von erheblicher Bedeutung. Ferner ist das Generalsekretariat für natürliche Umwelt und Gewässer auch mit der Kontrolle

---

[265] Das Generalsekretariat für natürliche Umwelt und Gewässer wird auf Griechisch *Geniki Grammateia Phisikou Perivallontos kai Ydaton* bezeichnet.

[266] Art. 9 Abs. 1 der Präsidialverordnung 84/2019 über die Gründung und Abschaffung von Generalsekretariate und Sondersekretariate/ Einheitliche Verwaltungsbereiche der Ministerien von 17.07.2019 veröffentlicht in FEK Heft A, Nr. 123, von 17.07.2019.

[267] *Karageorgou* (Fn. 15), S. 175, 196.

[268] Art. 4 Abs. 1 Satz 1 des Gesetzes 3199/2003, der durch den Art. 5 Abs. 1 Unterabs. a des Gesetzes 4117/2013, FEK Heft A, Nr. 29, vom 05.02.2013 ergänzt wurde.

[269] Art. 4 Abs. 1 Satz 1 des Gesetzes 3199/2003, der durch den Art. 5 Abs. 1 Unterabs. a des Gesetzes 4117/2013 ergänzt wurde i.V.m. Art. 7 Abs. 2.1 Satz 1 des Gesetzes 3199/2003 geändert durch Art. 5 Abs. 1 Unterabs. g Satz 2.1 des Gesetzes 4117/2013 vom 04.02.2013 veröffentlicht in FEK A Nr. 29 vom 05.02.2013 i.V.m. Art. 54 Abs. 3 Unterabs. a Satz bb der Präsidialverordnung Nr. 132/2017 über die Organisation des Umwelt- und Energieministeriums vom 23.10.2017, veröffentlicht in FEK A Nr. 160 vom 30.10.2017.

[270] Art. 4 Abs. 1 Satz 1 des Gesetzes 3199/2003, der durch den Art. 5 Abs. 1 Satz a des Gesetzes 4117/2013 ergänzt wurde.

[271] Art. 4 Abs. 1 Unterabs. c des Gesetzes 3199/2003.

der Gewässerdirektionen der Dezentralen Verwaltung beauftragt und darüber hinaus verpflichtet, Unterstützung bei der Durchführung von deren Aufgaben zu leisten.[272]

Einen weiteren, wichtigen Aufgabenbereich des Generalsekretariats für natürliche Umwelt und Gewässer stellen die Bestimmung der Preispolitik und die Realisierung des Kostendeckungsprinzips dar.[273] Ihr kommt auch die Initiative zu neuen gesetzgebenden oder verwaltungsrechtlichen Maßnahmen zu, die der Verwirklichung des Gewässerschutzes und der Gewässerbewirtschaftung dienen.[274]

Es ist hervorzuheben, dass dieser Behörde eine Reihe von Aufgaben und Befugnissen übertragen wurde, die bis dahin auf mehrere Verwaltungsstellen verteilt waren, gerade weil diese Verteilung zu vielen Schwierigkeiten bei ihrer Durchführung verursachte.[275] Zum ersten Mal wurde eine zentrale Verwaltungsstelle geschaffen, die mit der Gestaltung und dem Vollzug der Gewässerbewirtschaftungspolitik beauftragt war.[276] In dieser Verwaltungsstelle sind zahlreiche Aufgaben und Zuständigkeiten konzentriert, die an einige Ministerien, zum Beispiel an das Landwirtschafts-, Entwicklungs- sowie Gesundheitsministerium usw. verteilt waren.[277]

Als Vorsitzender dieser Behörde tritt nach den Anforderungen des nationalen Gesetzgebers ein Generalsekretär für natürliche Umwelt und Gewässer auf.[278] Für die Stelle des Generalsekretärs kommen nach Art. 41. Abs. 1 des Gesetzes 4622/2019 Beamte auf Widerruf in Betracht. Die sind durch eine gemeinsame Entscheidung des Premierministers und des Umwelt- und Energieministers angestellt und sie haben eine zeitlich begrenzte Amtszeit.[279] Hinter der Ausgestaltung durch den Gesetzgeber verbirgt sich die Absicht, der Gewässerbewirtschaf-

---

[272] Art. 4 Abs. 1 Unterabs. i und n des Gesetzes 3199/2003, der durch den Art. 24 Abs. 1 des Gesetzes 4315/2014 vom 24.12.2014 veröffentlicht in FEK A, Nr. 269 vom 24.12.2014 ergänzt wurde.

[273] Art. 4 Abs. 1 Unterabs. d und e des Gesetzes 3199/2003.

[274] Art. 4 Abs. 1 Unterabs. f des Gesetzes 3199/2003.

[275] Dazu *Kallia-Antoniou*, Rechtsrahmen zum Schutz und zur Bewirtschaftung von Wasserressourcen, 2011, S. 37.

[276] *Papatolias*, Dikaiomata tou Anthropou, 2010, Heft 46, S. 375, 390.

[277] *Papatolias*, Dikaiomata tou Anthropou, 2010, Heft 46, S. 375, 390.

[278] Nach Art. 41 des Gesetztes 4622/2019 von 07.08.2019 veröffentlicht in FEK A, Nr. 133 von 07.08.2019.

[279] Nach Art. 41 Abs. 2 Satz 2 i.V.m Art. 44 des Gesetzes 4622/2019 von 07.08.2019 veröffentlicht in FEK A, Nr. 133 von 07.08.2019.

tung eine politische Bedeutung zu geben.[280] Mit dem Aufbau der Zentralen Gewässerbehörde hatte der Gesetzgeber vor, ein zentrales Organ zu schaffen, bei dem die meisten Zuständigkeiten der Gewässerbewirtschaftung liegen.[281]

Die Schaffung einer solchen Struktur stellt das Ergebnis zahlreicher Bemühungen zur Vereinigung der vielen Verwaltungseinheiten dar, die sich mit der Gewässerbewirtschaftung befasst hatten.[282] Auf diese Weise kann eine integrierte und kohärente Politik in der Gewässerbewirtschaftung vollzogen, eine verbesserte Zusammenarbeit zwischen den zuständigen Behörden erreicht und eine Zersplitterung von komplizierten gewässerbezogenen Aufgaben überwunden werden.[283] Des Weiteren kann der Aufbau einer derartigen zentralen Verwaltungsbehörde die Effektivitätsdefizite bei der Gewässerbewirtschaftung, die durch eine Zersplitterung der jeweiligen Verwaltungszuständigkeiten und eine große Anzahl an zuständigen Behörden entstehen, vermindert werden.[284] Diese Zersplitterung verursachte das Scheitern des ersten nationalen Gesetzes 1739/1987 über die Gewässerbewirtschaftung in Griechenland trotz seines vorausschauenden Ansatzes.[285]

Ein Beispiel dazu liefert der Aufbau des Nationalen Aufsichtsnetzes für ober- und unterirdische Gewässer mit dem Erlass einer gemeinsamen Ministerialentscheidung im Jahr 2011.[286] Das Nationale Aufsichtsnetz für ober- und unterirdische Gewässer war mit der Kontrolle der Qualität und Quantität der ober- und der unterirdischen Gewässer in allen 14 Flussgebietseinheiten beauftragt.[287] Nun ist das Generalsekretariat für natürliche Umwelt und Gewässer zuständig für die Arbeit und Fortentwicklung des Nationalen Aufsichtsnetzes für ober- und unterirdische Gewässer und zusätzlich für die Kontrolle der Qualität und Quantität der ober- und unterirdischen Gewässer auf der nationalen Ebene, in Zusammen-

---

[280] *Karageorgou* (Fn. 15), S. 175, 197. Siehe auch dazu *Lampros P. Mpampalioutas*, Der heutige Rechtsrahmen der griechischen Öffentlichen Verwaltung, 2013.
[281] Es gab einen Vorschlag für den Aufbau eines unabhängigen Trägers zur Bewirtschaftung der Gewässer, der als juristische Person des Öffentlichen Rechts oder als unabhängige Verwaltungsstelle auftreten sollte, der aber nicht verwirklicht wurde, mehr dazu bei: *Karageorgou* (Fn. 15), S. 175, 197.
[282] *Karageorgou* (Fn. 15), S. 175, 196.
[283] *Karageorgou* (Fn. 15), S. 175, 196.
[284] *Koutoupa-Regkakou* (Fn. 41), S. 234.
[285] *Papatolias,* Dikaiomata tou Anthropou, 2010, Heft 46, S. 375, 390.
[286] Gemeinsame Ministerialentscheidung Nr. 140384 vom 19.08.2011, veröffentlicht in FEK Heft B, Nr. 2017 vom 09.09.2011, S. 27483; SWD (2015) 54 final Commission Staff Working Document, 09.03.2015, S. 21 ff.
[287] Art. 1 Abs. 1 der Gemeinsamen Ministerialentscheidung Nr. 140384 vom 19.08.2011.

arbeit mit den Gewässerdirektionen der Dezentralen Verwaltung.[288] Darüber hinaus trägt das Generalsekretariat für natürliche Umwelt und Gewässer die Verantwortung für die Vernetzung und Koordination zwischen den unterschiedlichen Verwaltungsstellen, die mit vielfältigen Gewässer-angelegenheiten beauftragt sind.[289] Diese Funktion des Generalsekretariats für natürliche Umwelt und Gewässer stellt den zentralistischen Charakter bei der Wahrnehmung der Gewässerbewirtschaftung heraus.

Das Generalsekretariat für natürliche Umwelt und Gewässer setzt sich aus zwei Verwaltungseinheiten zusammen, die nur zuständig für die Gewässerangelegenheiten sind.[290] Auf diese Verwaltungseinheiten sind die vielfältigen Aufgaben und Befugnisse verteilt worden.[291] Es handelt sich um die Direktion zum Schutz und zur Bewirtschaftung der Gewässer und die Direktion zur Planung und Bewirtschaftung der Gewässerdienstleitungen.

i. Direktion zum Schutz und zur Bewirtschaftung der Gewässer

Die Direktion zum Schutz und zur Bewirtschaftung der Gewässer[292] ist zuständig für die Durchführung der Gewässerschutz- und Gewässerbewirtschaftungspolitik.[293] Ihr Aufgabenbereich enthält auch die Aufsicht und die Durchführungskontrollen bei der Vollziehung der Gewässerpolitik.[294] Weiter trägt sie die finale Verantwortung für die Aufstellung der Gewässerbewirtschaftungspläne neben den Gewässerdirektionen der Dezentralen Verwaltung.[295] Sie ist auch mit der Ausarbeitung und dem Vollzug der Gewässerbewirtschaftungsprogram-

---

[288] Art. 2 der Gemeinsamen Ministerialentscheidung Nr. 140384 vom 19.08.2011.

[289] Art. 3 und 5 der Gemeinsamen Ministerialentscheidung Nr. 140384 vom 19.08.2011.

[290] Art. 54 der Präsidialverordnung Nr. 132/2017 von 23.10.2017, veröffentlicht in FEK A Nr. 160 von 30.10.2017.

[291] Art. 2 und 3 der Ministerialentscheidung Nr. 322 des Umwelt-, Energie- und Klimaveränderungsministers vom 21.03.2013, FEK Heft B, Nr. 679, von 22.03.2013.

[292] Die Direktion zum Schutz und zur Bewirtschaftung der Gewässer wird auf Griechisch *Dieuthunsi Prostasias kai Diacheirisis Ydatinou Perivallontos* genannt; Art. 2 der Gemeinsamen Ministerialentscheidung, Nummer 322 vom 21.03.2013 i.V.m. Art. 54 der Präsidialverordnung Nr. 132/2017 von 23.10.2017.

[293] Art. 2 der Ministerialentscheidung Nr. 322 vom 21.03.2013 i.V.m. Art. 54 Abs. 1 der Präsidialverordnung Nr. 132/2017.

[294] Art. 2 Abs. 1 der Ministerialentscheidung Nr. 322 vom 21.03.2013 i.V.m. Art. 54 Abs. 1 der Präsidialverordnung Nr. 132/2017.

[295] Art. 2 Abs. 2 Satz a der Ministerialentscheidung Nr. 322 vom 21.03.2013 i.V.m. Art. 54 Abs. 3 Untersabs.a Satz bb der Präsidialverordnung Nr. 132/2017.

me beauftragt.[296] Die zentrale Verwaltung ist dafür zuständig, sowohl die langfristigen als auch kurzfristigen Gewässerbewirtschaftungspläne und Maßnahmenprogramme gemäß Art. 7 und 8 des Gesetzes 3199/2003 aufzustellen, zu konkretisieren und zu vollziehen, falls sie nicht durch die Gewässerdirektionen der Dezentralen Verwaltung aufgestellt und aktualisiert sind.[297]

Es ist weiterhin von maßgeblicher Bedeutung bei der Durchführung der Gewässerbewirtschaftung, dass die Direktion zum Schutz und zur Bewirtschaftung der Gewässer auch für die Zusammenarbeit zwischen zahlreichen Behörden, die sich mit Wasserangelegenheiten befassen, zuständig ist.[298] Darüber hinaus steht die Direktion zum Schutz und zur Bewirtschaftung der Gewässer immer für alle Verwaltungsstellen zur Verfügung, die sich mit Gewässerangelegenheiten beschäftigen und die Informationen und Leitlinien bei der Durchführung der Gewässerbewirtschaftung benötigen.[299] Außerdem ist sie auch zuständig für die Kooperation des Staates mit Nachbarstaaten in gemeinsamen Wasserangelegenheiten.[300]

Zudem ist die Direktion zum Schutz und zur Bewirtschaftung der Gewässer auch damit beauftragt, der Öffentlichkeit Auskünfte über die Wasserverhältnisse zu erteilen. Ein weiterer Aufgabenbereich ist das Sammeln und Zusammenstellen von Informationen aller zuständigen Verwaltungsstellen über die Gewässersituation und darüber hinaus deren Verbreitung.[301] Eine wichtige Aufgabe dieser Direktion besteht schließlich in der Unterstützung der Öffentlichkeit bei deren Teilnahme an der Ausgestaltung der Gewässerbewirtschaftung.[302] Sie ist verpflichtet, die Beteiligungsrechte zu gewährleisten.[303]

---

[296] Art. 2 Abs. 2 Satz a der Ministerialentscheidung Nr. 322 vom 21.03.2013 i.V.m Art. 54 Abs. 3 Unterabs. a Satz dd der Präsidialverordnung Nr. 132/2017.

[297] Art. 54 Abs. 3 Unterabs. a Satz bb der Präsidialverordnung Nr. 132/2017.

[298] Art. 2 Abs. 3 der Ministerialentscheidung Nr. 322 vom 21.03.2013 i.V.m Art. 54 Abs. 3 Unterabs. a Satz ih ih der Präsidialverordnung Nr. 132/2017.

[299] Art. 2 Abs. 3 der Ministerialentscheidung Nr. 322 vom 21.03.2013 i.V.m Art. 54 Abs. 3 Unterabs. 1 Satz ih ih der Präsidialverordnung Nr. 132/2017.

[300] Art. 2 Abs. 3 der Ministerialentscheidung Nr. 322 vom 21.03.2013 i.V.m Art. 54 Abs. 3 Unterabs. a Satz ii ii der Präsidialverordnung Nr. 132/2017.

[301] Art. 2 Abs. 3 der Ministerialentscheidung Nr. 322 vom 21.03.2013; gemäß den Anforderungen des Art. 4 Abs. f des Gesetzes 3199/2003.

[302] Art. 2 Abs. 3 der Ministerialentscheidung Nr. 322 vom 21.03.2013 i.V.m Art. 54 Abs. 3 Satz dd der Präsidialverordnung Nr. 132/2017.

[303] Art. 2 Abs. 3 der Ministerialentscheidung Nr. 322 vom 21.03.2013 i.V.m Art. 54 Abs. 3 Untesabs. a Satz ik ik der Präsidialverordnung Nr. 132/2017.

ii. Direktion zur Planung und Bewirtschaftung der Gewässerdienstleistungen

Die Direktion zur Planung und Bewirtschaftung der Gewässerdienst-leitungen[304] ist für die Ausgestaltung und Bewertung der Politik einer rationalen und nachhaltigen Bewirtschaftung der Gewässerdienstleistungen zuständig.[305] Sie ist zudem mit der Aufsicht und Koordination zwischen den unterschiedlichen Verwaltungsstellen beauftragt, die für die Implementierung des Kostende-ckungsprinzips zuständig sind.[306]

Die Direktion zur Planung und Bewirtschaftung der Gewässerdienstleitungen ist in zwei gewässerbezogenen Abteilungen gegliedert. Die erste Abteilung sorgt für die Ausarbeitung von Vorschlägen zur Bestimmung des Verfahrens, der Methode und der Quote der Verwirklichung des Kostendeckungsprinzips, der Ausgestaltung der Wasserpreise mit dem Ziel der Kostendeckung der Gewässerdienstleistungen sowie zur Festsetzung der Regeln für eine Verbesserung der Gewässerdienstleistungen in Anlehnung an die Entwicklungspolitik des Landes.[307] Diese Vorschläge sind an den Nationalen Gewässerausschuss gerichtet.[308] Die Direktion ist zudem mit der Aufsicht der Implementierung dieser Politik beauftragt.[309] Die zweite Abteilung ist für die strategische Planung und die Bewertung des politischen Geschehens im Bereich der nachhaltigen Bewirtschaftung der Gewässerdienstleistungen zuständig.[310] Noch weiter konstituiert die Ministerialentscheidung von 2013 für die zweite Abteilung eine Kooperations-pflicht mit den zuständigen Verwaltungsstellen auf europäischer Ebene für die

---

[304] Als Direktion zur Planung und zur Bewirtschaftung der Gewässerdienstleistungen wur-de auf griechisch die *Dieuthinsi Schediasmou kai Diacheirisis Ypiresion Ydatos* bezeichnet; Art. 3 der Ministerialentscheidung Nummer 322 von 21.03.2013 i.V.m. Art. 55 der Präsidial-verordnung Nr. 132/2017 von 23.10.2017, veröffentlicht in FEK A Nr. 160 von 30.10.2017.

[305] Art. 3 Abs. 1 der Ministerialentscheidung Nr. 322 von 21.03.2013 i.V.m Art. 55 Abs. 1 der Präsidialverordnung Nr. 132/2017.

[306] Art. 3, Abs. 1 Satz 2 der Ministerialentscheidung Nr. 322 von 21.03.2013 i.V.m Art. 55 Abs. 3 Unterabs. a Satz ee der Präsidialverordnung Nr. 132/2017.

[307] Art. 3 Abs. 2 der Ministerialentscheidung Nr. 322 von 21.03.2013 i.V.m Art. 55 Abs. 3 Unterabs. a der Präsidialverordnung Nr. 132/2017.

[308] Art. 3 Abs. 2 Spiegelstrich 1 der Ministerialentscheidung Nr. 322 vom 21.03.2013.

[309] Art. 3 Abs. 2 Spiegelstrich 2 der Ministerialentscheidung Nr. 322 vom 21.03.2013.

[310] Art. 3 der Ministerialentscheidung Nr. 322 vom 21.03.2013 i.V.m Art. 55 Abs. 3 Unter-abs. c der Präsidialverordnung Nr. 132/2017.

Preisgestaltung der Gewässerdienstleistungen und für den Austausch von Informationen und der guten Praxis in diesem Bereich.[311]

d. Der Gewässergutachterausschuss

Der Gewässergutachterausschuss[312] ist eingerichtet worden, um das Generalsekretariat für natürliche Umwelt und Gewässer bei der Ausübung seiner Aufgaben und Befugnisse zu unterstützen.[313] Dieser Ausschuss ist mit der Erarbeitung von Vorschlägen und Gutachten über die Gewässerangelegenheiten beauftragt, die dem Aufgabenbereich des Generalsekretariats für natürliche Umwelt und Gewässer zugeordnet sind.[314] Der Vorsitzende des Generalsekretariats für natürliche Umwelt und Gewässer übernimmt den Vorsitz des Gewässergutachterausschusses.[315] Die Zusammensetzung des Gewässergutachterausschusses benötigt eine Entscheidung des Umwelt- und Energieministers.[316] Die Mitglieder des Ausschusses werden von unterschiedlichen Verwaltungsträgern unter Berücksichtigung ihrer wissenschaftlichen Kenntnisse und ihrer wissenschaftlichen Erfahrung im Bereich des Gewässerschutzes, der Gewässerbewirtschaftung und des Kostendeckungsprinzips für die Gewässerdienstleistungen ausgewählt.[317] Die Mitglieder sind zum Bereitstellen aller relevanten Informationen aufgefordert, damit die diskutierten Vorschläge konkretisiert werden können.[318] Zu den Sitzungen des Gewässergutachterausschusses können Wissenschaftler eingeladen werden, so dass sie mit ihrem Wissen bei der Analyse und Lösung von gewässerbezogenen Problemen beitragen können.[319] Diese Wissenschaftler können an den Sitzungen teilnehmen, aber sie haben kein Stimmrecht.[320]

---

[311] Art. 3 Abs. 1 Spiegelstrich 5 der Ministerialentscheidung Nr. 322 vom 21.03.2013.

[312] Der Gewässergutachterausschuss wird auf Griechisch *Gnomodotiki Epitropi Ydaton* genannt; Der Gewässergutachterausschuss ist mit Art. 4 Abs. 3 des Gesetzes 3199/2003, geändert durch Art. 5 Abs. Unterabs. d des Gesetzes 4117/2013 und zuletzt ergänzt durch das Art. 56 der Präsidialverordnung Nr. 132/2017 vom 23.10.2017 veröffentlicht in FEK A Nr. 160 vom 30.10.2017.

[313] Art. 7 Abs. 1 der Ministerialentscheidung Nr. 322 vom 21.03.2013.

[314] Art. 7 Abs. 1 der Ministerialentscheidung Nr. 322 vom 21.03.2013.

[315] Art. 7 Abs. 5 der Ministerialentscheidung Nr. 322 vom 21.03.2013.

[316] Art. 7 Abs. 4 der Ministerialentscheidung Nr. 322 vom 21.03.2013.

[317] Art. 7 Abs. 2 der Ministerialentscheidung Nr. 322 vom 21.03.2013.

[318] Art. 7 Abs. 2 der Ministerialentscheidung Nr. 322 vom 21.03.2013.

[319] Art. 7 Abs. 6 der Ministerialentscheidung Nr. 322 vom 21.03.2013

[320] Art. 7 Abs. 6 der Ministerialentscheidung Nr. 322 vom 21.03.2013.

Demzufolge hat der Gewässergutachterausschuss eine beratende und unterstützende Funktion für das Generalsekretariats für natürliche Umwelt und Gewässer. Auch ist von maßgeblicher Bedeutung, dass an seinen Zusammenkünften Wissenschaftler teilnehmen können, um die neuesten Informationen und Probleme zu erörtern, womit sie zur Unterrichtung des Generalsekretariats und zu Lösungen beitragen können.

e. Die Gewässerdirektionen der Dezentralen Verwaltung

Es wurden in jedem Verwaltungsbezirk Gewässerdirektionen der Dezentralen Verwaltung eingerichtet.[321] Sie wurden aufgebaut, um eine dezentrale, effiziente Vollziehung der nationalen und europäischen Rechtsvorschriften zum Gewässerschutz und zur Gewässerbewirtschaftung innerhalb der gebildeten Flussgebietseinheiten zu gewährleisten. Sie waren zunächst als Regionalgewässerdirektionen[322] vorgesehen und später in Gewässerdirektionen der Dezentralen Verwaltung umbenannt worden.[323] Laut des neuen Gesetzes *Kallikratis* zur Neuorganisation der Verwaltung, nämlich nach Art. 3 des Gesetzes 3852/2010, wurde Griechenland in 13 Verwaltungsregionen, wobei jede von ihnen über eine Gewässerdirektion der Dezentralen Verwaltung verfügt und nach Art. 6 des gleichen Gesetztes in sieben Dezentralen Verwaltungen geteilt, in welchen diese Gewässerdirektionen der Dezentralen Verwaltung eingeordnet sind.[324] Obwohl die Wasserrahmenrichtlinie fordert, dass bei der Ausübung der Gewässerbewirtschaftung die Aufteilung jedes Landes in Flussgebietseinheiten nach geomorphologischen Maßgaben erfolgen sollte, wurde die Teilung des Landes nach

---

[321] Die Gewässerdirektionen der Dezentralen Verwaltung werden auf Griechisch *Dieuthunseis Ydaton tis Apokentromenis Dioikisis* genannt; Art. 1 der Gemeinsamen Ministerialentscheidung Nummer 47630 vom 16.11.2005, FEK, Heft B, Nr. 1688, vom 01.12.2005.

[322] Die Regionalgewässerdirektionen werden auf Griechisch *Perifereiakes Dieuthunseis Ydaton* genannt.

[323] Art. 5 Abs. 1 des Gesetzes 3199/2003 geändert durch Art. 24 Abs. 3 des Gesetzes 4315/2014 vom 24.12.2014 veröffentlicht in FEK A Nr. 269 vom 24.12.2014.

[324] Art. 3 des Gesetzes 3852/2010 über die neue Gestaltung der Selbstverwaltung und der Dezentralen Verwaltung. Programm Kallikratis vom 04.06.2010, veröffentlicht in FEK Heft A, Nr. 87, vom 07.06.2010 geändert durch das Gesetz „Kleisthenis I" Nr. 4555/2018 vom 19.7.2018, veröffentlicht in FEK Heft A, Nr. 133, vom 19.7.2018, dass mehrere Vereinfachungen bei der Ausübung der Aufgaben der Verwaltungsträger hervorgebracht hat; siehe auch dazu SWD (2015) 54 final Commission Staff Working Document, 09.03.2015, S. 9.

verwaltungsrechtlichen Kriterien vorgenommen.[325] Für den Fall, dass eine Flussgebietseinheit über mehrere Verwaltungsregionen reicht, sind die Verwaltungsstellen zur Zusammenarbeit verpflichtet.[326]

Zur Erledigung ihrer Aufgaben sind die Gewässerdirektionen der Dezentralen Verwaltung mit einer Reihe von Befugnissen ausgestattet. Unter diesen Aufgaben findet sich zunächst die Ausarbeitung und Aufstellung der Gewässerbewirtschaftungspläne und Maßnahmenprogramme der zu ihnen gehörenden Flussgebietseinheit.[327] Zweitens sind sie für die Ausführung dieser Pläne und Programme zuständig.[328] Außerdem gibt es die Möglichkeit eines Koordinators der Dezentralen Verwaltung, so dass die Gewässerbewirtschaftungspläne und die Maßnahmenprogramme von dem Generalsekretariat für natürliche Umwelt und Gewässer aufgestellt und aktualisiert werden.[329] In diesem Fall sind die Pläne von dem Nationalen Gewässerausschuss zu begutachten.[330] Allerdings haben die Gewässerdirektionen der Dezentralen Verwaltung ihre Aufgaben des ersten Planungszyklus nicht wahrgenommen, sie haben nämlich die Gewässerbewirtschaftungspläne für das Generalsekretariats für natürliche Umwelt und Gewässer nicht ausgearbeitet.[331] Aus diesem Grund hat das Generalsekretariat für natürliche Umwelt und Gewässer externe Gutachter mit der Ausarbeitung der Pläne beauftragt, während die Gewässerdirektionen der Dezentralen Verwaltung beratend tätig wurden.[332]

Ferner zählt zu ihren Aufgaben auch das Sammeln der notwendigen Daten über die Gewässerquantität und -qualität ihrer Regionen und die Weiterleitung dieser Daten an das Generalsekretariat.[333] Darüber hinaus gehört auch die Kon-

---

[325] Art. 5 Abs. 1 des Gesetzes 3199/2003 geändert durch Art. 24 Abs. 3 des Gesetzes 4315/2014 vom 24.12.2014 veröffentlicht in FEK A Nr. 269 vom 24.12.2014.

[326] Art. 5 Abs. 3 des Gesetzes 3199/2003.

[327] Art. 2 Abs. 2 Satz c der Gemeinsamen Ministerialentscheidung Nummer 47630 vom 16.11.2005.

[328] Art. 2 Abs. 2 Satz b der Gemeinsamen Ministerialentscheidung Nummer 47630 vom 16.11.2005.

[329] Art. 7 Abs. 2.1 Satz 1 des Gesetzes 3199/2003 geändert durch Art. 5 Abs. 1 Unterabs. g Satz 2.1 des Gesetzes 4117/2013 vom 04.02.2013 veröffentlicht in FEK A Nr. 29 vom 05.02.2013 i.V.m. Art. 54 Abs. 3 Unterabs. a Satz bb der Präsidialverordnung Nr. 132/2017 vom 23.10.2017, veröffentlicht in FEK A Nr. 160 vom 30.10.2017.

[330] Art. 7 Abs. 2.1 Satz 2 des Gesetzes 3199/2003 geändert durch Art. 5 Abs. 1f des Gesetzes 4117/2013 vom 04.02.2013 veröffentlicht in FEK A Nr. 29 vom 05.02.2013.

[331] SWD (2015) 54 final Commission Staff Working Document, 09.03.2015, S. 9.

[332] SWD (2015) 54 final Commission Staff Working Document, 09.03.2015, S. 10.

[333] Art. 2 der Gemeinsamen Ministerialentscheidung Nummer 47630 vom 16.11.2005.

trolle der Quantitäts- und Qualitätsverhältnisse der Gewässer in Zusammenarbeit mit dem Generalsekretariat für natürliche Umwelt und Gewässer dazu.[334] Die Direktionen sind außerdem mit der Katalogisierung der Umweltschutzgebiete beauftragt.[335] Sie sind zudem verpflichtet, das Generalsekretariat für natürliche Umwelt und Gewässer in Bezug auf den Stand der Vollziehung der Gewässerbewirtschaftungspläne und Maßnahmenprogramme zu unterrichten.[336] Die maßgebliche Rolle der Gewässerdirektionen der Dezentralen Verwaltung besteht darin, dass sie die Beteiligung der Öffentlichkeit bei der Ausarbeitung und Durchführung der Gewässerpolitik innerhalb ihrer Regionen gewährleisten sollen.[337]

Mit der Auflistung der Aufgaben der Gewässerdirektionen der Dezentralen Verwaltung wird deutlich, dass ihre Rolle von erheblicher Bedeutung ist. Sie sind zuständig für die Implementierung der Wasserrahmenrichtlinie innerhalb ihrer Flussgebietseinheit. Andererseits stehen sie in enger Zusammenarbeit mit der zentralen zuständigen Verwaltungsstelle für die Gewässerbewirtschaftung, also dem Generalsekretariat für natürliche Umwelt und Gewässer.

Die Entscheidung über die Genehmigung eines Antrags auf Wassernutzung ist dem Koordinator[338] der Dezentralen Verwaltung eingeräumt worden.[339] Die Anträge sind aber an die regionalen Verwaltungen zu richten. Diese sind zuständig für die Vorbereitung der Anträge, die Vervollständigung der Akten und ihre Einreichung bei der Dezentralen Verwaltung.[340] Die Dezentrale Verwaltung ist dafür zuständig, ihrem Koordinator einen Vorschlag mit ihrer Stellungnahme über die Bewilligung oder Versagung der Genehmigung auf Wassernutzung vorzulegen.[341] Bei der Entscheidung über die Erteilung der Genehmigung zur Wassernutzung muss berücksichtigt werden, ob die Wassernutzung im Einklang

---

[334] Art. 2 der Gemeinsamen Ministerialentscheidung Nummer 47630 vom 16.11.2005.

[335] Art. 2 der Gemeinsamen Ministerialentscheidung Nummer 47630 vom 16.11.2005.

[336] Art. 2 Abs. 2 Satz c der Gemeinsamen Ministerialentscheidung Nummer 47630 vom 16.11.2005.

[337] Art. 5 Abs. 5 Satz f des Gesetzes 3199/2003 i.V.m. Art. 2 Abs. 2, Satz d der Gemeinsamen Ministerialentscheidung Nummer 47630 vom 16.11.2005.

[338] Art. 53 Abs. a des Gesetzes 4423/2016 vom 27.09.2016, veröffentlicht in FEK Heft A, Nr. 182, vom 27.09.2016.

[339] Art. 186 Abs. II Unterteil C Satz a, ii des Gesetzes 3852/2010.

[340] Art. 186 Abs. II Unterteil C Satz a, ii des Gesetzes 3852/2010.

[341] Art. 186 Abs. II Unterteil C Satz a, ii des Gesetzes 3852/2010.

mit dem in diesem Bereich geltenden Gewässerbewirtschaftungsplan steht.[342] Falls kein Gewässerbewirtschaftungsplan in dem fraglichen Einzugsgebiet vorliegt, muss die Entscheidung unter Berücksichtigung der Realisierung einer nachhaltigen Gewässerbewirtschaftung und eines rationalen Umweltschutzes in den Umweltschutzgebieten getroffen werden.[343]

Es ist von Bedeutung, dass die Genehmigung jeder Wassernutzung von der zentralen Stelle getroffen wird. Auf diese Weise kann eine weitgehend kohärente und gleichmäßige Vollziehung der Gewässerschutz- und Gewässerbewirtschaftungspolitik erreicht werden. Durch diese Veränderung ist ein zentralistisches System für den Erlass von Genehmigungen der Wassernutzung eingeführt worden. Bei Feststellung schädlicher Auswirkungen auf die Umwelt und einer Zunahme des Anteils schädlicher Stoffe durch die menschlichen Aktivitäten sind die regionalen Verwaltungen zum Ergreifen der erforderlichen Maßnahmen und zur Verhängung der notwendigen Sanktionen befugt.[344] Es entstehen für jene, die eine Verunreinigung oder Verschlechterung der Gewässer verursachen, Bußgelder ab 100 Euro und bis 600.000 Euro[345] und für besonders schwerwiegende Verunreinigungen bis zu 1.500.000 Euro.[346] Zudem können die Genehmigungen befristet oder bedingt bzw. für den Fall der fehlenden Anpassung endgültig widerrufen werden.[347] Diese Maßnahmen können durch Entscheidung des Koordinators der jeweiligen Dezentralen Verwaltung[348] auf Vorschlag der Gewässerdirektionen der Dezentralen Verwaltung ergriffen werden.[349]

---

[342] Durchführungsakt Nummer 150673/13.07.2011 zur Vollziehung des Gesetzes 3852/2010.

[343] Durchführungsakt Nummer 150673/13.07.2011 zur Vollziehung des Gesetzes 3852/2010.

[344] Art. 186 Abs. II Unterteil C Satz a, ii des Gesetzes 3852/2010; diese Sanktionen sind zwischen den Verwaltungssanktionen, die zu den Regionalen Verwaltungen zählen, durch das Gesetz 3199/2003 Art. 13 angewiesen worden.

[345] Art. 13 Abs. 1 des Gesetzes 3199/2003.

[346] Art. 13 Abs. 3 des Gesetzes 3199/2003.

[347] Art. 13 des Gesetzes 3199/2003.

[348] Art. 53 Abs. a des Gesetzes 4423/2016 vom 27.09.2016, veröffentlicht in FEK Heft A, Nr. 182, vom 27.09.2016.

[349] Art. 13 Abs. 2 Satz 1 des Gesetzes 3199/2003.

f. Die Gewässerräte der Dezentralen Verwaltung

In jeder Dezentralen Verwaltung[350] gibt es auch einen Gewässerrat.[351] Wie bereits erwähnt, sind sie Organe mit begutachtenden Zuständigkeiten.[352] Ihre Zusammensetzung besteht aus Vertretern von verschiedenen regionalen Organisationen, die sich mit Gewässerangelegenheiten befassen.[353] Unter diesen Teilnehmern sind der Koordinator der jeweiligen Dezentralen Verwaltung, der als Vorsitzender auftritt,[354] der Vorsitzende der Gewässerdirektion der Dezentralen Verwaltung der jeweiligen Flussgebietseinheit, Vertreter der Region der jeweiligen Flussgebietseinheit, Vertreter der regionalen Wasserversorgungs- und Abwasserentsorgungsunternehmen, Vertreter der regionalen Vereinigungen landwirtschaftlicher Genossenschaften, Vertreter der regionalen Umweltnichtregierungsorganisationen, usw.[355] Diese regionalen Gewässerräte nehmen einen erheblichen Einfluss auf die Ausarbeitung der Gewässerbewirtschaftungspläne jeder Flussgebietseinheit.[356] So sind sie zur Begutachtung des Inhalts der Gewässerbewirtschaftungspläne verpflichtet.[357] Ferner veröffentlichen die Gewässerräte der Dezentralen Verwaltung die Gewässerbewirtschaftungspläne so, dass die Öffentlichkeit ihren Inhalt innerhalb einer begrenzten Frist zur Kenntnis nehmen kann, damit sie an den öffentlichen Konsultationen für die Gewässerbewirtschaftungspläne teilnehmen können.[358]

Folglich bilden der Nationale Gewässerrat auf zentralem Niveau und entsprechend die Gewässerräte der Dezentralen Verwaltung auf regionaler Ebene die Organe, welche die Teilnahme der Öffentlichkeit bei der Aufstellung der Gewässerbewirtschaftungspläne und entsprechend den Anforderungen der Wasser-

---

[350] Art. 6 Abs. 1 des Gesetzes 3199/2003 zuletzt geändert durch das Gesetz 4117/2013, FEK Heft A, Nr. 29, vom 05.02.2013.

[351] Der Gewässerrat der Dezentralen Verwaltung wird auf Griechisch *Symboulio Ydaton tis Apokentromenis Dioikisis* genannt.

[352] Art. 6 Abs. 1 des Gesetzes 3199/2003.

[353] Art. 6 Abs. 1 des Gesetzes 3199/2003.

[354] Art. 6 Abs. 1 des Gesetzes 3199/2003 zuletzt geändert durch Art. 53 Abs. a des Gesetzes 4423/2016 vom 27.09.2016, veröffentlicht in FEK Heft A, Nr. 182, vom 27.09.2016.

[355] Art. 6 Abs. 1 des Gesetzes 3199/2003 zuletzt geändert durch Art. 53 Abs. a des Gesetzes 4423/2016 vom 27.09.2016, veröffentlicht in FEK Heft A, Nr. 182, vom 27.09.2016.

[356] Für den Anfang der Geltung des Art. 6 des Gesetzes 3199/2003 war die Erlassung einer gemeinsamen Ministerialentscheidung über die Arbeitsweise der Gewässerräte der Dezentralen Verwaltung notwendig. Diese Entscheidung ist am 26.03.2010 veröffentlicht worden, und zwar die Entscheidung Nr. 110957, FEK, Nummer 394, Heft B vom 06.04.2010.

[357] Art. 6 Abs. 2 des Gesetzes 3199/2003.

[358] Art. 6 Abs. 3 des Gesetzes 3199/2003.

rahmenrichtlinie bei der Ausprägung der Gewässerschutz- und Gewässerbewirtschaftungspolitik fördern und verstärken.[359]

4. Schlussfolgerung

Die Wasserrahmenrichtlinie spielte eine erhebliche Rolle bei der Reformierung der Gewässerbehörden in Griechenland und der Neufestsetzung und Abgrenzung ihrer Aufgaben und Befugnisse. Die Gewässerbehörden haben eine doppelte Struktur erhalten. Einerseits sind sie zentralistisch organisiert, weil das Generalsekretariat für natürliche Umwelt und Gewässer zur Gewässerbewirtschaftung auf zentraler Ebene eingerichtet wurde. Auf diese Weise kann mit Hilfe der Zusammenarbeit zwischen den zuständigen Gewässerbehörden eine kohärente Gewässerbewirtschaftung sichergestellt werden. Andererseits besitzen die Gewässerbehörden auch eine dezentrale Struktur, denn die Gewässerdirektionen der Dezentralen Verwaltung haben wesentliche Kompetenzen bei der Gewässerbewirtschaftung, weil sie für die Ausarbeitung der Gewässerbewirtschaftungspläne und Maßnahmenprogramme zuständig sind. Auf Grundlage einer besseren Kenntnis der Gewässerbesonderheiten jeder Flussgebietseinheit können sie eine effektivere Durchführung der Gewässerbewirtschaftung gewährleisten. Aus diesem Grund kann der Aufbau der Verwaltungseinheiten zur Verwirklichung der Gewässerbewirtschaftung in Griechenland als ausreichend bezeichnet werden.[360]

Kritisch anzumerken ist allerdings, dass die Zusammensetzung der erforderlichen Gewässerbehörden durch die nationalen Rechtsvorschriften zur Umsetzung der Wasserrahmenrichtlinie eine lange Zeit in Anspruch genommen hat.[361] Dies kann auch als ein Faktor dafür gesehen werden, dass sich die Ausarbeitung und Aufstellung der Gewässerbewirtschaftungspläne sowie der Maßnahmenprogramme erheblich verzögert haben.[362] Beispielsweise war die erste Sitzung des Nationalen Gewässerausschusses und des Nationalen Gewässerrates erst im Jahr 2010.[363] Eine wichtige Rolle bei der tatsächlichen Umsetzung der Wasserrah-

---

[359] Siehe dazu *Papatolias*, Dikaiomata tou Anthropou, 2010, Heft 46, S. 375, 389.
[360] *Vasileios Danilakis,* Defizite und Probleme bei der Durchsetzung einer kohärenten Gewässerbewirtschaftungspolitik in Griechenland. Der Fall des Sees Koronia, Nomos kai Physis, 2011, http://www.nomosphysis.org.gr/articles.php?artid=4259&lang=1&catpid=1, Stand der Abrufung: 19.06.2014, Rn 3.5.
[361] *Danilakis*, Nomos kai Physis, 2011, Rn. 3.5.
[362] Siehe dazu *Danilakis*, Nomos kai Physis, 2011, Rn. 3.5.
[363] *Danilakis*, Nomos kai Physis, 2011, Rn. 3.5.

menrichtlinie spielen auch die dezentralen Verwaltungsstellen;[364] sie sind mit der Durchführung der Programme und Maßnahmen zur Vollziehung der Wasserrahmenrichtlinie beauftragt.[365] Wenn diese regionalen Verwaltungsstellen nicht effizient oder gar mangelhaft die Rechtsvorschriften über die Gewässerbewirtschaftung umsetzen, verhindern sie die Verwirklichung einer integrierten Gewässerschutzpolitik.[366] Die Wasserrahmenrichtlinie fordert sowohl eine horizontale als auch vertikale Zusammenarbeit zwischen den jeweils zuständigen Verwaltungsstellen.[367] Die wesentliche Funktion der Wasserrahmenrichtlinie beim Aufbau der zuständigen Verwaltungsstellen für Gewässerangelegenheiten besteht darin, dass mit dem Erlass des nationalen Gesetzes 3199/2003 und der Präsidialverordnung 51/2007 in Verbindung mit den auf deren Grundlagen erlassenen Rechtsakten eine Rechtsvorschriftentransparenz und eine klarere Aufgabenabgrenzung erreicht worden ist.

VI. Fazit

Erst nach der Vollendung des Umsetzungsverfahrens der Wasserrahmenrichtlinie von Seiten der Mitgliedstaaten lässt sich die eigentliche Lenkungsfunktion der Wasserrahmenrichtlinie erkennen und lassen sich die Verantwortlichen identifizieren, welche die Last zu tragen haben, die Standards der Richtlinie zu erreichen.[368]

Der Zweck der Einführung der Wasserrahmenrichtlinie war die Schaffung eines gemeinsamen Rahmens in der Gewässerbewirtschaftung. Für Griechenland wäre die Umsetzung der Wasserrahmenrichtlinie in nationales Recht eine Möglichkeit gewesen, zu einer Kodifikation der vielfältig geltenden Rechtsvorschrif-

---

[364] *Danilakis*, Nomos kai Physis, 2011, Rn. 3.5.
[365] *Danilakis*, Nomos kai Physis, 2011, Rn. 3.5.
[366] *Danilakis*, Nomos kai Physis, 2011, Rn. 3.5.
[367] *Michael Schmalholz*, Die EU-Wasserrahmenrichtlinie – „Der Schweizer Käse" im europäischen Gewässerschutz?, ZfW 2001, S. 69, 93.
[368] *Wolfgang Durner*, Zehn Jahre Wasserrahmenrichtlinie in Deutschland – Erfahrungen und Perspektiven, in: Köck/Faßbender (Hrsg.), Implementation der Wasserrahmenrichtlinie in Deutschland – Erfahrungen und Perspektiven, Dokumentation des 15. Leipziger Umweltrechts-Symposions des Instituts für Umwelt- und Planungsrecht der Universität Leipzig und des Helmholtz-Zentrums für Umweltforschung-UFZ am 22. und 23. April 2010, 2011, S. 17, 19.

ten über die Gewässerbewirtschaftung zu gelangen.[369] Auf diese Weise könnte Rechtskohärenz sichergestellt werden.[370] Im Gegensatz dazu wurde die Wasserrahmenrichtlinie durch die Einführung von zwei Gesetzestexten umgesetzt, von denen der eine auf den anderen verweist. Der Erlass von mehreren zusätzlichen Rechtsvorschriften in anderen Rechtsakten spaltet die Einheit der Rechtsordnung weiter auf.[371]

Die Rechtsverstöße von Griechenland gegen die Europäischen Rechtsvorschriften in dem Bereich der Gewässerbewirtschaftung belaufen sich schon jetzt auf eine hohe Zahl.[372] Aufgrund dieser Tatsache ist nicht nur die Intensität des Problems, sondern auch die Notwendigkeit der Schaffung von neuen Formen und einer geeigneteren Praxis zur Vollziehung und Kontrolle der Gewässerbewirtschaftung festzustellen.[373]

So ist deutlich, dass das nationale Gesetz 3199/2003 viele Unklarheiten und Ungewissheiten enthält. Aber es muss auch überlegt werden, ob die Wasserrahmenrichtlinie überhaupt geeignet ist, ein zuverlässiges System in Griechenland zu schaffen, mit dem der Wasserschutz und die nachhaltige Gewässerbewirtschaftung erreicht werden können. Die Wasserrahmenrichtlinie bezieht sich auf die Flussgebietseinheit und nicht auf ein Verwaltungsgebiet. Obwohl Griechenland über mehrere Einzugsgebiete verfügt, gibt es viele Gewässer, die nur in einem Verwaltungsgebiet bewirtschaftet werden können. Das wichtigste Beispiel hierfür stellen die Inseln dar, die unabhängig von ihrer Größe nicht über Einzugsgebiete verfügen.[374]

---

[369] *Papadimitriou*, Die nachhaltige Gewässerbewirtschaftung, in: ders., Umwelt Aktuell, 2007, S. 87, 89 ff.
[370] PE 338/2006 des Staatsrats über den Entwurf des Präsidialverordnung 51/2007, Rn. 1.
[371] PE 338/2006 des Staatsrats über den Entwurf des Präsidialverordnung 51/2007, Rn. 1.
[372] *Papadimitriou*, Die nachhaltige Gewässerbewirtschaftung, in: ders., Umwelt Aktuell, 2007, S. 87, 89 ff.
[373] *Papadimitriou*, Die nachhaltige Gewässerbewirtschaftung, in: ders., Umwelt Aktuell, 2007, S. 87, 90 ff.
[374] *Papadimitriou*, La nave va … in der Gewässerbewirtschaftung, in: ders., Umwelt Aktuell, 2007, S. 91, 94 ff.

Sechstes Kapitel

Der Fall der Umleitung des Flusses Acheloos

1. Der historische Hintergrund

Die Umleitung des Flusses Acheloos stand in Griechenland über mehr als 30 Jahre im Mittelpunkt der Diskussionen über die Gewässerbewirtschaftung. Es handelt sich um die wichtigste Gewässerumleitung in Griechenland. Der Acheloos ist nach dem Aliakmonas der zweitlängste Fluss Griechenlands.[1] Er ist 220 Kilometer lang und weist eine Breite von bis zu 90 Metern auf.[2] Sein Ursprung liegt auf 2.000 Metern Höhe am Berg Lakmos, der zu der Gebirgskette von Pindos in Metsovo gehört.[3] Er bildet eine natürliche Abgrenzung zwischen Thessalien und Ipeiros[4] und ist von erheblicher wirtschaftlicher Bedeutung,[5] denn ein maßgeblicher Anteil der griechischen Agrarproduktion findet dort statt.[6] Zusammen mit mehreren kleineren Flüssen, die ihn speisen, mündet er im westlichen Griechenland in den Ionio Pelagos bei Mesologgi.[7] Das Einzugsgebiet des Acheloos umfasst rund 5.000 km².[8] Der Fall betrifft die Umleitung des Acheloos von Westgriechenland nach Ostgriechenland, genauer in den Fluss Pineios in Thessalien.[9] In dem Einzugsgebiet des Acheloos wurden von 1950 bis 1990 drei Staudämme errichtet.[10]

Die Idee der Umleitung des Oberlaufs von Acheloos reicht bis in das Jahr 1925 zurück und kann Professor Apostolos Koutsokostas zugeschrieben wer-

---

[1] *Vasileios Danilakis*, Das umstrittene Vorhaben der Umleitung des Flusses von Acheloos: Dafür oder dagegen während der Wartezeit bis zur Veröffentlichung der Entscheidung des EuGH?, Nomos kai Physis, 2011.

[2] *Dimitrios Androutsopoulos*, Der Fluss von Acheloos und seine Umleitung, 2006, abrufbar unter: http://www.ecocrete.gr/index.php?option=com_content&task=view&id=3147&Itemid-=0

[3] *Androutsopoulos* (Fn. 2).

[4] *Androutsopoulos* (Fn. 2).

[5] 2759/1994 Entscheidung des Staatsrats, Abteilung E, Rn. 12; 2760/1994 Entscheidung des Staatsrats, Abteilung E, Rn. 12.

[6] 3478/2000 Entscheidung der Vollversammlung des Staatsrats, Rn. 10.

[7] 2759/1994 Entscheidung des Staatsrats, Abteilung E, Rn. 12; 2760/1994 Entscheidung des Staatsrats, Abteilung E, Rn. 12.

[8] *Androutsopoulos* (Fn. 2).

[9] 2759/1994 Entscheidung des Staatsrats, Abteilung E, Rn. 1 und 12; 2760/1994 Entscheidung des Staatsrats, Abteilung E, Rn. 1 und 12.

[10] Die Staudämme von Kremaston, Kastrakiou und Stratou; *Androutsopoulos* (Fn. 2).

den.[11] Das Konzept der Umleitung des Flusses wurde schon in den Untersuchungen von 1968 und 1971 der schweizer Firma Electrowatt und der kanadischen Firma SNC als ungünstig bezeichnet.[12]

2. Die Entscheidungen 2759/1994 und 2760/1994 des Staatsrats

Die erste Entscheidung des Staatsrats in Bezug auf die Umleitung des Acheloos betraf die Anfechtungsklage von Umweltverbänden im Jahr 1994. Die Umweltverbände wandten sich gegen zwei Ministerialentscheidungen,[13] die die umweltbezogenen Bedingungen von zwei Teilvorhaben des gesamten Vorhabens der Umleitung des Flusses Acheloos genehmigt hatten.[14] Der wesentliche Gesichtspunkt der Entscheidung zur Umleitung des Acheloos nach Thessalien war die Notwendigkeit, die in dem Gebiet liegenden Wohnsiedlungen und Anbauflächen mit Wasser zu versorgen.[15]

Die beiden Vorhaben fielen in den Anwendungsbereich des Gesetzes 1650/1986[16] für den Umweltschutz, welches seine Rechtsgrundlage in Art. 24 Abs. 1 der griechischen Verfassung findet. Dieses Gesetz enthält die notwendigen Bedingungen und Verfahren zur Genehmigung eines Vorhabens, das schädliche Wirkungen auf die Umwelt verursachen kann, und umfasst außerdem die

---

[11] *Ilias Eythimiopoulos/Dimos Tsantilis/Kimon Chatzimpiros*, Das Acheloos-Gerichtsverfahren, 1999; *Christina Fatourou*, Der Fall der Umleitung des Acheloos und die sich ergebenden Rechtsfragen durch das Gerichtsverfahren, Dikaiomata tou Anthropou, Heft 46, 2010, S. 521, 522.

[12] *Fatourou*, Dikaiomata tou Anthropou, Heft 46, 2010, S. 521, 522.

[13] Die betroffenen Entscheidungen sind die gemeinsamen Ministerialentscheidungen 61414 vom 21.04.1992 und die 16058 vom 09.10.1991 des Landwirtschafts-, Umwelt-, Raumordnungs- und Öffentlichen Projektenministeriums, des Industrie-, Energie- und Technologieministeriums und des Nationalen Wirtschafts- und Tourismusministeriums.

[14] Als erste Entscheidung wurde die Genehmigung der umweltbezogenen Bedingungen zum Aufbau eines Tunnels von 18,5 Kilometern Länge zur Umleitung des Wassers von Westgriechenland nach Ostgriechenland und zur Einrichtung von zwei Staudämmen bei den Orten Pyli von Trikala und Mouzaki von Karditsa erteilt; als zweite Entscheidung wurde die Genehmigung der umweltbezogenen Bedingungen zur Errichtung von Staudämmen bei den Orten Messochora von Arta und Sykia von Karditsa erteilt; 2759/1994, Entscheidung des Staatsrats, Rn. 1; 2760/1994, Entscheidung des Staatsrats, Rn. 1.

[15] 2759/1994 Entscheidung des Staatsrats, Rn. 2; *Fatourou*, Dikaiomata tou Anthropou, Heft 46, 2010, S. 521, 523.

[16] Gesetz über den Umweltschutz vom 15.10.1986, veröffentlicht in FEK Heft A, Nr. 160 vom 15/16.10.1986.

Anforderungen zur Ausarbeitung der Umweltverträglichkeitsprüfung.[17] Die Entscheidungen waren auf Umweltverträglichkeitsstudien gestützt, welche die jeweiligen Teilvorhaben, aber nicht den gesamten Plan betrafen.[18] In beiden Fällen stellte das Gericht fest, dass das gesamte Vorhaben der Umleitung des Acheloos eine sehr komplizierte und vielseitige Unternehmung darstellt.[19] Außerdem werde es einen großen und schwerwiegenden Einfluss auf den ganzen Naturraum West- und Ostgriechenlands haben.[20] Aus diesem Grund könne eine Genehmigung der partiellen umweltbezogenen Bedingungen der Teilvorhaben nicht die gesamten Wirkungen auf das Gebiet erfassen,[21] weshalb die Weiterführung des gesamten Vorhabens nicht auf die bisher vorliegenden Umweltverträglichkeitsstudien gestützt werden könne.[22] Um die Auswirkungen eines solchen Vorhabens insgesamt zu bewerten, seien das Vorliegen einer gesamten und allgemeinen Würdigung der umweltbezogenen Bedingungen gemäß Art. 5 Abs. 2 des Gesetzes 1650/1986 und der gemeinsamen Ministerialentscheidung[23] 75308/5512 vom 26.10.1990 unentbehrlich. Nur auf diese Weise sei es möglich zu entscheiden, ob ein solches Vorhaben notwendig für die Weiterentwicklung von Ostgriechenland ist oder ob der Umfang der Effekte auf Natur und Menschen auf dem Gebiet so groß ist, dass ein solches Vorhaben nicht weiter erlaubt werden kann.[24]

Die zwei Entscheidungen können als *arrêt de principe* im Umweltbereich und der Entwicklungsplanung gesehen werden.[25] Sie nehmen eine Vorreiterrolle bei der Förderung des Umweltschutzes, bei der Beendigung der zersplitterten Pla-

---

[17] Art. 3 des Gesetzes 1650/1986.
[18] 2759/1994 Entscheidung des Staatsrats, Abteilung E, Rn. 13; 2760/1994 Entscheidung des Staatsrats, Abteilung E, Rn. 13.
[19] 2759/1994 Entscheidung des Staatsrats, Abteilung E, Rn. 13; 2760/1994 Entscheidung des Staatsrats, Abteilung E, Rn. 13.
[20] 2759/1994 Entscheidung des Staatsrats, Abteilung E, Rn. 13; 2760/1994 Entscheidung des Staatsrats, Abteilung E, Rn. 13.
[21] 2759/1994 Entscheidung des Staatsrats, Abteilung E, Rn. 13; 2760/1994 Entscheidung des Staatsrats, Abteilung E, Rn. 13.
[22] 2759/1994 Entscheidung des Staatsrats, Abteilung E, Rn. 13 und 15; 2760/1994 Entscheidung des Staatsrats, Abteilung E, Rn. 13 und 15.
[23] Die Nr. 75308/5512 gemeinsame Ministerialentscheidung des Ministers für Umwelt-, Raumordnungs- und Öffentliche Projekten und des Nationalen Wirtschafts-Staatssekretärs vom 26.10.1990, veröffentlicht in FEK, Heft B, Nr. 691 vom 02.11.1990.
[24] 2759/1994 Entscheidung des Staatsrats, Abteilung E, Rn. 13 und 15; 2760/1994 Entscheidung des Staatsrats, Abteilung E, Rn. 13 und 15.
[25] *Rotis Vassos,* Kommentierung der 2759/1994 Entscheidung des Staatsrats, Nomos kai Physis, Heft 2, 1995, Rn. 2.

nung von Entwicklungsprojekten und bei der Verhinderung von Umweltschädigungen ein.[26] Darüber hinaus bestand in den vorliegenden Fällen gemäß der gemeinsamen Ministerialentscheidung[27] Nr. 75308/5512 vom 26.10.1990, die auf der Ermächtigungsgrundlage des Art. 5 Abs. 2 des Gesetzes 1650/1986 zum Umweltschutz erlassen wurde, ein Zugangsrecht der Öffentlichkeit zu den Umweltverträglichkeitsprüfungen und weiter das Recht der Öffentlichkeitsbeteiligung innerhalb einer vorgesehenen Frist, bevor die Genehmigung der umweltbezogenen Bedingungen erteilt wird. In beiden Fällen wurde dieses Recht der Öffentlichkeitsbeteiligung von den zuständigen Regionalverwaltungen nicht gewährt.[28] Die Genehmigung der umweltbezogenen Bedingungen wurde nicht in dem Gebäude der regionalen Verwaltung oder in der regionalen Zeitungen nach den Anforderungen der Art. 5 Abs. 3 der gemeinsamen Ministerialentscheidung[29] Nr. 75308/5512 vom 26.10.1990 veröffentlicht, mit der Folge, dass die Öffentlichkeit nicht über das Ergebnis der Umweltverträglichkeitsprüfung informiert wurde.[30] Allerdings hat dieses Unterlassen der Verwaltung keine Rolle für die Geltung der Genehmigung der umweltbezogenen Bedingungen gespielt, da die Öffentlichkeitsbeteiligung nicht als ein notwendiger Bestandteil beim Er-

---

[26] *Rotis*, Nomos kai Physis, Heft 2, 1995, Rn. 2.

[27] Art. 2 der 75308/5512 vom 26.10.1990, gemeinsame Ministerialentscheidung des Ministers für Umwelt-, Raumordnungs- und Öffentliche Projekte und des Staatssekretärs für nationale Wirtschaft, veröffentlicht in FEK 691, Heft B von 02.11.1990.

[28] 2759/1994, Entscheidung des Staatsrats, Rn. 4; 2760/1994, Entscheidung des Staatsrats, Rn. 4; es ist an diesem Punkt wichtig, zu unterstreichen, dass nach dem Erfahrungsbeispiel von *Papadimitriou* die Teilnahme der Öffentlichkeit an der Verwirklichung des Umweltschutzes mit großen Schwierigkeiten verbunden sein kann. Im Falle der Umleitung des Flusses Acheloos hat er als Rechtsanwalt den Zugang zu ausführlichen Informationen von den zuständigen Verwaltungsstellen gefordert. Die Antwort der Verwaltung lautete, dass die geforderten Informationen in umfangreichen Akten geordnet waren, die in einem Raum des Nationalen Wirtschaftsministeriums lagerten und sie allein die Informationen recherchieren könnten. Danach sieht sich in diesem Fall das Recht der Öffentlichkeit auf Umweltinformationen erschwert; Professor Papadimitriou war unter den Rechtsanwälten vor dem Staatsrat in dem Fall der Umleitung des Flusses Acheloos; dazu *Georgios Papadimitriou*, Die Kluft zwischen Regelungen und ihrer Implementation, in: Giotopoulou-Maragkopoulou/Mpredimas/Sisilianos, Der Umweltschutz im Recht und in der Praxis, 2008, S. 267, 273 ff.

[29] Art. 2 der 75308/5512 vom 26.10.1990, gemeinsame Ministerialentscheidung des Ministers für Umwelt-, Raumordnungs- und Öffentliche Projekte und des Staatssekretärs für nationale Wirtschaft, veröffentlicht in FEK 691, Heft B von 02.11.1990.

[30] 2759/1994 Entscheidung des Staatsrats, Abteilung E, Rn. 4; 2760/1994 Entscheidung des Staatsrats, Abteilung E, Rn. 4.

lass des Verwaltungsaktes vorgesehen wurde, sondern nur um die Öffentlichkeit in Kenntnis zu setzen.[31]

Die Umleitung des Acheloos würde mehrere negative Auswirkungen auf die betreffenden Gebiete haben. Zum ersten würden Flora und Fauna der beiden Flussgebiete des Acheloos und Pineios vermischt werden.[32] Das heißt, dass mehrere Pflanzen- und Tierarten wegen gegenseitiger Rivalität verschwinden würden. Bisher waren beide Gebiete wegen der natürlichen Grenzen durch das Pindosgebirge voneinander unbeeinflusst. Weiter würde dieses Vorhaben zur Verringerung des Abfließens in das Flussdelta des Acheloos führen, welches nach dem Übereinkommen von Ramsar über Feuchtgebiete unter Schutz steht. Weiter würde der Aufbau von Staudämmen in den betreffenden Gebieten Veränderungen in der Landschaft hervorbringen.[33] Zudem würde die Verringerung des Wasserablaufs in Westgriechenland maßgebliche Auswirkungen auf die natürlichen und anthropogenen Ökosysteme haben, insbesondere während Trockenheitsperioden. Andererseits würde auch Ostgriechenland durch die Wassererhöhung beeinflusst werden, besonders wenn die Anreicherung mit Pflanzenschutzmitteln zunehmen sollte.[34]

Auf der Rechtsgrundlage des Prinzips der nachhaltigen Entwicklung und ferner des Vorsorgeprinzips ist das Gericht zu dem Ergebnis gekommen, dass jedes Vorhaben, das Auswirkungen auf die Umwelt haben wird, vor der Durchführung einer ausführlichen Umweltverträglichkeitsprüfung nicht realisiert werden darf.[35] In dieser Prüfung müssen die Auswirkungen des Vorhabens auf die Umwelt ausreichend untersucht werden, sodass Umweltbelastungen und Umweltverschlechterungen vermieden werden können.[36] Der Staatsrat verlangte, dass

---

[31] 2759/1994 Entscheidung des Staatsrats, Abteilung E, Rn. 3; 2760/1994 Entscheidung des Staatsrats, Abteilung E, Rn. 3.

[32] 2759/1994 Entscheidung des Staatsrats, Abteilung E, Rn. 12; 2760/1994 Entscheidung des Staatsrats, Abteilung E, Rn. 12.

[33] Zum Ganzen 2759/1994 Entscheidung des Staatsrats, Abteilung E, Rn. 12; 2760/1994 Entscheidung des Staatsrats, Abteilung E, Rn. 12.

[34] Zum Ganzen 2759/1994 Entscheidung des Staatsrats, Abteilung E, Rn. 12; 2760/1994 Entscheidung des Staatsrats, Abteilung E, Rn. 12.

[35] 2759/1994 Entscheidung des Staatsrats, Abteilung E, Rn. 15; 2760/1994 Entscheidung des Staatsrats, Abteilung E, Rn. 15.

[36] *Glikeria P. Siouti*, Die Umleitung des Flusses von Acheloos in der Rechtsprechung des Staatsrats, in: Giotopoulou-Maragkopoulou/Mpredimas/Sisilianos (Hrsg.), Der Umweltschutz im Recht und in der Praxis, 2008, S. 70, 71.

eine Genehmigung nur in dem Fall erlassen werden darf, wenn eine kohärente Umweltverträglichkeitsprüfung des gesamten Vorhabens vorliegt.[37]

3. Die Entscheidung 3478/2000 des Staatsrats

Im Jahr 2000 befasste sich die Vollversammlung des Staatsrats noch einmal mit der Umleitung des Flusses Acheloos.[38] Nach der Aufhebung der beiden bereits genannten gemeinsamen Ministerialentscheidungen wurde von der für den Fluss Acheloos zuständigen Sonderbehörde der Öffentlichen Projekte des Generalsekretariats des Ministeriums für Umwelt, Raumordnung und Öffentliche Projekte eine neue Umweltverträglichkeitsprüfung des gesamten Vorhabens des Flusses Acheloos durchgeführt.[39] Dieses Mal handelte es sich nicht mehr um das ursprünglich geplante gesamte Projekt, sondern um eine Teilumleitung. Diese Teilumleitung sollte viel weniger Wasser transportieren, und zwar bis zu 600 Kubikmeter pro Jahr und nicht mehr 1.100 Kubikmetern, die Gegenstand der ursprünglichen Umweltverträglichkeitsprüfung war.[40] Die neue Umweltverträglichkeitsprüfung wurde von der gemeinsamen ministerialen Entscheidung Nr. 23271/15.12.1995 genehmigt.[41] Wegen der Anfechtungsklage der Umweltverbände gegen die genannte Umweltverträglichkeitsprüfung ist das Gericht noch einmal zu dem Ergebnis gekommen, dass das Vorhaben der Teilumleitung des Flusses Acheloos nicht weitergeführt werden darf, da man sich in der entsprechenden Umweltverträglichkeitsprüfung und der Entscheidung des Kulturministers hinsichtlich der in dem Bereich liegenden Denkmäler[42] nicht mit den

---

[37] 2759/1994 Entscheidung des Staatsrats, Abteilung E, Rn. 15; 2760/1994 Entscheidung des Staatsrats, Abteilung E, Rn. 15.

[38] 3478/2000 Entscheidung der Vollversammlung des Staatsrats.

[39] 3478/2000 Entscheidung der Vollversammlung des Staatsrats, Rn. 6.

[40] 3478/2000 Entscheidung der Vollversammlung des Staatsrats, Rn. 6.

[41] 23271/15.12.1995 gemeinsame Ministerialentscheidung des Umwelt-, Raumordnungs- und Öffentlichen Projektenministeriums, des Energie- und Technologieministeriums und des nationalen Wirtschaftsministeriums und des Landwirtschafts- und Industrieministeriums.

[42] Das wichtigste Denkmal ist neben Kirchen und bogenförmig aus Stein gebauten kleinen Brücken das Kloster vom Heiligen Georgios der Myrofyllou von Trikala. Es wird durch den Anbau des Stausees von Sykia komplett zerstört werden. Mit der Entscheidung F32/26244/573/17.06.1985 (FEK Heft B, Nr. 425 vom 10.07.1985) des Kultur- und Wissenschaftsministers wurde das entsprechende Kloster unter Denkmalschutz in einem Umkreis von 2.000 Meter gemäß Art. 52 des Gesetzes N. 5351/1932 gestellt; Entscheidung 3478/2000 der Vollversammlung des Staatsrats, Rn. 21.

Anforderungen des Übereinkommens von Granada[43] über den Schutz von Denkmälern auseinandergesetzt hat.[44] Ebenfalls sind keine hinreichenden alternativen Lösungen zur Vermeidung der Zerstörung der vorliegenden Denkmäler in die Umweltverträglichkeitsprüfung einbezogen worden.[45]

Obwohl diese Entscheidung auch zur Aufhebung der Genehmigung führte, signalisiert sie eine Veränderung des Gesichtspunktes des Staatsrats. Das Gericht akzeptierte, dass das Vorhaben des Acheloos nicht mehr gegen das Prinzip der nachhaltigen Entwicklung verstößt.[46] Außerdem wurde von dem Gericht angenommen, dass die Auswirkungen auf die Umwelt hinreichend analysiert wurden.[47] Die Gerichtsentscheidung nimmt eine ausreichende Abwägung zwischen der Umwelt und der Verwirklichung der in der Umgebung vorhandenen öffentlichen Interessen an.[48] In der neuen Umweltverträglichkeitsprüfung, die das gesamte Vorhaben der Teilumleitung des Acheloos betrifft, wurde auf die Notwendigkeit der Förderung der Wasserressourcen in Thessalien hingewiesen. Diese Notwendigkeit betrifft sowohl die Wasserversorgung der Einwohner als auch die Bewässerung der landwirtschaftlich genutzten Flächen. In dieser Umweltverträglichkeitsprüfung wurde festgestellt, dass der Grundwasserspiegel von Thessalien nachhaltig beeinträchtigt wurde.[49] Hier ist es wichtig zu verdeutlichen, dass das Flachland von Thessalien einen wichtigen Teil des gesamten Flachlandes von Griechenland darstellt. Es zählt 3,9 Dekare und stellt 10 Prozent der gesamten landwirtschaftlich genutzten Fläche des Landes dar.[50] Von diesen Flächen sind 2,4 Dekare mangelhaft mit Wasser versorgt.[51]

---

[43] Gesetz 2039/1992 über die Ratifizierung des Übereinkommens zum Schutz des Baugeschichtlichen Erbes in Europa vom 03.10.1985 in Granada vom 09.04.1992, veröffentlicht in FEK Heft A, Nr. 61 vom 13.04.1992.

[44] 3478/2000, Entscheidung der Vollversammlung des Staatsrats, Rn. 21.

[45] In dem vorliegenden Fall sind vom Staatsrat die Entscheidung F32/ 26244/573/ 17.06.1985 (FEK Heft B, Nr. 425 vom 10.07.1985) der Kulturminister und die gemeinsame Ministerialentscheidung des Ministeriums für Umwelt, Landwirtschaft und Öffentliche Projekte und des Kulturministeriums sowie Nummer 53451/1544 vom 03.11.1995 des Umwelt-, Landwirtschafts- und Öffentlichen Projekteministeriums, des Kulturministeriums, des Agrarministeriums und des Industrie-, Energie- und Technologieministeriums für nichtig erklärt worden; 3478/2000, Entscheidung der Vollversammlung des Staatsrats, Rn. 22.

[46] *Siouti* (Fn. 36), S. 70, 73.

[47] *Siouti* (Fn. 36), S. 70, 73 ff.

[48] *Siouti* (Fn. 36), S. 70, 73 ff.

[49] Zum Ganzen: 3478/2000 Entscheidung der Vollversammlung des Staatsrats, Rn. 10.

[50] 3478/2000 Entscheidung der Vollversammlung des Staatsrats, Rn. 10.

[51] 3478/2000 Entscheidung der Vollversammlung des Staatsrats Rn. 10.

4. Die Entscheidung 1688/2005 des Staatsrats

Im Jahr 2005 wurde das Vorhaben der Teilumleitung des Flusses Acheloos von Westgriechenland nach Thessalien durch eine Umweltverbandsklage noch einmal vor den Staatsrat gebracht.[52] In diesem Fall wurde erneut das gesamte Vorhaben der Teilumleitung des Flusses Acheloos geprüft.[53] Das Ministerium für Umwelt, Raumordnung und Öffentliche Projekte hatte im Jahr 2002 eine weitere ergänzende Umweltverträglichkeitsstudie vorgenommen, wobei nicht nur die Anforderungen der vorherigen Gerichtsentscheidungen erfüllt wurden, sondern auch eine Anpassung an die neuen Faktoren in der Umgebung des Vorhabens vorgenommen wurde.[54] Diese Umweltverträglichkeitsstudie wurde durch das Gesetz 3028/2002[55] in Verbindung mit einer Entscheidung des Kulturministeriums[56] genehmigt.[57] Anschließend wurden die umweltbezogenen Bedingungen mit einer gemeinsamen Ministerialentscheidung angenommen, sie stellten den Anfechtungsgegenstand der Umweltverbände dar.[58]

Nunmehr wurde die Teilumleitung des Flusses Acheloos wegen des Fehlens eines Gewässerbewirtschaftungsplans in dem betroffenen Gewässerbereich nach den Anforderungen des Art. 4 des Gesetzes 1739/1987 aufgehoben.[59] Denn der Art. 4 führt das Prinzip der Planung der Gewässerbewirtschaftung innerhalb eines Gewässerbereichs in die griechische Rechtsordnung ein. Ein Vorhaben mit Umweltbelastungen in diesem Gewässerbereich kann ohne die vorherige Ausarbeitung eines Gewässerbewirtschaftungsplans für diesen Bereich nicht genehmigt werden.[60] Das Gericht hat auch in dem vorliegenden Fall nicht angenommen, dass nach den Maßgaben des Art. 4 Abs. 9 eine Durchführungspräsidialverordnung erlassen werden muss, um den Inhalt der Gewässerbewirtschaf-

---

[52] 1688/2005 Entscheidung der Vollversammlung des Staatsrats, Rn. 2.

[53] *Siouti* (Fn. 36), S. 70, 78 ff.

[54] 1688/2005 Entscheidung der Vollversammlung des Staatsrats, Rn. 7.

[55] Gesetz Nr. 3028/2002 von 28.06.2002, veröffentlicht in FEK Heft A, Nr. 153 02.07.2002.

[56] Nummer ΥΠΠΟ/ΓΔΑ/ΑΡΧ/Α1/Φ.39/73006/4608 vom 13.03.2003, Entscheidung des Kulturministers in Verbindung mit Nr. 11 vom 26.02.2003, angemessenes Gutachten des Zentralen Rates der Archäologie.

[57] 1688/2005 Entscheidung der Vollversammlung des Staatsrats, Rn. 7.

[58] Nummer 131957 vom 19.03.2003, gemeinsame Ministerialentscheidung des Ministeriums für Umwelt, Raumordnung und Öffentliche Projekte, des Wirtschafts- und Ökonomieministeriums, des Innen-, Öffentlichen, Verwaltungs- und des Dezentralisierungsministeriums, des Entwicklungsministeriums, des Agrarministeriums und Kulturministeriums.

[59] 1688/2005 Entscheidung der Vollversammlung des Staatsrats, Rn. 15.

[60] 1688/2005 Entscheidung der Vollversammlung des Staatsrats, Rn. 11.

tungspläne ausführlich zu bestimmen. Der Inhalt der genannten Pläne und das Verfahren zu deren Ausarbeitung ist ausreichend in dem Gesetz vorgeschrieben und nur bestimmte Einzelheiten auf den Erlass der Durchführungspräsidialverordnung sind übertragen worden.[61] Ansonsten würde ein derartiges Unterlassen des Erlasses der Durchführungspräsidialverordnung durch die Verwaltung eine Verschiebung der Implementierung des Prinzips der Planung bei der Gewässerbewirtschaftung zur Folge haben und das würde einen Widerspruch gegen das verfassungsrechtlich geschützte Prinzip der nachhaltigen Gewässerbewirtschaftung darstellen.[62] Unter Berücksichtigung der schwerwiegenden Auswirkungen auf die Umwelt und die darin liegenden Ökosysteme kommt die Umleitung von Wasser ohne ihre vorhergehende Aufnahme in einen Gewässerbewirtschaftungsplan in dem vorliegenden Gebiet nicht in Frage.[63] Nur wenn ein Gewässerbewirtschaftungsplan vorliegt, kann auch beurteilt werden, ob die Notwendigkeit des Transportierens von Wasser von einem Gebiet in ein anderes vorliegt.[64] Die Anfechtung war erfolgreich und der Fall wurde wieder an die Verwaltung zurückverwiesen, um ihn und den neuen rechtlichen Rahmen zu bewerten. Mittlerweile wurde das Gesetz 3199/2003 zur Umsetzung der europäischen Wasserrahmenrichtlinie in die griechische Rechtsordnung eingeführt.[65]

5. Die Entscheidung 1186/2006 des Staatsrats

Mit der Entscheidung 1186/2006 wurde die Anfechtung einer Ministerialentscheidung[66] des Ministeriums für Umwelt, Raumordnung und Öffentliche Projekte beantragt.[67] Diese Ministerialentscheidung enthält die Billigung des Ergebnisses der Vergabe für die Vollendung des Staudamms von Sykias. In Verbindung mit der bereits genannten Entscheidung Vollversammlung des Staatsrats 1688/2005 wurde die Genehmigung der umweltbezogenen Bedingungen des Teilvorhabens von Acheloos aber aufgehoben und aus diesem Grund blieb auch

---

[61] Zum Ganzen: 1688/2005 Entscheidung der Vollversammlung des Staatsrats, Rn. 11.
[62] 1688/2005 Entscheidung der Vollversammlung des Staatsrats, Rn. 11.
[63] 1688/2005 Entscheidung der Vollversammlung des Staatsrats, Rn. 13; *Fatourou*, Dikaiomata tou Anthropou, Heft 46, 2010, S. 521, 536 ff.; Schlussanträge der Generalanwältin Juliane Kokott vom 13.10.2011, Rechtsache C-43/10, Rn. 35.
[64] 1688/2005 Entscheidung der Vollversammlung des Staatsrats, Rn. 14.
[65] 3053/2009 Entscheidung der Vollversammlung des Staatsrats, Rn. 5.
[66] Nr. 375/K.E 1900Γ vom 18.03.2005 Ministerialentscheidung des Ministeriums für Umwelt, Raumordnung und Öffentliche Projekte.
[67] 1186/2006 Entscheidung des Aussetzungsausschuss des Staatsrats, Rn. 2.

die Billigung des Ergebnisses der Vergabe für die Vollendung des Staudamms von Sykias ohne Gegenstand.[68]

6. Die Entscheidung 3053/2009 des Staatsrats

Nach der letzten Entscheidung des Staatsrats in Bezug auf die Genehmigung der Umweltverträglichkeitsprüfung des Teilvorhabens der Umleitung des Flusses Acheloos hat der Gesetzgeber im Jahr 2006 die Möglichkeit eines Erlass eines nationales Gesetzes gewählt[69], um die Verwirklichung von einigen Vorhaben mit erheblicher Bedeutung für das Land ohne das Erfordernis eines zuvor vorliegenden Bewirtschaftungsplans in der Flussgebietseinheit genehmigen zu können.[70] Nach diesem Gesetz wurde auch das Transportieren von einer Gewässergebietseinheit in eine andere unter bestimmten Voraussetzungen erlaubt, zum Beispiel wenn das Wasser für die Wasserversorgung eines Gebietes notwendig ist oder für den Schutz und die Verbesserung der Qualitäts- und Quantitätsmerkmale der Gewässer eines Gebietes genutzt wird.[71] Damit diese Vorhaben weiter verwirklicht werden konnten, sollten sie im Einklang mit einem Bewirtschaftungsplan für dieses Gebiet stehen.[72] Auf dieser Rechtsgrundlage konnte ein Vorhaben durch ein Gesetz genehmigt werden, wenn es von großem Umfang oder erheblicher Bedeutung für das Land ist. Infolge dieser Rechtsvorschrift wurde die Teilumleitung des Oberlaufs des Acheloos durch das Gesetz 3481/2006 als ein solches Vorhaben eingestuft und gleichzeitig seine umweltbezogenen Bedingungen mit dem Gesetzestext genehmigt.[73]

Das Ziel der Gesetzgeber beim Erlass des Gesetzes 3481/2006 war die Schließung der Lücke des Gesetzes 3199/2009 zur Umsetzung der Wasserrahmenrichtlinie in die griechische Rechtsordnung in Bezug auf den Inhalt der Gewässerbewirtschaftungspläne bis zur Veröffentlichung der Präsidialve-

---

[68] 1186/2006 Entscheidung der Aussetzungsausschuss des Staatsrats.

[69] 2759/1994 Entscheidung des Staatsrats, Abteilung E, Rn. 12; 2760/1994 Entscheidung des Staatsrats, Abteilung E, Rn. 12.

[70] Art. 9 Abs. 1 des Gesetzes 3481/2006 über die Änderung auf die Gesetzgebung über das Nationale Grundbuch, den Auftrag und Durchführung von Werkverträgen und Projekten vom 01.08.2006, veröffentlicht in FEK Heft A, Nr. 162 vom 02.08.2006, S. 1681-1701.

[71] Art. 9 Abs. 1 des Gesetzes 3481/2006, mit dem eine Änderung im Art. 7 Abs. 5 des Gesetzes 3199/2003 festgeschrieben war.

[72] Art. 9 Abs. 1 des Gesetzes 3481/2006.

[73] Art. 13 des Gesetzes 3481/2006 i. V. m. dem Anhang am Ende des Gesetzes.

rordnung 51/2007, die dann zu einer kompletteren Umsetzung der Wasser-rahmenrichtlinie geführt hat.[74] Mit dem Erlass dieses Gesetzes war auch der Gewässerbewirtschaftungsplan für den Fluss Pineios genehmigt[75] und die Billi-gung des Ergebnisses der Vergabe für die Vollendung des Staudamms von Sykias wieder in Kraft gesetzt worden.[76]

Im Jahr 2006 wurde erneut eine Anfechtungsklage vor dem Staatsrat erhoben. Gegenstand dieser Klage war die Anfechtung der Annahme der umwelt-bezogenen Bedingungen des Teilvorhabens der Umleitung des Acheloos durch den Erlass des nationalen Gesetzes.[77] Der Gerichtshof befasste sich mit der Prü-fung der Anfechtungsklage, weil auch andere Verwaltungsakte, die mit dem Teilvorhaben in Verbindung stehen, angefochten wurden, zum Beispiel die Bil-ligung des Ergebnisses der Vergabe für die Vollendung des Staudamms von Sykias.[78] Der Gerichtshof darf sich in der Regel nicht direkt mit der Anfechtung der Rechtsvorschriften des nationalen Gesetzes beschäftigen, da in Griechenland eine direkte Anfechtung eines Gesetzes nicht erlaubt ist.[79] Nach Art. 95 Abs. 1 Unterabs. a Griechischer Verfassung ist eine Anfechtungsklage nur gegen die Akte der Exekutive und nicht gegen die Akte der Legislative möglich.[80]

Der Fall der Flussgebietseinheit von Thessalien stellt ein Beispiel von man-gelhafter, irrationaler Bewirtschaftung von Gewässern dar, die schwerwiegende ökonomische, soziale und umweltbezogene Auswirkungen in der Umgebung

---

[74] Art. 9 des einführenden Begründungsberichts des Gesetzes 3481/2006; 3053/2009, Ent-scheidung der Vollversammlung des Staatsrats, Rn. 12.

[75] Art. 13 Abs. 1 und 2 des Gesetzes 3481/2006 erteilt die Genehmigung des Bewirtschaf-tungsplans der Flusseinzugsgebiete von Acheloos und Pineios in Thessalien, die von dem Generalsekretariat für Öffentlichen Projekte des Ministeriums für Umwelt, Raumordnung und Öffentliche Projekte und von der Zentralen Wasserbehörde des oben genannten Ministeriums zugelassen sind.

[76] 3053/2009 Entscheidung der Vollversammlung des Staatsrats, Rn. 5.

[77] Art. 13 Abs. 3 des Gesetzes 3481/2006.

[78] Der entscheidende Verwaltungsakt war die Entscheidung Nr. 567 vom 14.09.2006 zur Fortführung des Vorhabens, die mit der früheren Entscheidung des Staatsrats 1186/2006 auf-gehoben worden war; 3053/2009 Entscheidung der Vollversammlung des Staatsrats, Rn. 7.

[79] Die Anfechtungsklage kann in Bezug auf die Anfechtung gegen die Rechtsvorschriften des nationalen Gesetzes nicht akzeptiert werden; dazu ausführlich *Fatourou*, Dikaiomata tou Anthropou, Heft 46, 2010, S. 521, 539 ff.; 3053/2009 Entscheidung der Vollversammlung des Staatsrats, Rn. 7. 3053/2009 Entscheidung der Vollversammlung des Staatsrats, Rn. 7; 3076/2009 Entscheidung der Vollversammlung des Staatsrats, Rn. 6.

[80] 3076/2009 Entscheidung der Vollversammlung des Staatsrats, Rn. 6.

hervorbringen können.[81] Das Gericht hat das Transportieren von Wasser von einem Einzugsgebiet in ein anderes, das einer anderen Flussgebietseinheit zugeordnet ist, ohne das vorherige Vorliegen von Gewässerbewirtschaftungsplänen der gesamten Flussgebietseinheit erneut verworfen.[82] Ferner ist es zu dem Ergebnis gekommen, dass die Art. 9 und 13 des Gesetzes 3481/2006 gegen die Wasserrahmenrichtlinie verstoßen, weil sie das Transportieren von Wasser von einem Einzugsgebiet in ein anderes Einzugsgebiet erlauben, ohne das Erfordernis zu untersuchen, ob eine Notwendigkeit für die Wasserversorgung in diesem Einzugsgebiet vorliegt, und ohne vorherige Prüfung, ob die eigenen Gewässer dieses Gebiets besser genutzt werden könnten.[83] Weiterhin wurde die Ministerialentscheidung aufgehoben, da bei der Genehmigung der umweltbezogenen Bedingungen des Teilvorhabens der Umleitung des Flusses Acheloos die Rechtsvorschriften der Wasserrahmenrichtlinie zur Beteiligung der Öffentlichkeit nicht eingehalten worden waren.[84] Mit der Entscheidung 3053/2009 stellte der Staatsrat mehrere Zweifel bei der Auslegung der Wasserrahmenrichtlinie fest, weshalb er ein Vorabentscheidungsverfahren beantragte.[85]

7. Das Vorabentscheidungsverfahren

Die Vorabentscheidung des EuGH in Bezug auf den Fall Acheloos hilft bei der Auslegung der Wasserrahmenrichtlinie weiter.[86] Zunächst wurde aufgeklärt, dass mit der Frist des Art. 13 Abs. 6 WRRL, welche die Veröffentlichung der Bewirtschaftungspläne für die Einzugsgebiete spätestens neun Jahre nach Inkrafttreten der Wasserrahmenrichtlinie und zwar bis den 22. Dezember 2009 verlangt, nur als eine Frist zum Erlass der Bewirtschaftungspläne für die Einzugsgebiete von Seiten der Mitgliedstaaten gemeint ist und dies nicht mit der Umsetzungsfrist des Art. 24 Abs. 1 WRRL, welche die Umsetzung der Wasserrahmenrichtlinie und vor allem der Art. 3 bis 6, 9, 13 und 15 bis den 22. Dezem-

---

[81] *Vicki Karageorgou*, Das Schutzrecht der Gewässerressourcen. Internationale und Europäische Einflüsse und ihre Durchsetzung auf der nationalen Ebene, EDDDD, Heft 2, 2004 S. 272, 282 ff.

[82] 3053/2009 Entscheidung der Vollversammlung des Staatsrats, Rn. 13 und 16.

[83] 3053/2009 Entscheidung der Vollversammlung des Staatsrats, Rn. 14.

[84] 3053/2009 Entscheidung der Vollversammlung des Staatsrats, Rn. 13 und 16.

[85] Mit der Entscheidung 141/2010 des Ausschusses für Aufschub des Staatsrats ist das Fortentwickeln des Teilvorhabens der Umleitung des Flusses Acheloos ausgesetzt.

[86] Schlussanträge der Generalanwältin Juliane Kokott vom 13.10.2011 Rechtsache C-43/10, Rn. 62.

ber 2003 in nationales Recht durch die Mitgliedstaaten verlangt, zu verwechseln ist.[87]

Der EuGH hat sich weiter mit der Frage auseinandergesetzt, ob überhaupt nach den Maßgaben der Wasserrahmenrichtlinie die Überleitung von Wasser aus einem Einzugsgebiet in ein anderes oder aus einer Flussgebietseinheit in eine andere erlaubt ist.[88] Nachdem der EuGH die Schlussanträge der Generalanwältin berücksichtigt hat,[89] ist er zu dem Ergebnis gekommen, dass nach den Anforderungen der Wasserrahmenrichtlinie das Transportieren von Wasser aus einem Einzugsgebiet in ein anderes und gleichermaßen aus einer Flussgebietseinheit in eine andere vor dem Vorliegen der Gewässerbewirtschaftungspläne der entsprechenden Flussgebietseinheit, und zwar vor dem 22. Dezember 2009,[90] nicht grundsätzlich verboten ist.[91] Allerdings müssen einige Voraussetzungen erfüllt sein, damit ein solches Vorhaben genehmigt werden kann. Und zwar darf diese Umleitung die Verwirklichung der durch die Wasserrahmenrichtlinie festgesetzten Umweltziele nicht *ernstlich gefährden*.[92]

Zur Zeit der Genehmigung des Vorhabens der Umleitung des Flusses Acheloos, und zwar am 2. August 2006, waren die Bewirtschaftungspläne weder der dazu gehörenden Flussgebietseinheit noch der benachbarten Flussgebietseinheit fertig aufgestellt,[93] obwohl die Pflicht zur Umsetzung der Wasserrahmenrichtlinie in nationales Recht schon seit dem 22. Dezember 2003 für die Mitgliedstaaten verbindlich war.[94] Jedoch hatte die Erstellung der Bewirtschaftungspläne nach Art. 13 Abs. 6 WRRL spätestens bis zu dem 22. Dezember 2009 zu erfolgen. Aus dem Grund unterlag das Vorhaben am 2. August 2006 noch nicht der Zielsetzung des Art. 4 der WRRL.[95] Allerdings sind die Mitgliedstaaten nach der ständigen Rechtsprechung des EuGH verpflichtet, keine Maß-

---

[87] EuGH, Urteil zum Vorabentscheidungsverfahren vom 11.09.2012, Rs. C-43/10, Rn. 47.

[88] EuGH, Urteil vom 11.09.2012 – C-43/10, NuR 2012, 775 ff.

[89] Schlussanträge der Generalanwältin Juliane Kokott vom 13.10.2011, Rechtsache C-43/10, Rn. 74 ff.

[90] Art. 14 Abs. 6 WRRL.

[91] EuGH, Urteil zum Vorabentscheidungsverfahren vom 11.09.2012, Rs. C-43/10, Rn. 53 und 69.

[92] EuGH, Urteil zum Vorabentscheidungsverfahren vom 11.09.2012, Rs. C-43/10, Rn. 69.

[93] EuGH, Urteil zum Vorabentscheidungsverfahren vom 11.09.2012, Rs. C-43/10, Rn. 54.

[94] Art. 24 Abs. 1 WRRL.

[95] EuGH, Urteil zum Vorabentscheidungsverfahren vom 11.09.2012, Rs. C-43/10, Rn. 56.

nahmen zu ergreifen, die die Durchsetzung der Zielbestimmungen der schon beschlossenen Richtlinie gefährden könnten.[96]

Zudem sollten für den Fall, dass mit der vorliegenden Umleitung *negative Auswirkungen* auf die Gewässer zu erwarten sind, alle Bedingungen des Art. 4 Abs. 7 WRRL erfüllt werden, damit das Vorhaben genehmigt werden kann.[97] Nach diesen Bedingungen sollten erstens alle praktikablen Vorkehrungen vorgenommen werden, um eine Minderung der negativen Auswirkungen auf den Zustand der Gewässer zu gewährleisten.[98] Zweitens sollte eine detaillierte Darlegung der Gründe für die Verwirklichung des Vorhabens in dem Bewirtschaftungsplan enthalten sein.[99] Drittens sollte das Vorhaben von übergeordnetem öffentlichem Interesse sein.[100] Und viertens sollten die Ziele, die durch das Vorhaben erreicht werden sollen, wegen technischer Durchführbarkeit oder unverhältnismäßiger Kosten nicht durch andere Mittel erreicht werden können.[101] Schließlich setzt eine solche Umleitung von Wasser nicht den Nachweis voraus, dass die empfangene Flussgebietseinheit oder das entsprechende Einzugsgebiet nicht in der Lage ist, ihre Gewässerbedürfnisse aus ihren eigenen Wasserquellen zu erfüllen, sofern die Voraussetzungen des Art. 4 Abs. 7 WRRL vorliegen.[102] Es ist aber wichtig, dass die Umleitung des Wassers öffentlichen Interessen dient und dass die Verwirklichung der durch den Art. 4 der WRRL festgelegten Ziele von nachrangiger Bedeutung im Vergleich zu den Vorteilen durch die Wasserumleitung für die Menschen, die Erhaltung der Sicherheit der Menschen und die nachhaltige Entwicklung ist.[103]

8. Die Entscheidung 26/2014 des Staatsrats

Nach der Entscheidung des EuGH in Bezug auf den Fall Acheloos[104] ist dieser wieder vom Staatsrat aufgenommen worden, um eine weitere Entscheidung unter Berücksichtigung des Ergebnisses des Vorabentscheidungsverfahrens zu

---

[96] EuGH, Urteil zum Vorabentscheidungsverfahren vom 11.09.2012, Rs. C-43/10, Rn. 57.
[97] EuGH, Urteil zum Vorabentscheidungsverfahren vom 11.09.2012, Rs. C-43/10, Rn. 67.
[98] Art. 4 Abs. 7 Unterabs. a WRRL.
[99] Art. 4 Abs. 7 Unterabs. b WRRL.
[100] Art. 4 Abs. 7 Unterabs. c WRRL.
[101] Art. 4 Abs. 7 Unterabs. d WRRL.
[102] EuGH, Urteil zum Vorabentscheidungsverfahren vom 11.09.2012, Rs. C-43/10, Rn. 68.
[103] EuGH, Urteil zum Vorabentscheidungsverfahren vom 11.09.2012, Rs. C-43/10, Rn. 68.
[104] EuGH, Urteil zum Vorabentscheidungsverfahren vom 11.09.2012, Rs. C-43/10.

treffen. Mit der Entscheidung 26/2014 hat das Gericht festgestellt, dass bis zu dem Gerichtsverfahren die Umweltverträglichkeitsprüfung des Vorhabens der Umleitung von Acheloos durch den Staatsrat zum dritten Mal aufgehoben wurde. Dieses Vorhaben war anfangs geplant, um die Wasserversorgungsbedürfnisse der Umgebung zu erfüllen. Des Weiteren wurde das Vorhaben aber hauptsächlich für die Bewässerungs- und Energiebedürfnisse und nachfolgend auch für die Wasserversorgungsbedürfnisse weiter fortgesetzt.[105] Obwohl die Umweltverträglichkeitsprüfung des gesamten Vorhabens im Jahr 2000 mit der Entscheidung des Staatsrates 3478/2000 angenommen war, bzw. die umweltbezogen Bedingungen als vereinbar mit einer nachhaltigen Entwicklung in der Umgebung festgestellt wurden, waren mittlerweile mehrere Bedingungen geändert worden. Als erstes hat sich das Vorhaben verändert, es sollte nämlich weniger Wasser transportiert werden. Jetzt ist die Rede von bis zu 250 Kubikmeter pro Jahr und nicht mehr von 600 Kubikmetern pro Jahr. Außerdem hat sich auch der rechtliche Rahmen geändert, mittlerweile wurden die Wasserrahmenrichtlinie und das nationale Gesetz 3199/2003 zu ihrer Umsetzung erlassen. Zu voller Wirksamkeit gelangten weiter auch das Natura Programm und die Gemeinsame Landwirtschaftspolitik, die beide früher nicht berücksichtigt worden waren.[106] Aus diesen Gründen hat das Gericht der Anfechtungsklage wieder stattgegeben und das Vorhaben der Umleitung des Flusses von Acheloos versagt.[107]

9. Schlussfolgerung

Der Staatsrat hatte mehrere Fälle in Bezug auf die Gewässerbewirtschaftung zu entscheiden. Die Umleitung des Acheloos ist einer der wichtigsten davon. Der Grund dafür ist, dass der Staatsrat sich mehr als 30 Jahre mit diesem Fall beschäftigt hat. Diese Rechtsprechung beweist einerseits die zunehmende Bedeutung der Bewirtschaftung von Gewässern in Griechenland, andererseits die

---

[105] Zum Ganzen: 26/2014 Entscheidung der Vollversammlung des Staatsrats, Rn. 28.
[106] 26/2014 Entscheidung der Vollversammlung des Staatsrats, Rn. 29.
[107] 26/2014 Entscheidung der Vollversammlung des Staatsrats, Rn. 29; *Meletios Moustakas*, Die gerichtliche Kontrolle der Annahme der Umweltverträglichkeitsprüfung durch Gesetz und das Recht der Europäische Union, Theorie und Praxis des Verwaltungsrechts, Heft 5, 2016, S. 425, 433.

Auslegung der anwendbaren Gesetze nicht nur in nationaler Hinsicht, sondern auch im Kontext der Europäischen Rechtsvorschriften.[108]

Die Entscheidungen über den Fall der Umleitung des Acheloos sind von erheblicher Bedeutung bei der Entwicklung des Gewässerbewirtschaftungsrechts in Griechenland. Erstens haben sie zu einer gesamten Würdigung der umweltrechtlichen Auswirkungen bei der Planung eines Vorhabens beigetragen. Zweitens haben sie aufgezeigt, dass die Entwicklung der Rechtsvorschriften auf der Europäischen Ebene im Vergleich zu der Entwicklung der Rechtsvorschriften im nationalen Regelungssystem in den meisten Fällen nicht gleichzeitig und nicht ausreichend geschieht. Unter diesem Aspekt bemüht sich die nationale Rechtsprechung, eine vergleichende Anpassung der jeweiligen nationalen Rechtsvorschriften mit den Neuerungen auf europäischer Ebene im Hinblick auf die nachhaltige Entwicklung zu erreichen.[109] Außerdem ist in den Entscheidungen des Staatsrats eine Abwägung zwischen verschiedenen verfassungsrechtlichen Rechten eingetreten.[110] Eine Entscheidung über die weitere Durchführung der Umleitung des Acheloos ohne die Berücksichtigung der aktuellen natürlichen Bedingungen kann nicht getroffen werden.[111] Die derzeit bestehende Gewässerbewirtschaftung in Thessalien hat zu einem Mangel an Wasser für 30 bis 60 Prozent der Anbauflächen geführt.[112]

---

[108] *Eleni Trova,* Der Schutz der Wasserressourcen gemäß dem Gemeinschaftsrecht und der Verfassung (1688/2005 Entscheidung der Vollversammlung des Staatsrats), Per Dik, Heft 4, 2005, S. 552, 552.

[109] *Trova,* Per Dik, Heft 4, 2005, S. 552, 552.

[110] *Trova,* Per Dik, Heft 4, 2005, S. 552, 553 ff.

[111] *Ioannis Mylopoulos,* Acheloos auf dem Prokrustesbett, Nomos kai Physis, 2009.

[112] *Mylopoulos,* Acheloos auf dem Prokrustesbett, Nomos kai Physis, 2009.

Siebtes Kapitel

Vorschläge zu einer vollständigen Umsetzung und Durchführung des Gesetzes 3199/2003 und der Präsidialverordnung 51/2007

I. Vorschläge zu einer vollständigen rechtlichen Umsetzung des Gesetzes 3199/2003 und der Präsidialverordnung 51/2007

1. Schaffung eines gemeinsamen Rahmens der Regelungen

Ein Schritt zu einer effektiveren Durchführung des Gewässerschutzrechts in Griechenland wäre die Kodifizierung der vorhandenen Rechtsvorschriften zum Gewässerschutz und der Gewässerbewirtschaftung in einem Gesetzbuch. Auf diese Weise könnten Rechtskohärenz und Effektivität im Bereich des Gewässerschutzes und der Gewässerbewirtschaftung besser gewährleistet werden. Weiterhin kann Transparenz für die Vorgehensweise der zuständigen Verwaltungsstellen und sonstiger Beteiligter geschaffen werden. Letztlich kann auf diese Weise Klarheit der Vorschriftentexte für die Öffentlichkeit gesichert werden. Somit könnte auch deren effektivere Teilnahme bei der Festsetzung, Aktualisierung und Vollziehung der Gewässerschutzpolitik gewährleistet werden.

2. Festsetzung allgemeiner Grundsätze

Der Umweltschutz und die nachhaltige Entwicklung müssen grundsätzlich eine hervorgehobene Aufgabe des Staates sein.[1] Um die Herausforderungen der nachhaltigen Entwicklung zu erfüllen, berücksichtigt die heutige Umweltpolitik einer Reihe von allgemeinen Prinzipien.[2] Gemäß dieser Prinzipien erfolgte die Ausprägung von vielfältigen Politiken.[3] Diese allgemeinen Prinzipien und die daraus folgenden Politiken wurden auf der Grundlage einer normativen Rechts-

---

[1] *Georgios Papadimitriou*, Die Kluft zwischen Regelungen und ihrer Implementation, in: Giotopoulou-Maragkopoulou, Aliki/Mpredimas, Antonis/Sisilianos, Linos-Aleksandros, Der Umweltschutz im Recht und in der Praxis, 2008, S. 267, 277.

[2] *H. Beriatos/K. Aravosis./A. Karagiannidis/G. Perkoulidis/E. Koltsidas/A.* Kougkolos, Der Rechtsrahmen und die Bewirtschaftungspolitik der Festabfälle: Fortschritt und Perpektiven, Umwelt und Recht, 2003, S. 306, 306.

[3] *Beriatos/Aravosis/Karagiannidis/Perkoulidis/Koltsidas/Kougkolos* (Fn. 2), 2003, S. 306, 306.

setzung entwickelt.[4] Nach dieser Rechtsetzung wird die Realisierung dieser Politiken geplant.[5] Es ist von erheblicher Bedeutung, dass eine vollständige Umsetzung der allgemeinen Prinzipien über den Umweltschutz und die Gewässerbewirtschaftung realisiert wird.

II. Vorschläge zu einer vollständigen tatsächlichen Durchführung des Gesetzes 3199/2003 und der Präsidialverordnung 51/2007

Die Europäische Union hat mit der Einführung der Wasserrahmenrichtlinie ein neues Konzept in den Gewässerschutz und die Gewässerbewirtschaftung eingeführt, nämlich die Flussgebietseinheit.[6] Ein neuer Aufbau der Verwaltungsstruktur nach der Flussgebietseinheit war für die Mitgliedstaaten nach der Wasserrahmenrichtlinie nicht erforderlich.[7] Die Mitgliedstaaten sollten innerhalb der Zeitspanne von drei Jahren diese neuen Regelungen in nationales Recht umsetzen.[8] Nach der Bildung dieses neuen Systems in den Mitgliedstaaten tragen die nationalen Rechtsordnungen die Verantwortung innerhalb von zwölf Jahren die durch die Wasserrahmenrichtlinie bezweckten Ziele zu realisieren.[9] Die Verwirklichung dieses Ziels der Wasserrahmenrichtlinie scheint nach Ablauf dieses festgesetzten Zeitraums unrealistisch zu sein.[10] Auch seitens der Europäischen Kommission wurde eingesehen, dass die Erreichung eines derartigen Vorhabens mehr Zeit erfordert.[11] Aufgrund der langjährigen Gewässerverunrei-

---

[4] *Athanasios Kougkolos*, Eine kritische Betrachtung der Europäischen Richtlinie 2000/60/EG und des Gesetzes 3199/2003, Per Dik, Heft 1, 2004, S. 17, 17.

[5] *Kougkolos*, Per Dik, Heft 1, 2004, S. 17, 17.

[6] *Udo Bosenius/Fritz Holzwarth*, Grundlagen für eine gemeinsame Strategie zur Umsetzung der WRRL in Europa, in: Rumm/von Keitz/Schmalholz (Hrsg.), Handbuch der EU-Wasserrahmenrichtlinie, 2. Auflage, 2006, S. 11, 12

[7] Siehe *Bosenius/Holzwarth* (Fn. 6), S. 11, 12; vgl. *Michael Reinhardt,* Inventur der Wasserrahmenrichtlinie, NuR, 2013, Volume 35, Issue 11, S. 765, 766.

[8] Art. 24 Abs. 1 der WRLL.

[9] *Ludwig Krämer*, Zehn Jahre Wasserrecht-Rahmenrichtlinie der EU. Erfahrungen und Perspektiven, in: Köck/Faßbender (Hrsg.), Implementation der Wasserrahmenrichtlinie in Deutschland – Erfahrungen und Perspektiven, Dokumentation des 15. Leipziger Umweltrechts-Symposions des Instituts für Umwelt- und Planungsrecht der Universität Leipzig und des Helmholtz-Zentrums für Umweltforschung – UFZ am 22. und 23. April 2010, Baden-Baden 2011, S. 45, 45.

[10] *Reinhardt*, Inventur der Wasserrahmenrichtlinie, NuR, 2013, S. 765, 766.

[11] *Reinhardt*, Inventur der Wasserrahmenrichtlinie, NuR, 2013, S. 765, 766; KOM (2012) 670 final Bericht der Kommission an das Europäische Parlament und den Rat über die Umsetzung der Wasserrahmenrichtlinie (2000/60/EG), Bewirtschaftspläne für Flusseinzugs-

nigung und der mangelnden Gewässerbewirtschaftung muss einiges geleistet werden, sodass der Zustand der europäischen Gewässer als gut gekennzeichnet werden kann.[12]

Weiter ist auch von der Europäischen Kommission betont worden, dass für eine erfolgreiche Umsetzung der Wasserrahmenrichtlinie die Einbeziehung der Wasserangelegenheiten in allen gewässerbezogenen Bereichen von erheblicher Bedeutung ist.[13] Eine mangelhafte Gewässerbewirtschaftung auf europäischer Ebene ist auf mehrere Gründe zurückzuführen.[14] Unter diesen können die Hindernisse zur Einführung von effizienteren Technologien, die begrenzten Anreize für einen geringeren Wasserverbrauch, die mangelnden Rechtsvorschriften, die fehlende Integration der Regelungen der Gewässerpolitik in die sonstigen Politiken der Europäischen Union und die Defizite bei der Implementierung der Umweltpolitik genannt werden.[15] Für eine bessere Umsetzung der Wasserrahmenrichtlinie sollten die Mitgliedstaaten die verschiedenen Förderungsmöglichkeiten der Europäischen Union zur Vollziehung der Maßnahmenprogramme in Anspruch nehmen.[16]

1. Klärung der Kompetenzverteilung

Zunächst erfordert eine effektivere Gewässerbewirtschaftung in der griechischen Rechtsordnung die Klärung der Kompetenzverteilung zwischen den zuständigen Verwaltungsstellen sowohl auf zentraler als auch auf dezentraler Ebene. Obwohl mit der Veröffentlichung des nationalen Gesetzes 3199/2003 und der Präsidialverordnung 51/2007 sowie mehrerer Ministerialentscheidungen viele Bemühungen in diese Richtung geleistet wurden, kommt es noch zu Unklar-

---

gebiete, vom 14.11.2012, S. 8; COM (2019) 95 final Bericht von 26.02.2019 der Europäischen Kommission an das Europäischen Parlament und den Rat über die Umsetzung der Wasserrahmenrichtlinie (2000/60/EG) und der Hochwasserrichtlinie (2007/60/EG) – Zweite Bewirtschaftungspläne für die Einzugsgebiete – Erste Hochwasserrisikomanagementpläne, S. 3.

[12] KOM (2015) 120 final Mitteilung der Kommission an das Europäische Parlament und den Rat über Wasserrahmenrichtlinie und Hochwasserrichtlinie – Maßnahmen zum Erreichen eines guten Gewässerzustands in der EU und zur Verringerung der Hochwasserrisiken vom 09.03.2015, S. 3.

[13] KOM (2012) 670 final Bericht vom 14.11.2012, S. 13.

[14] KOM (2000) 477 für die Preisgestaltung als politisches Instrument zur Förderung eines nachhaltigen Umgangs mit den Wasserressourcen vom 27.07.2000, S. 7.

[15] KOM (2000) 477 endgültig vom 26.07.2000, S. 7.

[16] KOM (2015) 120 final Mitteilung der Kommission vom 09.03.2015, S. 16.

heiten und Überschneidungen bei den Zuständigkeiten der jeweiligen Verwaltungsstellen. Die parallele Geltung des früheren Gesetzes 1739/1987 in den Fällen von Lücken oder fehlenden Durchführungsakten macht die Rechtslage noch komplizierter. Aus diesem Grund sollten die Aufgaben und Befugnisse der Verwaltung deutlicher festgeschrieben werden. Auf diese Weise könnte auch die notwendige Transparenz gewährleistet werden, damit auch anschließend die Teilnahme der Öffentlichkeit sichergestellt werden kann. Dadurch kann eine effektivere Gewässerbewirtschaftung erreicht werden, die sowohl zentral als auch – von den regionalen Gewässerbehörden – dezentral organisiert werden kann, um die Gewässerangelegenheiten und Besonderheiten jedes Gebietes besser wahrnehmen zu können.

2. Effiziente Zusammenarbeit zwischen den zuständigen Behörden

Ferner fordert eine effektivere Gewässerbewirtschaftung das Zusammenwirken von mehreren zuständigen Verwaltungsstellen und einigen an den Gewässerangelegenheiten Interessierten.[17] Diese breite Vielfalt der an den Gewässerangelegenheiten Beteiligten stellt einen weiteren wichtigen Grund dafür dar, dass so viele Schwierigkeiten in Bezug auf die Gewässerbewirtschaftung bestehen.[18] Auch muss die Zusammenarbeit der Rechtswissenschaft und der Natur- und Ingenieurwissenschaften verbessert werden, damit eine effektive Gewässerbewirtschaftung erreicht werden kann.[19]

Der Gewässerschutz erfordert den Aufbau der Zusammenarbeit mehrerer Instanzen, und zwar auf regionaler, nationaler, europäischer und internationaler Ebene, damit ein Mindestmaß an Lebensqualität in dieser, aber auch für die kommenden Generationen, sichergestellt werden kann.[20] Diese Zusammenarbeit soll nicht nur in horizontaler, sondern auch in vertikaler Richtung zwischen den zuständigen Verwaltungsstellen betrieben werden.[21] Darüber hinaus müssen die jeweiligen Gewässerbehörden ihre Verwaltungsgrenzen überschreiten, um im

---

[17] *E. A. Baltas/A. Maria Mimikou,* The Water Framework Directive – Reassessment of new Hydrological entities, Hydrotechnika, Heft 15, 2005, S. 41, 42.

[18] *Baltas/Mimikou,* Hydrotechnika, Heft 15, 2005, S. 41, 42.

[19] *Baltas/Mimikou,* Hydrotechnika, Heft 15, 2005, S. 41, 42.

[20] Vgl. KOM (2015) 120 final Mitteilung der Kommission vom 09.03.2015, S. 4.

[21] Über die Zusammenarbeit siehe *Eberhard Schmidt-Aßmann,* Strukturen des Europäischen Verwaltungsrechts: Einleitende Problemskizze, in: ders./Hoffmann-Riem (Hrsg.), Strukturen des Europäischen Verwaltungsrechts, 1999, S. 31.

Rahmen der gemeinsamen grenzüberschreitenden Flussgebietseinheiten mit den zuständigen Behörden stets die Durchführung der Rechtsvorschriften der Wasserrahmenrichtlinie sicherstellen zu können.[22] Auf diese Weise könnte eine kohärente und einheitliche Bewirtschaftung der Gewässer in der Europäischen Union gelingen.[23] Im Hinblick auf eine effiziente Gewässerschutzpolitik und Gewässerbewirtschaftung in Griechenland ist es erforderlich, dass die Zusammenarbeit im Falle grenzüberschreitender Gewässer mit anderen Mitgliedstaaten und Nicht-Mitgliedstaaten durch die zuständigen Verwaltungsträger weiter unterstützt wird.[24] Diese Zusammenarbeit kann mit den Berichtpflichten sowohl für die Mitgliedstaaten als auch für die Europäische Kommission, die in dem Text der Wasserrahmenrichtlinie verankert sind, verstärkt werden.[25] Auf diese Weise kann auch eine detaillierte Datenbank mit Umweltinformationen erstellt werden.[26]

3. Fertigstellung der Gewässerbewirtschaftungspläne und Maßnahmenprogramme

Die Ausarbeitung und Einführung eines Gesetzestextes zur Bewältigung der vorhandenen umweltbezogenen Probleme kann nicht als einzige Lösungsmöglichkeit des Problems der Zersplitterung der Rechtsvorschriften gesehen werden.[27] Eine ernsthafte Bemühung zur Bewältigung dieses Problems erfordert die parallele Erarbeitung geeigneter Anwendungsprogramme, Pläne und Maßnahmen, damit ein umfassender Vollzug der Rechtsvorschriften erreicht werden kann.[28] Um herauszufinden, ob ein Einzelvorhaben mit Auswirkungen auf die Gewässer rechtmäßig und sinnvoll sein kann, ist das vorherige Vorliegen von allgemeinen Gewässerbewirtschaftungsplänen von großer Bedeutung. Nur auf diese Weise kann beurteilt werden, welche Auswirkungen das Einzelvorhaben

---

[22] *Bosenius/Holzwarth* (Fn. 6), S. 11, 28.

[23] *Apostolos I. Papatolias*, Der Europäische und der Nationale Rechtsrahmen für einen kohärenten Gewässerschutz und eine Gewässerbewirtschaftung, Dikaiomata tou Anthropou, 2010, Heft 46, S. 375, 385.

[24] *Nikos Charalampidis*, Abgesehen von dem Verfahren sollten wir uns auch die Realität vor Augen führen, in: Papadimitriou (Hrsg.), Nachhaltige Gewässerbewirtschaftung, Grundsätze, Prinzipien und Implementation, Sitzungsprotokoll, 2006, S. 77, 77.

[25] Z. B. Art 3, 5, 15, 23 WRRL; *Bosenius/Holzwarth* (Fn. 6), S. 11, 23.

[26] *Bosenius/Holzwarth* (Fn. 6), S. 11, 24.

[27] *Papadimitriou* (Fn. 1), S. 267, 277.

[28] *Papadimitriou* (Fn. 1), S. 267, 277.

auf die Umwelt haben wird und ob es im Einklang mit den Gewässerbewirtschaftungsplänen steht. Besonders dann, wenn das Einzelvorhaben Veränderungen der Merkmale des Wasserkreislaufs verursacht oder es Hinweise auf wesentliche Schädigungen der anthropogenen und natürlichen Umwelt gibt, ist das vorherige Vorliegen des Gewässerbewirtschaftungsplans der betreffenden Flussgebietseinheit von erheblicher Bedeutung.[29]

In der griechischen Rechtsprechung ist es mit Bezug sowohl auf das alte Gesetz 1739/1987 als auch auf das neue Gesetz 3199/2003 zur Umsetzung der Wasserrahmenrichtlinie klar verankert, dass die Durchführung von Vorhaben mit Auswirkungen auf die Gewässer nur unter der Voraussetzung erlaubt werden können, wenn diese entweder in ein Entwicklungsprogramm nach dem Gesetz 1739/1987 oder in einen Gewässerbewirtschaftungsplan nach dem Gesetz 3199/2003 einzuordnen sind oder in Einklang mit diesen stehen.[30] Jede Wassernutzung muss im Rahmen der Prinzipien nachhaltiger Gewässerbewirtschaftung durchgeführt werden, die auch ein hervorgehobenes Element des Schutzes der natürlichen Umwelt nach Art. 24 Abs. 1 der Verfassung darstellt.[31]

4. Schaffung einer Datenbank

Die Gewässerbewirtschaftung in Griechenland leidet fortwährend unter dem Mangel an Daten über die wirkliche Gewässersituation.[32] Die allgemeinen Gewässerbewirtschaftungspläne wurden ohne die notwendige Kenntnis über die Einzugsgebiete und den Stand der Verschmutzung in den unterirdischen Gewässern ausgearbeitet. Diese Praxis lässt eine provisorische Aufstellung der Gewässerbewirtschaftungspläne erkennen, die in vielen Fällen umfangreiche Probleme bei ihrer Vollziehung verursachen kann.[33] Daten über die Gewässerverfügbarkeit, den Wasserkreislauf sowie Gewässerqualität und -quantität haben eine dynamische Entwicklung und benötigen deswegen eine ständige Aktualisierung. Zudem sollte ihre Erhebung einer zuverlässigen Aufsicht durch die zuständigen

---

[29] *Georgios Tsakiris*, Gewässerschutz und Gewässerbewirtschaftung in Griechenland, in: Papadimitriou (Hrsg.), Nachhaltige Gewässerbewirtschaftung, Grundsätze, Prinzipien und Implementation, Sitzungsprotokoll, 2006, S. 17, 22.
[30] Entscheidung des Staatsrats 2640/2009, Rn. 32.
[31] Entscheidung des Staatsrats 2640/2009, Rn. 32.
[32] *Spilios Papaspiliopoulos/Thymios Papagiannis/Spyros Kouvelis*, Die Umwelt in Griechenland 1991-1996, Institution Mpodosaki, 1996, S. 112.
[33] *Papaspiliopoulos/Papagiannis/Kouvelis* (Fn. 32), S. 112.

Behörden unterliegen. Diese Kontrolle wurde von den Gewässerbewirtschaftungsplänen nicht eindeutig festgeschrieben. Ein weiterer Grund der mangelnden Durchführung der Gewässerschutzpolitik in Griechenland liegt in der unzureichenden personellen Besetzung der Behörden, die sich mit Gewässerangelegenheiten beschäftigen.[34]

Ein erfolgreicher Vollzug der Wasserrahmenrichtlinie fordert von den Mitgliedstaaten die Schaffung eines Systems, mit Hilfe dessen alle Informationen über den Zustand der Gewässer, die Ergebnisse aus der Öffentlichkeitsbeteiligung und die durchgeführten Prüfungen der Gewässer gesammelt werden.[35] Die Erstellung einer derartigen Datenbank stellt einen notwendigen Bestandteil der integrativen Ausrichtung der Gewässerschutzpolitik dar.[36] Die Maßnahmenprogramme müssen auf zuverlässigen Daten über den Wasserzustand beruhen, sodass die Ziele der Wasserrahmenrichtlinie erreicht werden können.[37]

5. Öffentlichkeitsbeteiligung

Die Beteiligung der Öffentlichkeit an der Ausarbeitung der allgemeinen Gewässerbewirtschaftungspläne ist von besonderer Bedeutung.[38] Auf diese Weise kann die öffentliche Akzeptanz der Gewässerbewirtschaftungspläne und Maßnahmenprogramme verbessert werden und Hindernisse durch lokale und andere zu beachtende Faktoren möglicherweise überwunden werden.[39] Dies ist die Richtung, die auch von der Wasserrahmenrichtlinie verfolgt wird.[40] Die Wasserrahmenrichtlinie fördert in Art. 14 Abs. 1 Satz 1eine aktive Teilnahme aller interessierten Stellen an der Umsetzung dieser Richtlinie, besonders an der Aufstellung, Überprüfung und Aktualisierung der Bewirtschaftungspläne für die Einzugsgebiete. Als interessierte Stellen können nicht nur die betroffene Öffentlichkeit bei der Durchführung eines Projekts sondern auch im Allgemeinen die Öffentlichkeit, die bei der Durchführung eines Projekts teilnehmen wollen, be-

---

[34] *Papaspiliopoulos/Papagiannis,/Kouvelis* (Fn. 32), S. 112.
[35] *Peter A. Chave,* The EU Water Framework Directive, An Introduction, 2001, S. 38.
[36] *Chave* (Fn. 35), S. 38.
[37] KOM (2015) 120 final Mitteilung der Kommission vom 09.03.2015, S. 12.
[38] *Tsakiris* (Fn. 29), S. 17, 23.
[39] *Tsakiris* (Fn. 29), S. 17, 23.
[40] *Tsakiris* (Fn. 29), S. 17, 23.

zeichnet werden.[41] Die Teilnahme der Öffentlichkeit ist in die griechische Rechtsordnung durch Art. 5 des Gesetzes 3199/2003 aufgenommen und durch Art. 15 der Präsidialverordnung 51/2007 noch weiter bestimmt worden. Die Gewässerdirektionen der Dezentralen Verwaltung sind dafür zuständig, dass die Entwürfe der Gewässerbewirtschaftungspläne und ihre weiteren Aktualisierungen der Öffentlichkeit mindestens für sechs Monate zugänglich sind, so dass die Öffentlichkeit vor der endgültigen Aufstellung der Gewässerbewirtschaftungsplänen ihre Meinung äußern kann. Außerdem besteht eine wichtige Aufgabe auf zentralem Niveau des Generalsekretariats für natürliche Umwelt und Gewässer durch die Direktion zum Schutz und zur Bewirtschaftung der Gewässer in der Unterstützung der Öffentlichkeit bei deren Teilnahme an der Ausgestaltung der Gewässerbewirtschaftung.[42] Diese Direktion ist verpflichtet, die Beteiligungsrechte zu gewährleisten.[43]

6. Vollzug der Gewässerbewirtschaftung durch die Synigoros tou Politi

Die unabhängige Behörde Synigoros tou Politi[44] hat im Bereich der Gewässerbewirtschaftung einiges geleistet. Die Synigoros tou Politi hat nach entsprechenden Untersuchungen Fälle von Missregulierung festgestellt. Und zwar hat sie festgestellt, dass Wasser wegen nachlässiger Erhaltung der vorhandenen Wasseranlagen verloren geht oder die Kontrolle der Gewässerqualität mangelhaft ist. Sie hat auch Fälle aufgedeckt, in welchen Wasservorhaben in Schutzgebieten ohne die vorhergehende Ausarbeitung der erforderlichen Gewässerbewirtschaftungspläne genehmigt wurden. Ein Beispiel stellt die Wasserversorgung der Städte Korinthos und Kiato im Schutzgebiet des Sees von Stymfalia dar. Hier hat die Synigoros tou Politi herausgefunden, dass die Arbeiten zur Wasserversorgung der Stadt in der Nähe des oben genannten Sees ohne die vorherige Genehmigung der Umweltverträglichkeitsprüfung gemäß dem Gesetz 1650/1986 schon angefangen hatten und auch weiter durchgeführt wurden. Da-

---

[41] *Rüdiger Breuer/ Klaus Ferdinand Gärditz*, Öffentliches und privates Wasserrecht, 4. Auflage, 2017, Rn. 78.

[42] Art. 2 Abs. 3 der Ministerialentscheidung Nr. 322 vom 21.03.2013 i.V.m Art. 54 Abs. 3 Satz dd der Präsidialverordnung Nr. 132/2017 über die Organisation des Umwelt- und Energieministeriums vom 23.10.2017, veröffentlicht in FEK A Nr. 160 vom 30.10.2017.

[43] Art. 2 Abs. 3 der Ministerialentscheidung Nr. 322 vom 21.03.2013 i.V.m Art. 54 Abs. 3 Untesabs. a Satz ik der Präsidialverordnung Nr. 132/2017.

[44] Bürgerbeauftragter wird auf Griechisch Synigoros tou Politi genannt.

bei ist zu beachten, dass der See von Stymfalia eines der von NATURA 2000 vorgeschlagenen Schutzgebiete war.[45] Das zuständige Ministerium hat die Umweltverträglichkeitsprüfung inzwischen genehmigt und das Bauvorhaben wurde weitergeführt. Der Fall ist von der Gemeinde vor Gericht gebracht worden, was zur Aufhebung des Genehmigungsaktes geführt hat.[46] Grund der Aufhebung war, dass die Umweltverträglichkeitsprüfung ohne die Erstellung und Aufnahme der allgemeinen Gewässerbewirtschaftungspläne des entsprechenden Gebietes gemäß Art. 4 des Gesetzes 1739/1987 genehmigt worden war.[47]

Die Synigoros tou Politi hat allgemein in ihrem Bericht festgehalten, dass es in Griechenland eine Vielzahl von Problemen mit Bezug auf Wasserangelegenheiten gibt.[48] Meistens betreffen sie die Wasserkontamination durch Mikroben aus anthropogenen Einflüssen oder die Verunreinigung durch Chemikalien aus landwirtschaftlichen oder industriellen Tätigkeiten oder dem Brackwasser.[49] Die unabhängige Behörde hat weiter als Problem im Gewässerschutzbereich ermittelt, dass der Erhaltungszustand der Wasseranlagen im Allgemeinen sehr mangelhaft ist.[50]

III. Fazit

In der Europäischen Union sind zwei große Abstufungen festzustellen. Einerseits sind die nördlichen und zentralen Länder der Europäischen Union zu nennen, die kaum Wasserknappheit kennen.[51] Diese Länder streben die Ausgestaltung einer gemeinsamen Wasserpolitik derart an, dass eine Verbesserung des Wasserqualitätsniveaus erreicht werden kann und dass allgemeine Regeln bei

---

[45] Zum Ganzen *Christos Tsaitouridis*, Aspekte der Vermittlung des Bürgerbeauftragten in der Gewässerbewirtschaftung, in: Papadimitriou (Hrsg.), Nachhaltige Gewässerbewirtschaftung, Grundsätze, Prinzipien und Implementation, Sitzungsprotokoll, 2006, S. 69, 71.

[46] Zum Ganzen: Entscheidung 2129/2003 des Staatsrats.

[47] Entscheidung 2129/2003 des Staatsrats.

[48] Entscheidung 2129/2003 des Staatsrats.

[49] Entscheidung 2129/2003 des Staatsrats.

[50] Entscheidung 2129/2003 des Staatsrats.

[51] *Koutsoyannis/ Andreadakis/ Maurodimou/ Christofidis/ Mamasis/ Eustratiadis/ Koukouvinos/ Karavokuros/ Kozanis/ Mamais/ Noutsopoumos*, Nationaler Gewässerbewirtschaftungsplan und Gewässerschutz, Unterstützung bei der Ausarbeitung der nationalen Gewässerbewirtschaftungsplanung und Gewässerschutz – Nationale Technische Hochschule „Metsovio", Abteilung für Gewässerressourcen und Umwelt, Athen 2008, S. 21, abrufbar unter: http://itia.ntua.gr/el/project_reports/130/ und: http://www.itia.ntua.gr/getfile/782/101/documents/cuments/2008-final-report-v2.pdf

der Nutzung der grenzüberschreitenden Gewässer festgesetzt werden können.[52] Andererseits gibt es die südlichen mediterranen Mitgliedstaaten, die unter zeitweisem Wassermangel und ungleicher Wasserverteilung leiden; bei ihnen stehen die Wasserlagerung und der Wassertransport im Mittelpunkt der Probleme der Wasserbewirtschaftung.[53] Durch die europäische Wasserrahmenrichtlinie ist ein gemeinsamer Rahmen geschaffen worden, der auf Erhaltung und Verbesserung der Wasserqualität für alle Wasserquellen in der Europäischen Union ausgerichtet ist.[54]

Die Mitglieder der Europäischen Union sind mit der Einführung der Wasserrahmenrichtlinie zum gemeinsamen Handeln hinsichtlich des qualitativen und nur eingeschränkt quantitativen Schutzes von Wasserressourcen verpflichtet, auch wenn das Verwaltungssystem in jedem Mitgliedstaat anders ist. Im Fall von Griechenland, wo Umsetzungs- und Durchsetzungsdefizite, besonders im Bereich des Gewässerschutzes, festzustellen sind, ist die erfolgreiche Umsetzung der Wasserrahmenrichtlinie eine absolute Notwendigkeit.[55] Es ist aber zu bezweifeln, dass die einheitliche Kodifizierung allein den erwarteten Fortschritt bringen kann; vielmehr müssen große Anstrengungen zur Beseitigung der Durchführungsdefizite unternommen werden.[56]

Die europäische Rechtsordnung nimmt großen Einfluss auf die Realisierung des Gewässerschutzes und die Wahrnehmung der nachhaltigen Entwicklung in Griechenland.[57] Sie fungiert als ein Druckmechanismus zur Vollziehung der umweltbezogenen Rechtsvorschriften,[58] besonders wenn die europäischen Rechtsvorschriften durch Überwachungs- und Kontrollverfahren eingehalten werden müssen.[59]

Gegenwärtig zeigt sich in Griechenland immer intensiver die Notwendigkeit der Durchführung einer integrierten und effektiven Gewässerbewirtschaftung,[60]

---

[52] *Koutsoyannis/Andreadakis et al.* (Fn. 51), S. 21.
[53] *Koutsoyannis/Andreadakis et al.* (Fn. 51), S. 21.
[54] *Koutsoyannis/Andreadakis et al.* (Fn. 51), S. 21.
[55] *Papadimitriou,* Die nachhaltige Gewässerbewirtschaftung, in: ders., Umwelt Aktuell, Athen-Komotini, 2007, S. 87, 90.
[56] *Papadimitriou* (Fn. 55), S. 87, 90.
[57] *Papadimitriou* (Fn. 1), S. 267, 276.
[58] *Papadimitriou* (Fn. 1), S. 267, 276.
[59] *Papadimitriou* (Fn. 1), S. 267, 276.
[60] *Vasileios Danilakis,* Defizite und Probleme bei der Durchsetzung einer kohärenten Gewässerbewirtschaftungspolitik in Griechenland. Der Fall des Sees Koronia, Nomos kai Phy-

weil die Gewässerressourcen immer geringer werden.[61] Dies ist darauf zurückzuführen, dass die Nutzung der Gewässer nicht in einer vernünftigen Art und Weise erfolgt, die Nachfrage stetig erhöht wird und auch die Verunreinigung der Gewässer zunimmt.[62] Zu dieser Entwicklung trägt auch die Verunreinigung der unterirdischen Gewässer durch Industrieabfälle und ihre Erschöpfung durch industrielle Erdbohrungen bei.[63] Ein Problem, mit dem Griechenland momentan und in der Zukunft im Bereich des Wasserschutzes konfrontiert werden wird, ist die Wasserqualität.[64] Dazu kommt der Mangel an Daten, welche die Wasserquantität und die -qualität betreffen.[65]

Es ist allgemein ins Bewusstsein gelangt, dass die Durchführung der Gewässerbewirtschaftung in Griechenland noch einen weiten Weg gehen muss und es einiges zu verbessern gibt. Es ist Konsens, dass die Einbeziehung und aktive Teilnahme der Öffentlichkeit bei der Gestaltung der Politik für die Gewässerbewirtschaftung eine herausragende Rolle für einen effizienten Schutz und weitere Erhaltung der Gewässer spielt.[66] Aus heutiger Perspektive ist festzustellen, dass mit einer Gewässerbewirtschaftung, die allein auf Profit ausgerichtet ist, Wassermangel, Umweltverschlechterung und einen Rückgang der biologischen Diversität bewirkt.[67]

Für die Einführung einer effektiveren Gewässerbewirtschaftung in Griechenland ist die Forderung nach einer einheitlichen Kodifizierung aller Rechtsvorschriften über die Bewirtschaftung der Gewässer von erheblicher Bedeutung. Im Moment ist die Umsetzung der Wasserrahmenrichtlinie in Griechenland im Wesentlichen durch zwei Gesetze verwirklicht worden, das Nationale Gesetz Nr. 3199/2003 und die Präsidialverordnung Nr. 51/2007. Für eine vollständige Umsetzung und Durchführung der Wasserrahmenrichtlinie und im Allgemeinen für

---

sis, 2011, Rn. 5, abrufbar unter: http://www.nomosphysis.org.gr/articles.php?artid=4259&lang=1&catpid=1.

[61] *Danilakis*, Nomos kai Physis, 2011, Rn. 5.

[62] *Danilakis*, Nomos kai Physis, 2011, Rn. 5.

[63] *Danilakis*, Nomos kai Physis, 2011, Rn. 5.

[64] *Papadimitriou* (Fn. 1), S. 267, 277.

[65] *Papadimitriou* (Fn. 1), S. 267, 277.

[66] Siehe dazu den Entwurf des Gewässerbewirtschaftungsplans für die Flussgebietseinheit der Inseln der Ägäis (GR14) – Bericht über die ergriffenen Maßnahmen für die öffentliche Konsultation des Gewässerbewirtschaftungsplans vom Mai 2014, abrufbar von der Seite des Umwelt- und Energieministeriums: http://wfd.opengov.gr/.

[67] *Katerina Sakellaropoulou/Nikos Sekeroglou*, Die nachhaltige Bewirtschaftung von Gewässerressourcen, Abschnitt I, Nomos kai Physis, 2006.

eine verbesserte Realisierung der Gewässerbewirtschaftung in Griechenland ist es notwendig, zusätzliche Ermächtigungsvorschriften zu erlassen. Diese sollten in ein einheitliches Gesetz eingefügt werden, um ein „Rechtsvorschriften-Chaos" zu vermeiden. Notwendig ist eine Kodifikation des gesamten Wasserrechts in Übereinstimmung mit der Wasserrahmenrichtlinie.

Literaturverzeichnis:

Adamantidou, Elsa: Die Europäische Gewässerschutzpolitik, [I Europaiki Politiki Prostasias ton Ydaton], Nomos kai Physis, 2000, S. 421-451

Albrecht, Juliane: Zur Definition des „guten Zustands" im Wasserrecht – Aktuelle Entwicklungen auf europäischer und nationaler Ebene, NuR 2010, S. 607

Andreadakis, Andreas: Die Notwendigkeit für koordinierte Tätigkeit für die Unterstützung der Implementation der Wasserrahmenrichtlinie 2000/60 [I anagkaiotita suntonismenis drasis gia tin upovoithisi efarmogis tis Odigias Palisio gia ta nera 2000/60] Hausmitteilung der Ingenieurskammer Griechenlands [Enimerotiko Deltio T.E.E.] vom 08.07.2002, S. 39-111

Andreadakis, Andreas: Wasserrahmenrichtlinie 2000/60 für die Gewässerbewirtschaftung, Institut der Regionalen Selbstverwaltung [Odigia-plaisio 2000/60 gia ti Diacheirisi Ydatinon Poron], Institouto Topikis Autodioikisis, 2008. Abrufbar im Internet: http://courses.arch.ntua.gr/

Androutsopoulos, Dimitrios: Der Fluss von Acheloos und seine Umleitung, (O potamos Acheloos kai i ektropi tou), Athen, 2006 http://www.ecocrete.gr/index.php?option=com_content&task=view&id=3147&Itemid=85 Wiederveröffentlichung von: (http://geocities.com/hliotro/gr/axeloos.htm)

Appel, Ivo: Das Gewässerschutzrecht auf dem Weg zu einem qualitätsorientierten Bewirtschaftungsregime. Zum finalen Regelungsansatz der EG-Wasserrahmenrichtlinie, ZUR Sonderheft, 2001, 129-137

Arampatzis, Garyfallos: Rechtsrahmen zur Bewirtschaftung und Entwicklung der Gewässerressourcen in Griechenland [Thesmiko Plaisio gia ti diachirisi kai anaptiksi ton ydatikon poron stin Ellada], PerDik, Heft 2 2001, S. 192, 207

Assimakopoulos, Dionysis: Ökonomische Instrumente zur Gewässerbewirtschaftung-Die Richtlinie 2000/60 und die Kostendeckung in der griechischen Realität [Oikonomika Egraleia sti diachirisi ydatikon poron-I Odigia 2000/60 kai i anaktisi kostous stin elliniki pragmatikotita], Tagung der Bürgerinitiative: „Griechische Wasserressourcen: ein realistische Anschauungsweise, Athen, Mai 2005 http://environ.chemeng.ntua.gr/en/UserFiles/File/Economic%20Tools%20and%20WFD-%20Citizens%20Movement.pdf

i

Baltas E.A./ Mimikou, A. Maria: The Water Framework Directive-Reassessment of new Hydrological entities, Hydrotechnika, Heft 15, 2005, S. 41 http:// ejournals.lib.auth.gr/hydrotechnica/issue/view/17

Beriatos, H./Aravosis, K./Karagiannidis, A./Perkoulidis, G./Koltsidas, E. Kougkolos, A: Der Rechtsrahmen und die Bewirtschaftungspolitik der Festabfälle: Fortschrift und Perpektiven [Thesmiko plaisio kai politiki diacheirisis stereon apovliton: Ekselikseis kai prooptikes], Umwelt und Recht, 2003, S. 306-323

Bosenius, Udo / Holzwarth, Ftitz: Grundlagen für eine gemeinsame Strategie zur Umsetzung der WRRL in Europa, in: Rumm, Peter/ Keitz, Stephan von/ Schmalholz, Michael: Handbuch der EU-Wasserrahmenrichtlinie, Berlin, 2. Auflage 2006, S. 11

Breuer, Rüdiger/ Gärditz, Klaus Ferdinand: Öffentliches und privates Wasserrecht, 4. Auflage, 2017

Breuer, Rüdiger: Öffentliche Bewirtschaftung der Gewässer als Aufgabe und Rechtsproblem, UPR, Heft 6, 2004, S. 201-206

Breuer, Rüdiger: Grundlangen und Allgemeine Regelungen § 65-69, in: Rengeling Hans-Werner (Hrsg.), Handbuch zum europäischen und deutschen Umweltrecht (EUDUR), Besonderes Umweltrecht, 2. Auflage, Band 2 I, 2003

Breuer, Rüdiger: Der Entwurf einer EG-Wasserrahmenrichtlinie – Die Sicht des Organisationsrechts, NVwZ 1998, 1001-1010

Breuer, Rüdiger: Gewässerschutz in Europa – Eine kritische Zwischenbilanz WuB 47, 1995, Heft 11

Caspar, Johannes: Die EU-Wasserrahmenrichtlinie: Neue Herausforderungen an einen europäischen Gewässerschutz, DÖV, Heft 13, 2001, S. 529-538

Calliess, Christian/ Matthias, Ruffert: EUV/AEUV Das Verfassungsrecht der Europäischen Union mit Europäischen Grundrechtcharta, Kommentar, 4. Auflage, 2011

Chaintarlis, Marios: Die heutige Gesetzgebung über den Wasserschutz und die Wasserbewirtschaftung [I sygchroni nomothesia prostasias kai diacheirisis ton ydaton], in: Papadimitriou Georgios (Hrsg.), Nachhaltige Gewässerbewirtschaftung, Grundsätze, Prinzipien und Implementation [Viosimi diacheirisi ydaton, arches, kanones kai efarmogi], Sitzungsprotokoll, 2006, S. 33-47

Chaintarlis, Marios: Kommentierung der Entscheidung 2179/2006 der Entscheidung des Staatsrates, Abteilung E, Nomos kai Physis, 2006

Charalampidis, Nikos: Abgesehen von dem Verfahren sollten wir uns auch die Realität vor Augen führen [Pera apo ti diadikasia prepei na skeftoume kai ti pragmatikotita], in: Papadimitriou Georgios (Hrsg.), Nachhaltige Gewässerbewirtschaftung, Grundsätze, Prinzipien und Implementation [Viosimi diacheirisi ydaton, arches, kanones kai efarmogi], Sitzungsprotokoll, 2006, S. 77-85

Charokopou, Angeliki: Die letzten Regelungen für die Gewässerbewirtschaftung und die Rechtsprechung des Staatsrats [Oi prosfates rythmiseis gia ti diachirisi ton ydaton kai i nomologia tou Symvouliou tis Epikrateias] in: Giotopoulou-Maragkopoulou, Aliki/ Mpredimas, Antonis/ Sisilianos, Linos-Alexandros (Hrsg.) Der Umweltschutz in Recht und Praxis [I prostasia tou perivallontos sto dikaio kai stin praxi], Institution von Maragkopoulou, 2008, S. 204

Chartzoulakis, K./Mpertaki, M.: Rationale Gewässerbewirtschaftung für die Bewässerung: Notwendigkeit für eine nachhaltige landwirtschaftliche Entwicklung [Orthologiki Diachirisi tou Nerou Adreusis: Anagkaiotita gia aeiforo agrotiki anaptiksi], Sitzungsbericht von der 23. Konferenz der Griechischen Gesellsaft der Wissenschaft für Gartenbauprodukte, Heft A 2009, S. 17, 18

Chave, Peter A.: The EU Water Framework Directive, An Introduction, 2001

Chrisogonos, Kostas /Vlachopoulos, Spyros: Persönlichkeits- und Sozialrechte [Atomika kai Koinonika Dikaiomata], 4. Auflage, Athen 2017

Chrysanthakis, Charalampos: Kommentierung der Entscheidung Nr. 1871/1994 Abteilung E des Staatsrats, Nomos und Physis, Heft 2, 1995, S. 112-120

Dallhammer, Wolf-Dieter/Fritzsch, Claudia: Verschlechterungsverbot – Aktuelle Herausforderungen an die Wasserwirtschaftsverwaltung, ZUR 2016, S. 340

Dandolos, Ilias / Papathanasiou, Kostas/ Giotakis, Konstantinos/ Sampatakakis, Panagiotis / Papastergiou Kostas: Die Rolle und die Aufgaben der Selbstverwaltung bei der Bewirtschaftung und dem Schutz der Wasserressourcen [O rolos kai oi armodiotites tis autodioikisis sti diacheirisi kai prostasia ton ydatikon poron], Institut der Regionalen Selbstverwaltung [Institouto Topikis Autodioikisis], 2008, abrufbar im Internet: http://www.ita.org.gr/default.aspx?lang=gr

Danilakis, Vasileios: Das umstrittene Vorhaben der Umleitung des Flusses von Acheloos: Dafür oder dagegen während der Wartezeit bis der Veröffentlichung der Entscheidung des EuGH? [To amfilegomeno ergo tis ektropis tou potamou Acheloou; Yper i kata en anamoni tis apofasis tou DEE;], Nomos kai Physis 2011

Danilakis, Vasileios: Defizite und Probleme bei der Durchsetzung einer kohärenten Gewässerbewirtschaftungspolitik in Griechenland. Der Fall des Sees Koronia [Elleimmata kai provlimata stin Efarmogi tis politikis tis o-lokliromenis diachirisis ton ydatikon poron stin Ellada. I periptosi tis limnis Koronias], Nomos kai Physis, 2011, http://www.nomosphysis. org.gr/articles.php?artid=4259&lang=1&catpid=1

Dekleris, Michail: Das Recht der nachhaltigen Entwicklung, Allgemeine Prinzipien [To Dikaio tis Viosimou Anaptukseos, Genikes Arches], 2000

Diamantis, Ioannis/ Pliakas, Fotis/ Petalas, Christos/ Kallioras Andreas: Die Harmonisierung des nationalen Rechts mit der Richtlinie 2000/60/EG über den Schutz und die Bewirtschaftung der Wasserressourcen [I enarmonisi tou ethnikou dikaiou me tin Odigia 2000/60/EK gia tin prostasia kai diachirisi ton ydatikon poron] PerDik, Heft 4, 2004, S. 480

Demitropoulos, Andreas: Allgemeine Verfassungslehre [Geniki Syntagmatiki Theoria], Band A, Athen-Komotini 2004

Durner, Wolfgang/ Gies, Nela: Ende der Kohlennutzung kraft europäischen Wasserrechts? Zu den Auswirkungen der Phasing-Out-Ziele der Union für Quecksilber auf die Nutzung von Kohle, 2012

Durner, Wolfgang: Zehn Jahre Wasserrahmen – Richtlinie-Bilanz und Perspektiven, NuR 2010, S. 452-464

Durner, Wolfgang: Zehn Jahre Wasserrahmenrichtlinie in Deutschland-Erfahrungen und Perspektiven, in: Köck, Wolfgang/Faßbender, Kurt (Hrsg.), Implementation der Wasserrahmenrichtlinie in Deutschland-Erfahrungen und Perspektiven, Dokumentation des 15. Leipziger Umweltrechts-Symposions des Instituts für Umwelt- und Planungsrecht der Universität Leipzig und des Helmholtz-Zentrums für Umweltforschung-UFZ am 22. und 23. April 2010, Baden-Baden 2011

Durner, Wolfgang: Das „Verschlechterungsverbot" und das „Verbesserungsgebot" im Wasserwirtschaftsrecht, NuR 2019, S. 1

Epiney, Astrid: Umweltrecht der Europäischen Union, Baden-Baden, 3. Auflage 2013

Epping, Volker: Grundrechte, 8. Auflage, 2019

Ekardt, Felix/ Weyland, Raphael: Neues vom wasserrechtlichen Verschlechterungsverbot und Verbesserungsgebot, Rechtsinterpretations- und Rechtswirkungsfragen im Spiegel neuerer Urteile, NuR 2014, S. 12

Eythimiopoulos, Ilias /Tsantilis, Dimos /Chatzimpiros, Kimon: Das Acheloos-Gerichtsverfahren [I Diki tou Acheloou], 1999

Fatourou, Christina: Der Fall der Umleitung von Acheloos und die ergebenden Rechtsfragen durch das Gerichtsverfahren [I ypothesi tou ergou tis ektropis tou Acheloou kai ta nomika zitimata pou anekypsan stin poreia tis nomologiakis tis «peripeteias»], Dikaiomata tou Anthropou, Heft 46, 2010, S. 521-576

Faßbender, Kurt: Gemeinschaftsrechtliche Anforderungen an die normative Umsetzung der neuen EG-Wasserrahmenrichtlinie, NVwZ 2001, S. 241

Faßbender, Kurt: Das Verschlechterungsverbot im Wasserrecht – aktuelle Rechtsentwicklungen, ZUR 2016, S. 195

Faßbender, Kurt: Die wasserrechtliche Ausnahmeprüfung nach dem EuGH-Urteil zur Schwarzen Sulm, NuR 2017, S. 433

Franzius, Claudio: „Die Mutter aller Wasserrechtsfälle" ZUR 2015, S. 643

Füßer, Klaus/ Lau, Marcus: Das wasserrahmenrechtliche „Verschlechterungsverbot" und „Verbesserungsgebot": Projekterschwerende „Veränderungssperre" oder flexibles wasserrechtliches Fachplanungsinstrument?, Nds-VBl. 2008, S. 193

Gawel, Erik: Umwelt- und Ressourcenkosten: Begriff und Stellung im Rahmen von Art. 9 WRRL, DÖV 2014, S. 330

Gawel, Erik: Umwelt- und Ressourcenkosten nach Art. 9 WRRL als Herausforderung des Wasserrechts, in: *Ekkehard, Hofmann* (Hrsg.) Wasserrecht in Europa, 2015

Gellermann, Martin: Europäisches Wasserrecht und Kohlenutzung in der Perspektive des Primärrechts, NVwZ 2012, S. 850-854

Giarenis, Ar. Eugenios: Krieg und Wasser – Krieg für das Wasser. Probleme über den Rechtsschutz des Wassers während bewaffneter Konflikte [Polemos kai nero – Polemos gia to nero. Zitimata nomikis prostasias tou nerou kata ti diarkeia ton enoplon sygkrouseon], PerDik Heft 1, 2007, S. 10-19

Ginzky, Harald: Die Pflicht zur Minderung von Schadstoffeinträgen in Oberflächengewässer – Vorgaben der Wasserrahmenrichtlinie und der Richtlinie Prioritäre Stoffe –, ZUR 2009, Heft 5, S. 242-249

Ginzky, Harald: Maßstäbe der Gewässerbewirtschaftung nach der Wasserrahmenrichtlinie – eine Anmerkung zu den Entscheidungen des VG Cottbus und des OVG Hamburg, ZUR 2013, S. 343-349

Gkini, M./Gkioni, G./Papadopoulos, K./Tsoumanis, P.: Richtlinie 2000/60 des Europäischen Parlamentes und des Rates für die Festsetzung eines Ordnungsrahmens der Gemeinschaftsaktion in dem Bereich der Gewässerpolitik [Odigia 2000/60 tou Europaikou Koinovouliou kai tou Symvouliou gia ti thespisi plaisiou koinotikis drasis ston tomea tis politikis epi ton u-daton], in: Soulios Georgios (Hrsg.), Hydrogeologie und Umwelt [Ydrogeologia kai perivallon], Sitzungsprotokolle – Organisation Griechischer Ausschuss für Hydrologie, 2001, S. 187-203

Gogos, Konstantinos: Die Umweltverträglichkeitsprüfung in Unionsrecht: Nur verfahrensrechtliche oder auch substantielle Gewährleistung des Umweltgutes[I ektimisi perivallontikon epiptoseon sto enosiako dikaio: Diadikastiki aplos i kai ousiastiki diasfalisi tou perivallontikou agathou?], Griechisches Magazin über das Europäische Recht [EEEurD], 2014, S. 25

Guckelberger, Anette: Die diversen Facetten der Öffentlichkeitsbeteiligung bei wasserrechtlichen Planungen, NuR 2010, S. 835, 842

Howarth, William: Aspirations and Realities under the Water Framework Directive: Proceduralisation, Participation and Practicalities, Journal of Environmental Law, 2009, Volume 21, Issue 3, p. 391-417

Interwies, Eduard/ Pielen, Britta/ Görlach, Benjamin/ Krämer, R. Andreass: Ökonomische Aspekte der WRRL, in: Rumm, Peter/ Keitz, Stephan von/ Schmalholz, Michael: Handbuch der EU-Wasserrahmenrichtlinie, Berlin, 2. Auflage 2006, S. 381, 385

Isensee, Josef: § 111 Das Grundrecht als Abwehrrecht und als staatliche Schutzpflicht, in: Josef Isensee/ Paul Kirchhof, Handbuch des Staatsrechts der Bundesrepublik Deutschland, Band V, 2000

Jekel, Heide/ Munk, Hans-Hartmann: Phasing-out für prioritäre gefährliche Stoffe – Was regelt die EG-Wasserrahmenrichtlinie wirklich? – Zugleich eine Erwiderung auf Laskowski, Kohlenkraftwerke im Lichte der EU-Wasserrahmenrichtlinie, in ZUR 3/2013, ZUR 2013, S. 403

Kallia-Antoniou, Aggeliki: Europäischer und Nationaler Gewässerbewirtschaftungsrechtsrahmen [Europaiko kai Ethniko Nomothetiko Plaisio Diacheirisis ton Ydaton], Thessaloniki, 2009

Kallia-Antoniou, Aggeliki: Rechtsrahmen zum Schutz und zur Bewirtschaftung von Wasserressourcen, [Thesmiko plaisio gia tin prostasia kai diacheirisi ydatikon poron], Thessaloniki, 2011

Kaltsogia-Tournaviti, Niki: Der Verfassung von 1975/1986/2001 [To Syntagma tou 1975/1986/2001], Athen-Komotini 2002

Karageorgou, Vicki: Das Schutzrecht der Gewässerressourcen. Internationale und Europäische Einflüsse und ihre Durchsetzung auf der nationalen Ebene [To Dikaio gia tin prostasia ton ydatinon poron. Diethneis kai europaikes epirroes kai i efarmogi tous se ethniko epipedo], EDDDD, Heft 2, 2004 S. 272

Karageorgou, Vicki: Der institutionelle Rahmen der Gewässerbewirtschaftung in Griechenland und die Beitrage der Europäischen Gesetzgebung: Defizite, Herausforderungen und Perspektiven [To thesmiko plaisio tis diachirisis ton ydatinon poron stin Ellada kai i symvoli tis europaikis nomothesias: elleimmata, prokliseis kai prooptikes], in : Giannakourou, G/ Kremlis, G/ Siouti, Glykeria, Die Durchsetzung des Umweltrechts der Gemeinschaft in Griechenland 1981-2006 [I Efarmogi tou Koinotikou Dikaiou Perivallontos stin Ellada 1981-2006], Griechische Gesellschaft für Umweltrecht, Athen-Komotini 2007, S. 175-212

Karakostas, Ioannis K.: Umwelt und Recht, Bewirtschaftungs- und Schutzrecht von Umweltgütern [Perivallon kai Dikaio, Dikaio Diacheirisis kai Prostasias ton perivallontikon agathon], 3. Auflage, 2011

Karipsiadis, Giorgos: Die Gewässerrahmenrichtlinie. Bewirtschaftung von grenzüberschreitenden Gewässern [I Odigia Plaisio gia ta Ydata. Diachirisi diasunoriakon Ydaton], November 2008, Nomos kai Physis. Online abrufbar: http://www.nomosphysis.org.gr/articles.php?artid=3609&lang=1&catpid=1

Karstens, Jan: Einführung in die aktuellen Fragen des Gewässerschutzes, Sonderheft ZUR 2001, S. 113-114

Kern, Katharina: Neue Anforderungen und Instrumente für die europäische Gewässerqualität. Novellierung der Liste der prioritären Stoffe durch die Richtlinie 2013/39/EU, NVwZ Heft 5, 2014, S. 256

Kloepfer, Michael: Umweltrecht, 3. Auflage, 2004

Köck, Wolfgang: Die Implementation der EG-Wasserrahmenrichtlinie – Eine Zwischenbilanz mit Blick auf der bevorstehende Verabschiedung von Maßnahmenprogrammen und Bewirtschaftungsplänen, ZUR 2009, Heft 5, S. 223-233

Köck, Wolfgang/ Unnerstall, Herwig: Rechtliche Umsetzung der WRRL in Bund und Ländern, in: Rumm, Peter/ Keitz, Stephan von/ Schmalholz, Michael: Handbuch der EU-Wasserrahmenrichtlinie, Berlin, 2. Auflage 2006, S. 27

Köck, Wolfgang: Wasserwirtschaft und Gewässerschutz in Deutschland, Rechtrahmen – Institutionen – Organisationen, ZUR 2012, Heft 3, S. 140- 149

Köck, Wolfgang/Möckel, Stefan: Quecksilberbelastungen von Gewässern durch Kohlekraftwerke – Auswirkungen auf die Genehmigungsfähigkeit, NVwZ 2010, 1390

Kotulla, Michael: Das Wasserhaushaltsgesetz und dessen 7. Änderungsgesetz, NVwZ 2002, 1409

Kougkolos, Athanasios: Eine kritische Betrachtung der Europäischen Richtlinie 2000/60/EG und des Gesetzes 3199/2003 [Kritiki theorisi tis Europaikis Odigias 2000/60 kai tou N. 3199/2003], PerDik, Heft 1, 2004, S. 17

Koutalakis, Charalampos: „Wir sehen uns vor Gericht". Demokratische Rechenschaft und Kontrolle der Umweltpolitik in Griechenland [„Tha ta poume sta Dikastiria". Dimokratiki Logodosia kai elegchos ton perivallontikon politikon stin Ellada], EfimDD, Band 5, 2009, S. 686-698

Koutoupa-Regkakou, Euaggelia: Umweltrecht [Dikaio tou Perivallontos], 3. Auflage, Athen-Thesalloniki 2008

Koutsoyannis, Dimitrios/ Andreadakis A./Maurodimou R./ Christofidis A./ Mamasis N./ Eustratiadis A./ Koukouvinos A./ Karavokuros G./Kozanis S./ Mamais D./Noutsopoumos K.: Nationaler Gewässerbewirtschaftungsplan und Gewässerschutz [Ethniko Programma Diachirisis kai Prostasias ton ydatikon poron], Unterstützung bei der Ausarbeitung der nationalen Gewässerbewirtschaftungsplanung und Gewässerschutz – Nationalen Technischen Hochschule „Metsovio", Abteilung für Gewässerressourcen und Umwelt, Athen 2008, Abrufbar im Internet: http://itia.ntua.gr/el/project_reports/130/ und http://www.itia.ntua.gr/getfile/782/101/documents/2008/-final-report-v2.pdf

Krämer, Ludwig: Zehn Jahre Wasserrecht-Rahmenrichtlinie der EU Erfahrungen und Perspektiven, in: Köck, Wolfgang/Faßbender, Kurt (Hrsg.), Implementation der Wasserrahmenrichtlinie in Deutschland-Erfahrungen und Perspektiven, Dokumentation des 15. Leipziger Umweltrechts-Symposions des Instituts für Umwelt- und Planungsrecht der Universität Leipzig und des Helmholtz-Zentrums für Umweltforschung-UFZ am 22. und 23. April 2010, Baden-Baden 2011, S. 45-58

Krämer, Ludwig: The Environment and the Ten Commandments, JEL 2008, Heft 20, S. 5-7

Krämer, Ludwig: Dimensionen Integrierter Wasserpolitik, in: Thomas, Bruha/ Hans-Joachim, Koch (Hrsg.), Integrierte Gewässerpolitik in Europa, Baden-Baden, 2001, S. 57-41

Laskowski, Silke Ruth/Ziehm, Cornelia: Gewässerschutzrecht § 5, in: Koch, Hans-Joachim (Hrsg.), Umweltrecht, 4. Auflage, München 2014

Laskowski, Silke Ruth: Kohlenkraftwerke im Lichte der EU – Wasserrahmen-richtlinie, ZUR 2013, S. 131

Laskowski, Silke Ruth: Das Verschlechterungsverbot im europäischen Wasserrecht nach dem EuGH-Urteil vom 1. Juli 2015 (Rs. C-461/13), ZUR 2015 S. 542

Lekkas, Euth. L.: Geologie und Umwelt, [Geologia kai Perivallon], 3 Auflage, Athen, 1999, S. 77-106

Lübbe-Wolff, Gertrude: Instrumente des Umweltrechts – Leistungsfähigkeit und Leistungsgrenzen, NVwZ 2001, S. 481

Mager, Ute: Die Entwicklung des Wasserwirtschaftsrechts – Referenzgebiet für ein materiell-rechtliche fundiertes internationales Verwaltungsrecht, ZaöRV 2010, S. 789

Mager, Ute: Die Europäische Verwaltung zwischen Hierarchie und Netzwerk, in: Trute, Hans-Heinrich/Groß, Thomas/Röhl, Hans Christian/Möllers, Christoph (Hrsg.), Allgemeines Verwaltungsrecht – zur Tragfähigkeit eines Konzeptes, 2008, S. 369

Maniati-Siatou, Crysanthi: Konferenz „Das Rechtsrahmen zur Bewirtschaftung von Gewässerressourcen" Direktion für das Gewässerpotenzial und für die Gewässerressourcen [Synedria „Thesmiko Plaisio Deiachirisis Ydatikon Poron", Diefthinsi Ydatikou Dynamikou kai Physikon Poron], Entwicklungsministerium, 2004 abrufbar im Internet: http://www.erga.-biz/modules.php?name=News&file=article&sid=254

Michel, Bernhard / Quadflieg, Arnold/ Rathje, Britta: Praxis der Wirtschaftlichen Analyse, in: Rumm, Peter/ Keitz, Stephan von/ Schmalholz, Michael: Handbuch der EU-Wasserrahmenrichtlinie, Berlin, 2. Auflage 2006, S. 361

Mimikou, A. Maria: Die Implementation der Wasserrahmenrichtlinie 2000/60 auf der Ebene der Flussgebietseinheit. Perspektive unter Berücksichtigung der griechischen Realität [I efarmogi tis Odigias 2000/60 se epipedo lekanon aporrois. Prooptikes me vasi tin elliniki pragmatikotita] Ingenieurskammer Griechenlands [TEE] 2002.

Mimikou, M. A./Fotopoulos, F. S.: Wasserumwelt und Entwicklung [Ydatiko Perivallon kai Anaptuksi], Athen 2004

Moustakas, Meletios: Die gerichtliche Kontrolle der Annahme der Umweltverträglichkeitsprüfung durch Gesetz und das Recht der Europäische Union[O dikastikos elegxos tis egkrisis perivallontikon oron me nomo kai to Dikaio tis Europaikis Enosis], Theorie und Praxis des Verwaltungsrechts [THPDD] , Heft 5, 2016, S. 425, 433.

Mpampalioutas, Lampros P.: Das heutigen Rechtsrahmen der griechischen Öffentlichen Verwaltung [To sygchrono thesmiko plaisio tis ellinikis dimosias dioikisis], Athen-Tessaloniki 2013

Murswiek, Dietrich: § 112 Grundrechte als Teilhaberechte, soziale Grundrechte, in: Josef Isensee/ Paul Kirchhof, Handbuch des Staatsrechts der Bundesrepublik Deutschland, Band V, 2000

Mylopoulos, Ioannis: Acheloos auf dem Prokrustesbett [O Acheloos sto krevvati tou Prokrousti], Nomos kai Physis, 2009

Nettesheim, Martin: Art. 192, in: Grabitz, Eberhard/ Hilf, Meinhard/ Nettesheim, Martin, Das Recht der Europäischen Union, Vertrag über die Arbeitsweise der Europäischen Union, 51. Ergänzungslieferung, September 2013

Oldiges, Martin: Zur Entwicklung des Gewässerqualitätsrechts – Wasserwirtschaftliche Planung als Instrument zur Erzielung von Gewässerqualität, in: ders. (Hrsg.) Umweltqualität durch Planung, Dokumentation des 10. Leipziger Umweltrechts-Symposions des Instituts für Umwelt- und Planungsrecht der Universität Leipzig am 21. Und 22 April 2005, Baden-Baden 2006, S. 115-124

Panteli, Antoni: Handbuch zum Verfassungsrecht [Egxeiridio Syntagmatikou Dikaiou], 4. Auflage, Athen 2018

Papadimitriou, Georgios: Die Umweltverfassung, Begründung, Inhalt und Funktion [To perivallontiko Syntagma, themeleiosi, periechomeno kai leitourgeia], Nomos und Physis, 1994, S. 375-397

Papadimitriou, Georgios: La nave va... in der Gewässerbewirtschaftung: in ders. (Hrsg.), Nachhaltige Gewässerbewirtschaftung, Grundsätze, Prinzipien und Implementation [Viosimi diacheirisi ydaton, arches, kanones kai efarmogi], Sitzungsprotokoll, 2006, S. 63-67 wiederveröffentlicht in: ders. Umwelt Aktuell, 2007, S. 91

Papadimitriou, Georgios: Kommentierung von PE 338/2006 des Staatsrats, Nomos kai Physis, 2007, abrufbar im Internet: http://www.nomosphysis. org.gr/articles.php?artid=2734&lang=1&catpid=98

Papadimitriou, Georgios: Die nachhaltige Gewässerbewirtschaftung [I aeiforiki diacheirisi ton ydaton], in ders. Umwelt Aktuell [Perivallontika Epikaira], Athen-Komotini, 2007, S. 87-90

Papadimitriou, Georgios: Die Kluft zwischen Regelungen und ihre Implementation, [To chasma metaksi kanonon kai efarmogi tous], in: Giotopoulou-Maragkopoulou, Aliki/ Mpredimas, Antonis/ Sisilianos, Linos-Aleksandros, Der Umweltschutz im Recht und in der Praxis (H prostasia tou perivallontos sto dikaio kai stin praksi), 2008, S. 267-278

Papaioannou, Maria: Der Rechtsrahmen der Bewirtschaftung der Wasserressourcen [Nomiko plaisio diacheirisis ydatikon poron], PerDik 1998, Heft 1, S. 41-54

Papaspiliopoulos Spilios/ Papagiannis, Thumios/ Kouvelis, Spyros: Die Umwelt in Griechenland: 1991-1996 [To Perivallon stin Ellada: 1991-1996], Institution Mpodosaki, Athen, 1996

Papatolias, Apostolos I.: Der Europäische und der nationale Rechtsrahmen für kohärenten Gewässerschutz und Gewässerbewirtschaftung [To Europaiko kai to Ethniko plaisio gia tin olokliromeni prostasia kai diachirisi ton ydaton], Dikaiomata tou Anthropou, 2010, Heft 46, S. 375

Paulaki, Sophia: Das Recht auf Umwelt, in: *Vlachopoulos Spiros* (Hrsg.) Grundlegende Rechte, Athen 2017, S. 195

Rados, Athanasios: Der Einfluss des Europäischen Rechts auf das Griechische Umweltrecht [I epirroi tou Europaikou Dikaiou sto Elliniko Dikaio Perivallontos], in: Giannakourou, G/ Kremlis, G/ Siouti, Glykeria: Die Durchsetzung des Umweltrechts der Gemeinschaft in Griechenland 1981-2006 [I Efarmogi tou Koinotikou Dikaiou Perivallontos stin Ellada 1981-2006],

Griechische Gesellschaft für Umweltrecht, Athen-Komotini 2007, S. 89-102

Reese Moritz: Voraussetzungen für verminderte Gewässerschutzziele nach Art. 4 Abs. 5 WRRL, ZUR 2016, S. 203

Rehbinder, Eckard: Das Verschlechterungsverbot im Wasserrecht, in: *Ekkehard Hofmann* (Hrsg.) Wasserrecht in Europa, 2015, S. 34

Reinhardt, Michael: Kostendeckungs- und Verursacherprinzip nach Art. 9 der EG-Wasserrahmenrichtlinie, NuR 2006, S. 737

Reinhardt, Michael /Giesberts, Ludger: Umweltrecht, Kommentar, 2007

Reinhardt, Michael: Inventur der Wasserrahmenrichtlinie, NuR, 2013, Volume 35, Issue 11, S. 765

Reinhardt, Michael /Giesberts, Ludger: BeckOK Wasserhaushaltsgesetz, Kommentar § 27, Auflage 29, von 01.10.2013

Reinhardt, Michael: EuGH: Verschlechterung des Zustands eines Oberflächengewässers – Weservertiefung, NVwZ 2015, S. 1041

Reinhardt, Michael: EuGH: Rechtfertigung von Gewässerverschlechterungen, NVwZ 2016, S. 1161

Reinhardt, Michael: Reform der Wasserrahmenrichtlinie – Anmerkungen zum Evaluationsverfahren gemäß Art. 19 Abs. 2 WRRL – NuR 2018, S. 289

Rengeling, Hans-Werner: Der Verwaltungsvollzug (Anwendung) von Gemeinschaftsrecht § 29, in: Rengeling Hans-Werner (Hrsg.), Handbuch zum europäischen und deutschen Umweltrecht (EUDUR), Band I, Allgemeines Umweltrecht, 2. Auflage, 2003

Rotis, Vassos: Kommentierung der 2759/1994 Entscheidung des Staatsrats, Nomos kai Physis, Heft 2, 1995

Rumm, Peter/Keitz, Stephan von/Schmalholz, Michael: Handbuch der EU-Wasserrahmenrichtlinie, Berlin, 2. Auflage 2006

Sakellaropoulou, Katerina/Sekeroglou, Nikos: Die Nachhaltige Bewirtschaftung von Gewässerressourcen [I viosimi diachirisi ton ydatikon poron], Nomos kai Physis, 2006

Sanden, Joachim: Ökonomisierung des Wasserrechts, ZfW 1999, S. 396

Schlacke, Sabine/ Schrader, Christian/ Bunge, Thomas: Informationsrechte, Öffentlichkeitsbeteiligung und Rechtsschutz im Umweltrecht, Aarhus Handbuch, Berlin 2010

Schmalholz, Michael: Die EU-Wasserrahmenrichtlinie – „Der Schweizer Käse" im europäischen Gewässerschutz, ZfW 2001, Heft 2, S. 69-102

Schmidt-Aßmann, Eberhard: Strukturen des Europäischen Verwaltungsrechts: Einleitende Problemskizze, in: ders./Hoffmann-Riem (Hrsg.), Strukturen des Europäischen Verwaltungsrechts, 1999

Schroeder, Daniela: Richtlinie, in: Burkhard Schöbener (Hrsg.), Europarecht, 2019

Schütte, Peter /Warnke, Michaela /Wittrock, Elith: Die Ausnahme vom Verschlechterungsverbot: rechtliche und praktische Lösungsvorschläge, ZUR 2016, S. 215

Siouti, P. Glikeria: Die Umleitung des Flusses von Acheloos in der Rechtsprechung des Staatsrates, (H ektropi tou potamou Acheloou sti nomologia tou Symvouliou tis Epikrateias) in: Giotopoulou-Maragkopoulou, Aliki/Mpredimas, Antonis/Sisilianos, Linos-Aleksandros (Hrsg.), Der Umweltschutz im Recht und in der Praxis (H prostasia tou perivallontos sto dikaio kai stin praksi), 2008, S. 70-83

Siouti, P. Glikeria: Handbuch zum Umweltrecht [Egcheiridio Dikaiou Perivallontos], Athen-Thessaloniki, 3. Auflage, 2018

Spyropoulos, Philippos: Verfassungsrecht [Syntagmatiko Dikaio], Athen-Thessaloniki 2018

Stern, Klaus: Die Hauptprinzipien des Grundrechtssystems des Grundgesetzes, in: Klaus Stern/ Florian Becker, Grundrechte – Kommentar, 2. Auflage, 2016.

Stournaras, K. Georgios: Wasser: Die Umweltdimension und der Umweltweg [Nero: Perivallontiki Diastasi kai diadromi], 2007, S. 125-174

Tasiopoulos, Stauros: Gewässerbewirtschaftung in dem europäischen Raum – Richtlinie 2000/60/EG. Kurz gefasste Abhandlung [Diacheirisi ydaton ston euroenosiako choro – Odigia 2000/60 EK. Synoptiki parousiasi], PerDik 2014, S. 439-443

Tatsis, Lazaros: Gewässerbewirtschaftung im Rahmen der Wasserrahmenrichtlinie 2000/60/EG und des Gesetzes 3199/2003. Probleme und Perspektiven [Diacheirisi ton ydaton sta plaisia tis Odigias 2000/60/EK kai tou Nomou 3199/2003. Provlimata kai prooptikes], Nomos kai Physis, 2007, online abrufbar: http://nomosphysis.org.gr/10774/diaxeirisi-ton-udaton-sta-plaisia-tis-odigias-200060ek-kai-tou-n-31992003-problimata-kai-prooptikes-martios-2007/?st=

Trova, Eleni: Der Schutz der Wasserressourcen gemäß dem Gemeinschaftsrechts und der Verfassung (1688/2005 Entscheidung der Vollversammlung des Staatsrates) [H prostasia ton ydatikon poron symfona me to koinotiko dikaio kai to Syntagma (StE Ol 1688/2005)], PerDik 2005, Heft 4, S. 552-558

Tsaitouridis, Christos: Aspekte der Vermittlung des Bürgerbeauftragten in der Gewässerbewirtschaftung, [Opseis tis diamesolavisis tou Synigorou tou Politi schetika me ti diachirisi ton ydaton], in: Papadimitriou Georgios (Hrsg.), Nachhaltige Gewässerbewirtschaftung, Grundsätze, Prinzipien und Implementation [Viosimi diacheirisi ydaton, arches, kanones kai efarmogi], Sitzungsprotokoll, 2006, S. 69-75

Tsaousi-Chatzi, Aspasia: Recht und Umwelt: Eine ökonomische Annäherung [Dikaio kai Perivallon: mia oikonomiki proseggisi], PerDik Heft 3 2005, S. 408-509

Tsakiris, Georgios: Gewässerschutz und Gewässerbewirtschaftung in Griechenland [Prostasia kai diacheirisi ton ydatikon poron stin Ellada], in: Papadimitriou Georgios (Hrsg.), Nachhaltige Gewässerbewirtschaftung, Grundsätze, Prinzipien und Implementation [Viosimi diacheirisi ydaton, arches, kanones kai efarmogi], Sitzungsprotokoll, 2006, S. 17-32

Tsevrenis, Vasileios: Das Wasser in der Gesellschaft der Gefährdung [To nero sti koinonia tis diakindineuseis], PerDik Heft 1, 2008, S. 31

Tsiouris, S.E./Gerakis, P.A./Tsiaousi, V./Papadimos, D.: Wasserhaushalt und Biota von Feuchtgebieten, [Ydatiko Kathestos kai Vioti Ygrotopon], in: Tsiouris S.E./ Tzimopoulou (Hrsg.), 3° Panhellenische Konferenz „Klimaveränderung, Nachhaltige entwicklung, erneuerbare Energiequelle" [Klimatiki Allagi, Viosimi anaptuksi ananeosimes piges energeias] 15-17.10.2009, Thessaloniki 2009, S. 195-204

Unnerstall, Herwig: Kostendeckung für Wasserdienstleistungen nach Art. EWG RL 2000/60 Artikel 9 EG-Wasserrahmenrichtlinie, ZUR 2009, S. 234, 238

Vasileiadis, Dimitris: Natürliche Umwelt, Art. 24, in: Ph. *Spyropoulos/ Ks. Kontiadis/ Ch. Anthopoulos/ G. Gerapetritis*, Verfassung [Syntagma], Kommentar, Art. 24, 2017

Vathrakokoilis, Vasileios: Auslegung und Rechtsprechung des Bürgerlichen Gesetzbuchs, Athen 2007.

Vlachos, Evan: Über Wasserdiplomatie [Peri ydrodiplomatias], Zeitung „To Vima" von 12.11.2000, http://www.tovima.gr/culture/article/?aid=127855. Stand der Abrufung: 15.02.2015.

Voivontas, Dimosthenis/ Assimakopoulos, Dionysis: Kostendeckung und Preisbildung des Wassers im Rahmen der Richtlinie 2000/60/EG [Anaktisi kostous kai timologisi nerou sta plaisia tis Odigias 2000/60], Tagung mit
dem Thema „2000/60/EG Wasserrahmenrichtlinie-Harmonisierung mit
der griechischen Realität", Nationale Technische Hochschule von Athen,
Athen vom 22.05.2002 http://environ.chemeng.ntua.gr/en/Uploads/Doc/
Papers/Water/2002_Cost_Recovery_and_Water_Pricing.pdf

Voudouris K./Kallergi, G: Changes of the Rainfall Regime in South Greece and
water resources management [Metavoles sto vrochometriko kathestos tis
notias Elladas kai Diacheirisi ydatikon poron], in: *Diamandis,* Ioan-
nis/*Pliakas, Fotis*, Sitzungsprotokoll der 6. Gesamtgriechische Hydrologi-
sche Konferenz [Prakrtika 6° Panelliniou Ydrogeologikou Synedriou],
Xanthi, 8.-10. November 2002

Voudouris/Papadopoulos: Quantitative Analysis of heavy rainfall (January 12;
1997) in Corinth region (Greece), Proceedings of the 8th International
Congress, Patras, May 1998, Bulletin of the Geological Society of
Greece, vol XXXII/4, 1998, S. 33-41

Anhang I

Verzeichnis der Europäischen Richtlinien

Nr. **76/464/EWG** des Rates betreffend die Verschmutzung infolge der Ableitung bestimmter gefährlicher Stoffe in die Gewässer der Gemeinschaft vom 04.05.1976, ABl. EG 1976, Nr. L129, S. 23 vom 18.05.1976

Nr. **80/68/EWG** des Rates über den Schutz des Grundwassers gegen Verschmutzung durch bestimmte gefährlich Stoffe vom 17.12.1979, ABl. EG 1980, Nr. L20, S. 43 vom 26.01.1980

Nr. **85/337/EWG** des Rates über die Umweltverträglichkeitsprüfung bei bestimmten öffentlichen und privaten Projekten vom 27.06.1985, ABl. Nr. L 175, S. 40 vom 05.07.1985

Nr. **91/692/EWG** des Rates zur Vereinheitlichung und zweckmäßigen Gestaltung der Berichte über die Durchführung bestimmter Umweltschutzrichtlinien vom 23.12.1991, ABl. EG 1991, Nr. L 377, S. 48 vom 31.12.1991

Nr. **1992/43/EWG** des Rates zur Erhaltung der natürlichen Lebensräume sowie der wild lebenden Tiere und Pflanzen vom 21.05.1992, ABl. Nr. L 206, S. 7 vom 22.07.1992

Nr. **2000/60/EG** Richtlinie des Europäischen Parlaments und des Rates zur Schaffung des Ordnungsrahmens für Maßnahmen der Gemeinschaft im Bereich der Wasserpolitik vom 23.10.2000, ABl. Nr. L 327, S. 0001-0073 vom 22.12.2000

Nr. **2003/35/EG** Richtlinie des Europäischen Parlaments und des Rates über die Beteiligung der Öffentlichkeit bei der Ausarbeitung bestimmter umweltbezogener Pläne und Programme und zur Änderung der Richtlinien 85/337/EWG und 96/61/EG des Rates in Bezug auf die Öffentlichkeitsbeteiligung und den Zugang zu Gerichten vom 26.05.2003, ABl. Nr. L 156, S.17 vom 25.06.2003

Nr. **2006/11/EG** (Gewässerschutz-Tochterrichtlinie) betreffend die Verschmutzung infolge der Ableitung bestimmter gefährlicher Stoffe in die Gewässer der Gemeinschaft vom 15.02.2006, ABl. EG 2006, Nr. L 64, S. 52 Gewässerschutz-Tochterrichtlinie

Nr. **2006/118/EG** (Grundwasser-Tochterrichtlinie) des Europäischen Parlaments und des Rates zum Schutz des Grundwassers vor Verschmutzung und Verschlechterung vom 12.12.2006, ABl. EG, Nr. L 139, S.39 vom 31.05.2007

Nr. 2007/60/EG Richtlinie des Europäischen Parlaments und des Rates vom 23. Oktober 2007 über die Bewertung und das Management von Hochwasserrisiken, ABl. L 288 vom 06.11.2007

Nr. 2008/105/EG Richtlinie des Europäischen Parlaments und des Rates über Umweltqualitätsnormen im Bereich der Wasserpolitik und zur Änderung und anschließend Aufhebung der Richtlinien des Rates 82/176/EWG, 83/513/EWG, 84/156/EWG, 84/491/EWG und 82/280/EWG sowie zur Änderung der Richtlinie 2000/60/EG vom 16.12.2008 veröffentlicht in ABl. EG, Nr. L 348 vom 24.12.2008, S. 84

Nr. 2013/39/EU Richtlinie des Europäischen Parlaments und des Rates von 12.08.2013 zur Änderung der Richtlinien 2000/60/EG und 2008/105/EG in Bezug auf prioritäre Stoffe im Bereich der Wasserpolitik veröffentlicht in ABl. EG, Nr. L 226 vom 24.08.2013, S. 1

Verzeichnis der Europäischen Verordnungen

Nr. 1907/2006 Verordnung (EG) des Europäischen Parlaments und des Rates zur Registrierung, Bewertung, Zulassung, und Beschränkung chemischer Stoffe (REACH), zur Schaffung einer Europäischen Chemikalienagentur, zur Änderung der Richtlinie 1999/45/EG, und zur Aufhebung der Verordnung (EWG) Nr. 793/93 des Rates, der Verordnung (EG)Nr. 1488/94 der Kommission, der Richtlinie 76/769/EWG des Rates sowie der Richtlinien 91/155/EWG, 93/67/EWG, 93/105/EG und 2000/21/EG der Kommission usw. von 18.12.2006 veröffentlicht in ABl. EG, Nr. L 136 vom 29.05.2007, S. 3.

Verzeichnis der Mitteilungen der Europäischen Kommission

KOM (96) 59 endg. Mitteilung der Kommission an den Rat und das Europäische Parlament über die Wasserpolitik der Europäischen Union vom 21. 02. 1996

KOM (2000) 477 endg. Mitteilung der Kommission an den Rat, das Europäischen Parlament und den Wirtschafts- und Sozialausschuss über die Preisgestaltung als politisches Instrument zur Förderung eines nachhaltigen Umgangs mit Wasserressourcen, endgültig vom 26.07.2000

KOM (2005) 20 endg. Mitteilung der Kommission an den Rat und das Europäische Parlament über die Gemeinschaftsstrategie für Quecksilber der Europäischen Kommission vom 28.01.2005

COM (2011) 876 final Vorschlag der Europäischen Kommission für eine Richtlinie des Europäischen Parlamentes und des Rates zur Änderung der Richtlinien 2000/60/EG und 2008/105/EG in Bezug auf prioritäre Stoffe im Bereich der Wasserpolitik vom 31.01.2012

KOM (2012) 670 final Bericht der Kommission an das Europäische Parlament und den Rat über die Umsetzung der Wasserrahmenrichtlinie (2000/60/EG) Bewirtschaftungspläne für Flusseinzugsgebiete, vom 14.11.2012

COM (2012) 673 Mitteilung der Kommission an das Europäische Parlament, den Rat, den Europäischen Wirtschafts- und Sozialausschuss und den Ausschuss der Regionen, Ein Blueprint für den Schutz der Europäischen Wasserressourcen vom 14.11.2012

SWD (2012) 379 final 11/30 Commission Staff Working Document von 14.11.2012 Accompanying the document Bericht der Kommission an das Europäische Parlament und den Rat über die Umsetzung der Wasserrahmenrichtlinie (2000/60/EG)-Bewirtschaftungspläne für Flusseinzugsgebiete COM (2012) 670 final vom 14.11.2012

KOM (2015) 120 final Mitteilung der Kommission an das Europäische Parlament und den Rat über Wasserrahmenrichtlinie und Hochwasserrichtlinie – Maßnahmen zum Erreichen eines guten Gewässerzustands in der EU und zur Verringerung der Hochwasserrisiken vom 09.03.2015

SWD (2015) 54 final Commission Staff Working Document, Report on the implementation of the Water Framework Directive River Basin Management Plans, Member State: Greece 9.3.2015

COM (2019) 95 final Bericht von 26.02.2019 der Europäischen Kommission an das Europäischen Parlament und den Rat über die Umsetzung der Wasserrahmenrichtlinie (2000/60/EG) und der Hochwasserrichtlinie (2007/60/EG) – Zweite Bewirtschaftungspläne für die Einzugsgebiete – Erste Hochwasserrisikomanagementpläne

Anhang II

Nationale Gesetze der Griechischen Republik

Nr. 439/1945 nationales Gesetz über die Festsetzung von Beschränkungen bei der Beschaffung von unterirdischen Gewässern für die Gewährleistung des regelmäßigen Laufens von Gewässern in die Städte, Dörfer und in die Siedlungen, veröffentlicht in FEK Heft A, Nr. 170

Nr. 42/1960 Königliches Dekret über die Übertragung zu den Regionaldirektoren der Zuständigkeit zur Auferlegung von Einschränkungen bei der Wasserentnahme von unterirdischen Gewässern vom 30.12.1959, veröffentlicht in FEK Heft A, Nr. 9 vom 06.02.1960

Nr. 1650/1986 nationales Gesetz über den Umweltschutz vom 15.10.1986, veröffentlicht in FEK Heft A, Nr. 160 vom 15/16.10.1986

Nr. 1739/1987 nationales Gesetz über die Bewirtschaftung der Wasserressourcen und andere Rechtsvorschriften vom 18.11.1987, veröffentlicht in FEK Heft A, Nr. 201 vom 20.11.1987

Nr. 2039/1992 nationales Gesetz über die Ratifizierung des Übereinkommens zum Schutz des Baugeschichtlichen Erbes in Europa vom 03.10.1985 in Granada von 09.04.1992, veröffentlicht in FEK Heft A, Nr. 61 vom 13.04.1992

Nr. 3199/2003 nationales Gesetz über den Gewässerschutz und die Gewässerbewirtschaftung. Harmonisierung mit der Wasserrahmenrichtlinie 2000/60/EG vom 09.12.2003, veröffentlicht in FEK Heft A, Nr. 280 vom 09.12.2003 geändert durch das Gesetz 4117/2013 vom 04.02.2013, veröffentlicht in FEK A Nr. 29 vom 05.02.2013

Nr. 3481/2006 nationales Gesetz über die Änderungen auf die Gesetzgebung über das Nationale Grundbuch, den Auftrag und Durchführung von Werkverträgen und Projekten vom 01.08.2006, veröffentlicht in FEK Heft A, Nr. 162 vom 02.08.2006, S. 1681-1701

Nr. 51/2007 Präsidialverordnung über die Festsetzung von Maßnahmen und Verfahren für eine einheitliche Gewässerschutz und Gewässerbewirtschaftung nach den Maßgaben der Richtlinie 2000/60/EK vom 02.03.2007, veröffentlicht in FEK Heft A, Nr. 54 vom 08.03.2007

Nr. 3852/2010 nationales Gesetz über die neue Gestaltung der Selbstverwaltung und der Dezentralen Verwaltung. Programm Kallikratis vom 04.06.2010, veröffentlicht in FEK Heft A, Nr. 87, vom 07.06.2010, geändert durch das Gesetz „Kleisthenis I" Nr. 4555/2018 vom 19.7.2018, veröffentlicht in FEK Heft A, Nr. 133, vom 19.7.2018

Nr. 24/2010 Präsidialverordnung über der Wiederbestimmung von Zuständigkeiten der Ministerien und Änderung der Präsidialverordnung 189/2009 vom 14.04.2010 veröffentlicht in FEK Heft A, Nr. 56, vom 15.04.2010

Nr. 132/2017 Präsidialverordnung über die Organisation des Umwelt- und Energieministeriums vom 23.10.2017, veröffentlicht in FEK A Nr. 160 vom 30.10.2017

Nr. 84/2019 Präsidialverordnung über die Gründung und Abschaffung von Generalsekretariate und Sondersekretariate/ Einheitliche Verwaltungsbereiche der Ministerien von 17.07.2019 veröffentlicht in FEK Heft A, Nr. 123, von 17.07.2019

Entscheidungen von Ministern und Verwaltungsstellen

Entscheidung **Nr. F32/26244/573** des Kultur- und Wissenschaftsministers vom **17.06.1985,** veröffentlicht in FEK Heft B, Nr. 425 vom 10.07.1985

Gemeinsame Ministerialentscheidung **Nr. 75308/5512** des Ministers für Umwelt-, Raumordnungs- und Öffentliche Projekten und des Nationalen Wirtschafts-Staatssekretärs vom **26.10.1990,** veröffentlicht in FEK, Heft B, Nr. 691 vom 02.11.1990.

Gemeinsame Ministerialentscheidungen **Nr. 61414 vom 21.04.1992** und die **Nr. 16058 vom 09.10.1991** des Landwirtschafts-, Umwelt-, Raumordnungs- und Öffentlichen Projektenministeriums, des Industrie-, Energie- und Technologieministeriums und des Nationalen Wirtschafts- und Tourismusministeriums

Gemeinsame Ministerialentscheidung **Nr. 53451/1544** des Umwelt-, Landwirtschafts- und Öffentlichen Projekteministeriums, des Kulturministeriums, des Agrarministeriums und des Industrie-, Energie- und Technologieministeriums vom **03.11.1995**

Gemeinsame Ministerialentscheidung **Nr. 23271** des Umwelt-, Raumordnungs- und Öffentlichen Projektenministeriums, des Energie- und Technologie- ministeriums und des nationalen Wirtschaftsministeriums und des Land- wirtschafts- und Industrieministeriums vom **15.12.1995**

Entscheidung des Kulturministers **Nr. ΥΠΠΟ/ΓΔΑ/ΑΡΧ/Α1/Φ.39/73006/4608 vom 13.03.2003** in Verbindung mit der Nr. 11 vom 26.02.2003 angemes- senes Gutachten des Zentralen Rates der Archäologie

Gemeinsame Ministerialentscheidung **Nr. 131957** des Umwelt-, Raumordnungs- und Öffentlichen Projekteministeriums, des Wirtschafts-und Ökonomie- ministeriums, des Innen,- Öffentlichen Verwaltungs- und des Dezentrali- sierungsministeriums, des Entwicklungsministeriums, des Agrarministe- riums und Kulturministeriums vom **19.03.2003**

Ministerialentscheidung **Nr. 375/Κ.Ε 1900Γ** des Umwelt-, Raumordnungs- und Öffentlichen Projekteministeriums vom **18.03.2005**

Ministerialentscheidung **Nr. 26798** über die Arbeitsweise des Nationalen Ge- wässerrates vom **22.06.2005**, veröffentlicht in FEK Heft B, Nr. 895 vom 01.07.2005

Ministerialentscheidung **Nr. 34685** über die Zusammensetzung und den Aufga- benbereich des Nationalen Gewässerrates vom **06.12.2005**, veröffentlicht in FEK Heft B, Nr. 1736 vom 09.12.2005

Gemeinsame Ministerialentscheidung **Nr. 47630** vom **16.11.2005**, veröffent- licht in FEK Heft B, Nr. 1688 vom 01.12.2005

Gemeinsame Ministerialentscheidung Nummer **49139** vom 24.11.2005 über den Aufbau der Zentrale Gewässerbehörde, veröffentlicht in FEK Heft B, Nr. 1695 vom 02.12.2005

Gemeinsame Ministerialentscheidung **Nr. 39626/2208/E130** über die Festset- zung von Maßnahmen für den Schutz der unterirdischen Gewässer vor Verschmutzung und der Herunterstufung vom **25.09.2009**, veröffentlicht in FEK Heft B, Nr. 2075 vom 25.09.2009 zur Umsetzung der Richtlinie 2006/118/EG des Europäischen Parlamentes und des Rates vom 12.12.2006 zum Schutz des Grundwassers vor Verschmutzung und Ver- schlechterung vom 27.12.2006, ABl. L 372 S. 19

Gemeinsame Ministerialentscheidung **Nr. 7575** über die Veränderung der Zent- rale Gewässerbehörde vom **24.02.2010**, veröffentlicht in FEK Heft B, Nr. 183, vom 25.02.2010

Entscheidung **Nr. 110957** vom **26.03.2010**, veröffentlicht in FEK Heft B, Nr. 394 vom 06.04.2010

Entscheidung **Nr. 706/2010** des Nationalen Gewässerausschusses für die Festsetzung der Flussgebietseinheiten von Griechenland und die Bestimmung der zuständigen Direktionen für ihren Schutz und ihre Bewirtschaftung vom **16.07.2010** veröffentlicht in FEK Heft B, Nr. 1383 vom 02.10.2010 mit zwei Anhängen; zum Korrigieren des 2. Anhangs durch den Sondersekretär für Gewässer vom 09.10.2010, FEK Heft B, Nr. 1572 vom 28.09.2010

Gemeinsame Ministerialentscheidung **Nr. H.P. 51354/2641/E103** über die Festsetzung höherer Konzentrationen von Schadstoffen in den oberirdischen Gewässern vom **24.11.2010**, veröffentlicht in FEK Nr. B, 1909 vom 08.12.2010 S. 2926

Durchführungsakt **Nr. 150673/13.07.2011** zur Vollziehung des Gesetzes Nr. 3852/2010

Gemeinsame Ministerialentscheidung **Nr. 140384** vom **19.08.2011**, veröffentlicht in FEK Heft B, Nr. 2017 vom 09.09.2011

Entscheidung **Nr. 1811/2011** des Umwelt- und Energieministers über die Festsetzung höherer Konzentrationen von Schadstoffen in den unterirdischen Gewässern vom **22.12.2011** veröffentlicht in FEK Heft B, Nr. 3322 vom 30.12.2011

Entscheidung **Nr. 1958** des Umwelt-, Energie- und Klimaveränderungsministers über die Einordnung der Öffentlichen und Privaten Projekten und Aktivitäten nach dem Art. 1 Abs. 4 des Gesetzes 4014/2011 vom **13.01.2012**, veröffentlicht in FEK Heft B, Nr. 21 vom 13.01.2012

Entscheidung **Nr. 155126** des Umwelt- und Energieministeriums vom 08.02.2013 zur Zusammensetzung des Nationalen Gewässerrates

Ministerialentscheidung **Nr. 322** Umwelt-, Energie- und Klimaveränderungsministers vom **21.03.2013**, veröffentlicht in FEK Heft B, Nr. 679, vom 22.03.2013

Entscheidung **Nr. 391** des Nationalen Gewässerausschusses vom **08.04.2013**, veröffentlicht in FEK Heft B, Nr. 1004 vom 24.04.2013

Gemeinsame Ministerialentscheidung **Nr. 145026** über die Zusammensetzung, die Verwaltung und das Arbeiten des Nationalen Registers über Gewässerentnahme der oberirdischen und unterirdischen Gewässersysteme vom **10.01.2014**, veröffentlicht in FEK Heft B, Nr. 31 vom 14.01.2014

Gemeinsame Entscheidung **Nr. 170766** über die Anpassung an die Richtlinie 2013/39/EU des Europäischen Parlaments und des Rates vom 12.08.2013 zur Änderung der Richtlinien 2000/60/EG und 2008/105/EG in Bezug auf prioritäre Stoffe im Bereich der Wasserpolitik von **19.01.2016** veröffentlicht in FEK Nr. B´ 69 von 22.01.2016

Entscheidung **Nr. 135275** von **19.05.2017** über die Billigung von allgemeinen Regelungen für die Kostendeckung der Gewässerdienstleistungen. Die Vorgehensweise und das Verfahren für die Kostendeckung der Gewässerdienstleistungen bei der vielfältigen Nutzungen veröffentlicht in FEK Heft B Nr. 1751 von 22.05.2017

Entscheidung **Nr. ΥΠΕΝ/ΔΣΔΥ'Υ/1029/3** von **07.01.2019** über die Änderung der Entscheidung Nr. 135275 von 19.05.2017 über die Billigung von allgemeinen Regelungen für die Kostendeckung der Gewässerdienstleistungen veröffentlicht in FEK Heft B Nr. 49 von 18.01.2019

Tabelle 1

Die 14 Flussgebietseinheiten nach den Maßgaben der europäischen Wasserrahmenrichtlinie.

Quelle: Bericht über die Implementation der ökonomischen Aspekte des Art. 5 der gemeinschaftlichen Richtlinie über die Gewässer 2000/60/EG in Griechenland des Umwelt-, Raumordnungs- und Öffentlichen Projektenministeriums. Der Bericht ist von der Universität von Athen, Wirtschaftsabteilung von der wissenschaftlichen Arbeitsgruppe von Foivi Kountouri in März 2008 veröffentlicht worden.

Tabelle 2

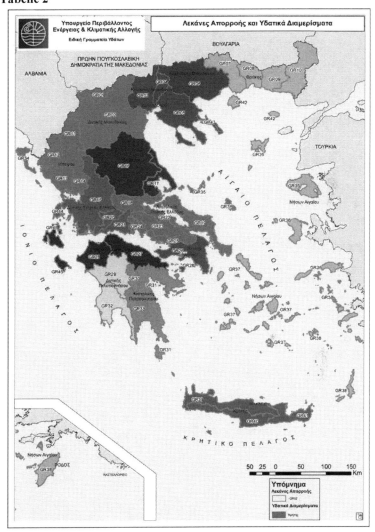

Die 45 Einzugsgebiete nach den Maßgaben der europäischen Wasserrahmen-
richtlinie.
Quelle: Entscheidung Nr. 706/2010 des Nationalen Gewässerausschusses für die
Festsetzung der Flussgebietseinheiten von Griechenland und die Bestimmung

der zuständigen Direktionen für ihren Schutz und ihre Bewirtschaftung vom 16.07.2010 veröffentlicht in FEK Heft B, Nr. 1383 vom 02.10.2010, S. 18943

Tabelle 3

Programm der Öffentliche Konsultation für jede Flussgebietseinheit

	Datum des Anfangs der Konsultation
Westlicher Peloponnes(GR01)	21/11/2011
Nördlicher Peloponnes (GR02)	21/11/2011
Östlicher Peloponnes (GR03)	21/11/2011
Westliches Sterea Ellada (GR04)	15/10/2011
Epirus (GR05)	15/10/2011
Attika (GR06)	13/01/2012
Östliches Sterea Ellada (GR07)	13/01/2012
Thessalien (GR08)	15/10/2011
Westliches Makedonian (GR09)	30/7/2012
Zentrales Makedonian (GR10)	30/7/2012
Östliches Makedonian (GR11)	18/11/2011
Thraki (GR12)	18/11/2011
Kreta (GR13)	11/07/2013
Inseln von Ägäis (GR14)	Mai 2014

Quelle: abrufbar von der Seite des Umwelt- und Energieministeriums http://www.ypeka.gr/Default.aspx?tabid=245&locale=en-US&language=el-GR# und zwar vor der Seite http://wfd.ypeka.gr/index.php?option=com_content&task=view&id=4&Itemid=11, Stand der Abrufung: 13.10.2015

Aus unserem Verlagsprogramm:

Dennis van den Berg
Uneindeutige Genehmigungsbestände in der Umweltrechtlichen Verwaltungspraxis
Handlungsoptionen für Anlagen nach § 67 BImSchG am Beispiel von Schrottplätzen
Hamburg 2022 / 192 Seiten / ISBN 978-3-339-12950-5

Ayanna Edwards
A Comparative Study of Electricity Interconnection in the North Sea and the Caribbean
Hamburg 2022 / 320 Seiten / ISBN 978-3-339-12734-1

Sarah Leuck
Die rechtlichen Rahmenbedingungen eines Bundes-Wasserentnahmeentgeltgesetzes
Hamburg 2018 / 248 Seiten / ISBN 978-3-8300-9911-6

Lukas Salm
Der Rechtsrahmen für die Errichtung von Pumpspeicherkraftwerken
Hamburg 2017 / 236 Seiten / ISBN 978-3-8300-9488-3

Christine Schneider
Verwaltungskoordinierung im Rahmen der Flussgebietsbewirtschaftung
Hamburg 2014 / 336 Seiten / ISBN 978-3-8300-8178-4

Ina Elisabeth Klingele
Umweltqualitätsplanung
Zur Integration der gemeinschaftsrechtlichen Luftreinhalte- und Wasserbewirtschaftungsplanung in das nationale Umweltrecht
Hamburg 2012 / 396 Seiten / ISBN 978-3-8300-6266-0

Kathrin Thum
Benchmarking in der Wasserversorgung
Rechtsprobleme im Zusammenhang mit Auskunftsansprüchen nach dem Umweltinformations- sowie dem Informationsfreiheitsgesetz
Hamburg 2011 / 252 Seiten / ISBN 978-3-8300-5899-1

VERLAG DR. KOVAČ
FACHVERLAG FÜR WISSENSCHAFTLICHE LITERATUR

Postfach 57 01 42 · 22770 Hamburg · www.verlagdrkovac.de · info@verlagdrkovac.de